トップアナリストが
金融のナビする
「しくみ」と「理論」

Nozaki Hironari
野﨑 浩成
［著］

同文舘出版

はしがき

　アナリストという肩書を，メディア等で耳にすることが最近多くなった。（エコノミストとの違いがよく分からない）経済アナリストから始まり，政治アナリストや軍事アナリストに至るまで様々であるが，筆者は長年「金融アナリスト」として，銀行業界を主に調査対象とする証券アナリスト業務に従事してきた。

　証券アナリストの役割は，専門とする業界の現在・過去・未来に精通することは最低要件として，市場がどこまでの情報を株式や債券などの価格に織り込んでいるのか，あるいは織り込んでいないのかを分析し，投資に関する有益な情報を投資家に提供することである。経済学的な解釈を施すと，証券アナリストはありとあらゆる情報を市場に提供することを通じ，市場における資産価格の形成がより完成された形（専門的には市場の効率性を高めるという）にするという重要な社会的意義と責任を負っている。

　このため，アナリストは一般の調査職とは異なりデスクワークはごく一部で，自分が担当する企業の取材に足を運ぶほか，国内や海外の投資家を訪問して意見を戦わせるなど極めてアクティブに金融市場の中で活動している。生き馬の目を抜くようなグローバル金融市場の中で，超一流のプレーヤーの人々との交流は，座学では決して学ぶことのできない多くのことを吸収することができた。また，油断をすれば足を掬われかねない株式の世界の怖さも，身をもって学んだ。

　また，アナリストとなる以前は14年間銀行に勤務していた。特に銀行退職までの4年間は銀行経営の中枢とも言える企画部において，激動の金融危機の時代を経験した。その間，不良債権処理に係る財務企画的役割，公的資金を導入する際における経営健全化計画策定や公的資金優先株式の商品設計と当局との折衝，他行との経営統合の折衝など，その時代にそのセクションにいなければ経験できないことを経験できた濃密な期間であった（全くの余談ではあるが，「大蔵省接待汚職事件」の際に東京地検特捜部による強制捜査の現場にも立ち会った）。

　こうした経験を現在の研究・教育活動に活かしている。また，本書を著すに当たっては，こうした稀有な経験に基づき可能な限り臨場感を加えた内容にしたつもりである。

教科書的なガイドから専門書に至るまで多くの金融論が出版されているが，本書は実務家として金融市場で得たより実践的な知識をふんだんに散りばめ，「金融理論」だけではなく実際の市場を身近に感じて頂く工夫をしている。

　本書は，金融を学んだことのない初心者から，専門課程の大学生，金融機関ばかりでなく一般事業会社に勤務する社会人まで幅広い読者を対象に書いたものである。そのため，ベーシックな知識だけで十分という人向けの基礎編として「第Ⅰ部　金融のしくみ」と，より実践に即した応用編として「第Ⅱ部　金融の理論」に分けて多くを網羅するようにデザインされている。

　特に応用編では，数学や統計学が苦手な人のために，最低限このツボさえ抑えておけば金融の専門知識が飛躍的に伸びるような知識が冒頭に配置されている。こうした「ウォーミングアップ」を行った上で，債券や株式のバリュエーション，更にはポートフォリオ理論などを学ぶことにより，専門的なスキルを身につけることができる。

　また，金融を実際に使えるような仕掛けもある。金融を理論のみで終わらせないように，マイクロソフト・エクセルのワークシートを使ってどのように関数を入力すればよいのかを含め，かなり丁寧に解説した。

　アベノミクス，アベクロノミクスといった言葉が広く使われるようになったが，理論的な視点からきちんと整理して説明できる人は多くない。本書は，わかりやすい言葉でこうした金融・経済政策を解説している。したがって，本書に目を通した後に，新聞の理解力が格段に向上するための役に立てればと望んでいる。

　金融を食わず嫌いで終わりにする人を少なくすることが，筆者の願いであり，本書の狙いである。

　　2015年初秋

野﨑　浩成

目　次

はしがき··(1)

第Ⅰ部　金融のしくみ

第1章　金融の基本 ―――――――――――――――――――――― 3
　　　　　―お金のはたらき―

1　バランスシートを右から読んで金融を知る··3
　(1) 複式簿記に慣れよう　3
　(2) 実物経済と金融　4
　(3) バランスシートを右から読む　7
　(4) バランスシートを左から読む　7

2　金融の基本概念··8
　(1) 金融とは　8
　(2) 金融は嫌われる？　8

3　貨幣について··9
　(1) 貨幣とは　9
　(2) 貨幣の種類　9
　(3) 発行権限と法定通貨　9
　(4) 貨幣の目的　10

4　貨幣の需要と供給··11
　(1) 貨幣の需要動機　11
　(2) 貨幣の供給　12
　(3) 貨幣供給に伴う物理的デリバリー　13

5　金利に関する基礎知識··13
　(1) 金利とは　13

(2)　金利の種類　　14

第2章　金融機関論 ─────────── 17
　　　　　　─日本の金融プレーヤー─

1　金融機関の種類 ··· 17
　(1)　金融機関とは　　17
　(2)　金融機関の業態別　　17
　(3)　金融機関の機能と特性　　19

2　預金取扱金融機関 ··· 21
　(1)　全体像　　21
　(2)　銀行　　22
　(3)　協同組織　　23
　(4)　新しい形態の銀行①：ネットバンク　　24
　(5)　新しい形態の銀行②：コンビニ・スーパー銀行　　25
　(6)　大手銀行を中心とする銀行再編　　26

3　証券会社 ··· 28
　(1)　全体像　　28
　(2)　証券会社の主な業務　　28
　(3)　証券会社のカテゴリー　　30
　(4)　証券会社の再編　　30

4　保険会社 ··· 32
　(1)　保険会社の社会的意義　　32
　(2)　保険会社の歴史と業務　　33
　(3)　保険会社のカテゴリー　　38
　(4)　保険会社の再編　　40

5　ノンバンク ··· 40
　(1)　消費者信用の構成　　40
　(2)　消費者金融会社　　41
　(3)　銀行業界との提携　　41
　(4)　クレジットカード　　42

第3章　金融システム ―――――――――――――――― 43
　　　―国民性と金融のカラー―

　1　間接金融 ·· 43
　　(1) 間接金融とは　43
　　(2) 間接金融の担い手　44
　　(3) 間接金融の種類　44

　2　直接金融 ·· 45
　　(1) 直接金融とは　45
　　(2) 直接金融の担い手　46
　　(3) 直接金融の種類　48
　　(4) 市場型間接金融　48

　3　金融システムの国際比較 ··· 49
　　(1) 日米の金融構造の差　49
　　(2) 主要国の金融構造の比較　51
　　(3) 主要国の資金調達の構造　52
　　(4) 主要国の銀行の構造　53
　　(5) 経済規模と銀行総資産の国際比較　55
　　(6) 公的債務と金融システム　55

　4　日本の金融構造 ·· 57
　　(1) 資金不足主体の主役　57
　　(2) 個人金融資産の構造変化　58
　　(3) 金融の担い手　60

第4章　直接金融と証券市場 ―――――――――――――― 61
　　　―ガバナンスの展開―

　1　市場とは ·· 61
　　(1) 金融市場　61
　　(2) 金融市場の種類　62

　2　短期金融市場 ··· 63
　　(1) インターバンク・マーケット　63
　　(2) オープン・マーケット　64

　3　資本市場 ·· 64

(1) プライマリーとセカンダリー　64
   (2) 債権市場　66
   (3) 株式市場　67
 4　資金調達方法と特徴 ·· 68
   (1) 資金調達の種類　68
   (2) 直接金融における資金調達方法ごとの特徴　69
   (3) 調達方法の選択　71
 5　情報の非対称性と資金調達 ··· 72
   (1) 情報の非対称性　72
   (2) プリンシパル・エージェント理論　73
   (3) 株主対経営者のエージェンシー問題とエージェンシーコスト　73
 6　株式会社 ··· 75
   (1) 株主の権利　75
   (2) 株主総会における議決　76
   (3) 株主の呼び方　76
   (4) 日本の株式市場の主役　77
   (5) 株式公開　78
   (6) 企業統治　78

第5章　間接金融と銀行論 ──────────── 80
　　　　──地味ながら縁の下の力持ち──
 1　銀行の機能と使命 ··· 80
   (1) 銀行の使命　80
   (2) 銀行の業務　80
 2　情報の非対称性と金融仲介機能 ··· 82
   (1) 情報の非対称性と銀行　82
   (2) 情報生産費用と情報生産活動　82
   (3) エージェンシー・コストへの対処　83
 3　信用創造 ··· 84
   (1) 預金から貸出を生み出す　84
   (2) 信用乗数　85
   (3) 信用乗数の低下　85

4　資産転換機能 ··· 87
　　(1)　流動性転換機能　87
　　(2)　リスクの移転と遮断　89
　　(3)　決済の付加価値と預金を通じた預金者のメリット　89
　　(4)　預金を通じた銀行のメリット　90
　5　貯蓄から投資へ ·· 90
　　(1)　日本の金融システムの修正点　90
　　(2)　金融構造の変革への銀行の役割　91
　　(3)　銀行の役割の拡大　92

第6章　日本の銀行その実力 ────────────── 94
　　　　　─推移と世界での立ち位置─
　1　日本の銀行の俯瞰 ·· 94
　　(1)　預金取扱金融機関の勢力図　94
　　(2)　銀行時価総額とマクロ計数　96
　　(3)　財務内容　100
　　(4)　地域別のシェア　107
　2　世界の中の日本の銀行 ·· 110
　　(1)　預金，貸出金　110
　　(2)　安全性・健全性　112
　　(3)　収益性　114
　　(4)　効率性　117
　　(5)　デュポン分解の方法　120
　　(6)　ビジネスの比較　121
　　(7)　シンジケートローン　122

第7章　金融規制の基本 ──────────────── 126
　　　　　─銀行規制は振り子─
　1　銀行はガラス細工 ·· 126
　　(1)　取り付け騒ぎ　126
　　(2)　預金者の行動心理　126
　　(3)　銀行のビジネス特性から求められる政策　127

2　プルーデンス政策 ………………………………………………………… 128
　　(1)　主たるプルーデンス政策　128
　　(2)　預金保険　129
　　(3)　自己資本比率規制　129
　　(4)　金融検査　132

　3　金融規制の自由化 ………………………………………………………… 133
　　(1)　自由化前の日本の銀行規制　133
　　(2)　自由化の流れ　133
　　(3)　コングロマリット化へ　134

　4　金融規制の展開 …………………………………………………………… 137
　　(1)　預金保険と金融危機　137
　　(2)　金融危機後の監督強化　139

　5　金融規制の弁証法的発展 ………………………………………………… 140
　　(1)　規制は振り子　140
　　(2)　厳しい金融監督に慣れた日本の銀行の問題　141

第8章　金融危機の経済学とグローバル規制 ―――――― 143
　　　　　―過ぎたるは及ばざるがごとし―

　1　日本の金融危機 …………………………………………………………… 143
　　(1)　第1次金融危機　143
　　(2)　第2次金融危機　144
　　(3)　危機からの脱却　145

　2　世界的金融危機 …………………………………………………………… 146
　　(1)　アメリカ発の金融危機の序章：サブプライム危機　146
　　(2)　リーマンショックでの危機クライマックス　147

　3　金融危機の経済学 ………………………………………………………… 149
　　(1)　貸し渋りの経済学　149
　　(2)　行政による対応の経済学的意義　150

　4　金融危機の類型化 ………………………………………………………… 153
　　(1)　危機は4段階を経て解決される　153
　　(2)　4つのフェーズを踏まえて　157
　　(3)　ヨーロッパ情勢への適用　159

       5　グローバル金融規制の強化··159
         (1)　グローバル金融規制の流れを鳥瞰する　159
         (2)　グローバル規制の全体像　161
       6　バーゼルⅢの導入···164
         (1)　各国規制に影響するバーゼルの考え方　164
         (2)　バーゼルⅢの骨子　165

第9章　中央銀行と金融政策―――――――――――――― 169
　　　　　―矢は放たれた―

   1　中央銀行の役割···169
     (1)　中央銀行の使命　169
     (2)　金融政策の目的　169
   2　伝統的金融政策手段··170
     (1)　預金準備率操作　170
     (2)　基準割引率および基準貸付利率操作　171
     (3)　オープン・マーケット・オペレーション　171
   3　非伝統的金融政策手法··171
     (1)　ゼロ金利政策　171
     (2)　量的緩和政策　172
     (3)　質的緩和政策　172
     (4)　インフレターゲティング　172
   4　金融政策の信頼性···173
     (1)　時間的不整合の問題　173
     (2)　テイラー・ルール　174
   5　アベノミクスについて··174
     (1)　アベノミクスと金融政策の目標　174
     (2)　IS-LM分析による評価　175

第10章　国際金融―――――――――――――――――― 179
　　　　　―ミセス・ワタナベは躍動する―

   1　国際収支··179
     (1)　国際収支とは　179

(2)　国際収支の見方　180
　(3)　貿易黒字を説明する　181
　(4)　我が国の国際収支の軌跡　182
　(5)　資本収支と対外純資産　183

2　為替レート ·· 184
　(1)　為替レートとは　184
　(2)　固定相場制と変動相場制　185
　(3)　購買力平価説　186
　(4)　通貨高（通貨安）の効果と近隣窮乏化政策　187
　(5)　決定理論　188

第Ⅱ部　金融の理論

第 11 章　金融数学・統計学の基礎 ─────────── 193
　　　　　　　―応用の前の準備運動―

1　基本的概念の整理 ·· 193
　(1)　金利（利子率）　193
　(2)　リスク　193
　(3)　収益率　194
　(4)　機会損失　195

2　数学的基礎 ·· 196
　(1)　金利の基本計算　196
　(2)　永遠に続く数列　198

3　統計学的基礎 ·· 199
　(1)　統計の基本　199
　(2)　正規分布　200
　(3)　相関性と線形回帰　201
　(4)　エクセルの活用　202

4　現代価値と将来価値 ·· 203
　(1)　今 1,000 円と 3 年後の 1,000 円は価値が違う　203
　(2)　現在価値と将来価値の関係　204

(3)　NPVという考え方　205
　　(4)　IRR（内部収益率）　206

第12章　債券の資産価値と金利期間構造―――――――――208
　　　　　―金利上昇リスクを理解するために―

1　債券の基礎知識……………………………………………………………208
　　(1)　性質　208
　　(2)　債券の種類　209
　　(3)　デフォルト　210
　　(4)　債券利回りの種類　212

2　債券の価格形成……………………………………………………………213
　　(1)　金利と債券の価値　213
　　(2)　債券価格の計算　213

3　債券の利回り………………………………………………………………215
　　(1)　債券利回りの構成要素　215
　　(2)　流動性選好説と流動性プレミアム　215
　　(3)　金利の期間構造と純粋期待理論　216

4　債券のリスク………………………………………………………………218
　　(1)　長期債の方がリスクは高い　218
　　(2)　デュレーション　218
　　(3)　債券価格変動とデュレーション　219
　　(4)　コンベクシティ　221
　　(5)　銀行の国債保有とリスク　221

第13章　株式の資産価値と株式市場―――――――――――223
　　　　　―不確実だから面白い―

1　株式投資の理由……………………………………………………………223
　　(1)　収益の追求～純投資　223
　　(2)　議決権の獲得～政策投資，戦略投資　224

2　純投資………………………………………………………………………226
　　(1)　グロース投資～夢を買う　226
　　(2)　バリュー投資～評価のゆがみをつく　227

(3) 高配当投資〜高配当で安定的に　228
　(4) ヘッジファンドの投資スタイル　228

3　株式の価格形成　229
　(1) 資本コストの考え方　229
　(2) 配当割引モデル　230
　(3) DCFモデルから過去の株価推移を分析する　232

4　株価の指標　233
　(1) 配当利回り　233
　(2) 株価収益率（PER）　233
　(3) 株価純資産倍率（PBR）　234
　(4) PERとPBRの関係　234

5　グローバル比較　236
　(1) 金融機関時価総額の栄枯盛衰　236
　(2) 銀行のグローバル・バリュエーション　237

第14章　ポートフォリオ理論　239
―多様性は可能性を広げる―

1　ポートフォリオとリスク，リターン　239
　(1) ポートフォリオとは　239
　(2) リターン（収益率）　239
　(3) リスク（標準偏差）　240
　(4) 相関性とリスク　240
　(5) 分散化効果の例　242

2　効果的ポートフォリオ　243
　(1) 機会曲線　243
　(2) 効果的フロンティア（有効フロンティア）　245
　(3) 資本市場線　246
　(4) 分離定理　247

3　CAPM（資本資産価格モデル，Capital Asset Pricing Model）　247
　(1) 資本コストとCAPM　247
　(2) CAPMとは　247
　(3) 証券市場線　248

(4) リスクの分解　248
　　(5) リスクとリターンの便利な指標　249
　4　補論：銀行業の資本コストの研究 ··· 250
　　(1) 銀行の資本コストとマルチファクターモデル　250
　　(2) マルチファクターモデルによる資本コスト推定　251
　　(3) 資本コスト構成要素の推計　251

第15章　デリバティブと証券化 ──────────────── 256
　　　　　　─金融危機のからくり─
　1　デリバティブ取引とは ··· 256
　　(1) デリバティブとは　256
　　(2) 江戸時代のデリバティブ　256
　　(3) デリバティブの特徴　257
　　(4) デリバティブの主な種類　258
　2　先物取引 ··· 259
　　(1) 先物取引の機能　259
　　(2) 先物取引の損益　260
　3　オプション取引 ··· 261
　　(1) オプションとは　261
　　(2) オプションの基本用語　261
　　(3) オプションの種類　262
　　(4) コールオプションの仕組み　262
　　(5) プットオプションの仕組み　264
　　(6) オプションの価格形成　265
　　(7) ブラック・ショールズ・モデル　266
　4　スワップ取引 ··· 267
　　(1) 金利スワップ　267
　　(2) 通貨スワップ　269
　5　証券化 ··· 270
　　(1) 証券化とは　270
　　(2) 証券化の特徴　270
　　(3) 証券化のプレーヤー　271

(4)　証券化のスキーム　271
　(5)　サブプライム危機の反省　273

第16章　コーポレートファイナンス──276
─あきらめが肝心─
1　プロジェクト評価······················276
　(1)　プロジェクト決定の基本的考え方　276
　(2)　プロジェクト判断の方法その1：NPV法　277
　(3)　プロジェクト判断の方法その2：IRR法　278
2　企業価値······························279
　(1)　企業価値の算定方法　279
　(2)　フリーキャッシュフロー　280
　(3)　割引率（WACC）　281
　(4)　企業価値の計算例　281
3　最適資本構成·························283
　(1)　MM理論　283
　(2)　MM理論の反証　284

第17章　契約理論とガバナンス──286
─言うことを聞かせる工夫─
1　利害関係者（ステークホルダー）とガバナンス······286
　(1)　会社は誰のものか　286
　(2)　組織・制度の視点からのガバナンス　287
　(3)　日本における制度と現状　288
　(4)　組織形態や内部統制強化によるガバナンス強化の限界　290
2　契約理論とエージェンシー問題·············293
　(1)　コーポレート・ガバナンスの基本　293
　(2)　株式保有構成とガバナンス　294
　(3)　大口株主によるガバナンス　295
　(4)　銀行特有のエージェンシー問題　295

第18章　報酬と経営行動の経済学 ―――――――― 298
　　　　―経営者も人の子―

　1　株主への忠誠によるリスクテイク ………………………………… 298
　　(1)　株主・債権者の利益と預金保険の効果　　298
　　(2)　報酬による忠誠心　　300
　　(3)　報酬と業績との関連研究　　300
　　(4)　銀行経営者報酬への批判　　302

　2　銀行経営者報酬に対する規制と政策提案 ………………………… 303
　　(1)　工夫の必要性　　303
　　(2)　制度設計の概要　　303
　　(3)　追加的な条件の設定による実効性の向上　　305
　　(4)　最後に　　308

参考文献 ――――――――――――――――――――――――――― 311
索　引 ――――――――――――――――――――――――――――― 313

第 I 部
金融のしくみ

第1章

金融の基本

―お金のはたらき―

1. バランスシートを右から読んで金融を知る

(1) 複式簿記に慣れよう

　金融に親しむには，まずお金について馴染む必要がある。普段の生活の中でお金と触れ合うことは日常茶飯事ではあるが，お金の流れの意味についてあまり意識したことはないだろう。そこで，まずは簿記や会計の視点から始めてみたい。金融の入門書は貨幣経済の仕組みから解説するものが一般的であるが，そもそもお金の流れの意味が分かっていないと貨幣経済の成り立ちについて本質的な理解を得るのは難しい。

　企業から政府に至るまで，活動実績や財政状態を数値化して開示することが義務付けられている。企業が材料を購入し，販売した果実として商品の売上代金を受け取る。このような一連の流れを集計し，収益の状況を「損益計算書」，財政状態を「貸借対照表」，お金の流れを「キャッシュフロー計算書」などにまとめる。こうした集計作業の基本になるのが複式簿記である。

　複式簿記は「取引の二面性」に着目している。それは，お金の動きや取引には必ず原因と結果があるということである。こうした原因と結果を，帳簿の右側と左側に記録していく。もう一つ重要な二面性は，この帳簿の左側が資産，右側が負債と資本で構成される点である。一つ一つの取引を記録する作業をジャーナル・エントリー（仕訳）という。このジャーナル（仕訳表）の左側が「借方」で右側が「貸方」という。よくある間違いだが，お金を借りるから借入金は借方になるイメージがあるが，正しいのは右側の貸方である。借方や貸方の「主語」は自分でなく取引の相手方であると覚えればよい。取引相手方である銀行が貸方となる。もう一つの注意点としては，ジャーナル・エントリーをするときにマイナ

スの符号は付けないことである。資産の項目の減少を記録したいときは，反対項目を増やすことで対応させる。つまり，現金で自動車を買う場合は，支払った現金を貸方（右側）に記入し，新たに手にした資産である自動車を借方（左側）に記入する。これによって，左右がバランスする。

例えば，会社を創って事業を始めるとしよう。株主（設立者が一般的）から開業資金を受け取り，株式を発行する。この資金は貸方の「資本」となり，受領したお金は借方の「現金」となる。銀行からの借り入れは，帳簿の右側の「借入金」に計上され，同時に資産を意味する左側の「現金」が増加する。これは貸借対照表に影響するが，資本や借り入れは，損益計算書は動かない（図表1-1）。

次に，この現金を利用してバナナを仕入れる。バナナの仕入れにより資産の中の現金が減少し，バナナが資産に計上される。このバナナを販売するときに，特に注意が必要である。バナナを資産から取り出して販売に使うので，資産の中のバナナを減少させ（貸方であるバナナが減少するので借方にマイナス分を記録），費用として認識する。費用は貸方に記録され，左右がバランスする。

次に売上である。バナナの売り上げは現金の増加をもたらし，貸方の現金が計上される。この相手方としては「売上高」が借方に計上される（図表1-2）。

(2) 実物経済と金融

複式簿記の初歩としてジャーナル・エントリーを紹介したが，ここで学んでほしいのは，お金の流れは原因と結果に整理することができることであり，バランスシートの左右が連動して動くということである。

財やサービスのやり取りは常に貨幣的な価値で測定，評価され，それが決算書のような形で現れる。つまり財やサービスと金融の流れは常に表裏一体なのである。金融という言葉は資金の貸し借りなどを想起させる表現であるが，モノの流れの裏側にあるのが金融なのである。実物経済と金融経済は切り離すことができないし，金融の機能が弱ると経済活動が停滞してしまうのは，日本や世界の金融危機の経験から実感できることだろう。

図表1−1 創業時のジャーナルと財務諸表

ジャーナル・エントリー

1. 株主から200万円出資してもらう。

借 方	貸 方
現 金　200万円	資 本　200万円

2. 銀行から100万円借りる。

借 方	貸 方
現 金　100万円	借入金　100万円

貸借対照表

借 方	貸 方
現 金　300万円	借入金　100万円
	資 本　200万円

損益計算書

損 益
なし

なし

出所：筆者作成。

6　第Ⅰ部　金融のしくみ

図表1－2　事業活動を記録するジャーナルと財務諸表

ジャーナル・エントリー

3. バナナを300万円仕入れる。

借　方		貸　方	
バナナ	300万円	現　金	300万円

4. バナナの在庫全てを販売に回す。

借　方		貸　方	
費　用	300万円	バナナ	300万円

5. バナナの売り上げ350万円を計上する。

借　方		貸　方	
現　金	350万円	売上高	350万円

貸借対照表

借　方		貸　方	
バナナ	300万円	借入金	100万円
		資　本	200万円

借　方		貸　方	
現　金	350万円	借入金	100万円
		資　本	200万円
		利益剰余金	50万円

損益計算書

損　益	
仕入れ段階では、損益に記録されない。	

損　益	
売上高	350万円
費用*	▲300万円
利　益	50万円

＊実務的には費用ではなく売上原価という。

出所：筆者作成。

(3) バランスシートを右から読む

　バランスシートの右側は主に資金の調達源が示されている。会社でも個人でも資金を調達する方法はいくつもある。会社の場合は，銀行借入，社債発行，株式発行など，個人の場合は，ローン，親からの贈与などである。

　特に会社の資金調達の方法は多彩で，株式に転換することができるような新株予約権付社債や発行するときと満期で償還（社債の返済を償還という）される際の通貨が異なるデュアル・カレンシー債など数多くの資金調達手段が開発され，活用されている。こうした負債の調達について理解を深めることは，金融を学ぶ際の重要な要素である（第4章）。

　株式を発行して資金を調達する場合においても，株価が安い場合と高い場合とでは調達可能額に大きな差が出る場合がある。では，株価はどのように決まるのか。株価を上げるような経営とは何か。こうしたことも金融を学ぶことで，有意義な知見を得ることは可能である（第13章）。また，会社を運営する際に，資金調達をどういった構成にするのがよいのか。こうした疑問への解答も金融という学問は提供してくれる（第16章）。

 (4) バランスシートを左から読む

　バランスシートの左側は資産である。資産の中でも，金融資産について焦点を当てるのが金融論である。金融資産は，資金調達者のバランスシートの右側に対応する。社債の購入は，他社の資金調達の手段を提供することを意味する。国債投資は，政府の資金調達のお手伝いである。株式投資も，また然りである。

　バランスシートの右側の解説で，資金調達の構成の話が出たが，同じことがバランスシートの左側にもいえる。投資の最適化である。金融資産全体のことをポートフォリオと呼ぶが，どういった構成のポートフォリオにすべきかについては様々な理論が開発され，常に新しい運用理論が提起されている。本書においても，ポートフォリオ理論について理解を深める（第14章）。

2. 金融の基本概念

 (1) 金融とは

　改めて金融を基本から考えてみよう。漢字から見ると，お金を融通するから金融である。融通するとは人のため，社会のためにやり取りすることである。その融通の媒介に貨幣がある。貨幣は，物々交換より便利である。物の価値を測ったり，貯蔵したり，交換の対価にしたりすることができるからである。

　夢の実現に資金が必要なとき，資金を融通されることによりその実現が可能となる。しあわせはお金では測れないが，しあわせを実現するためにその助けとなることもある。

 (2) 金融は嫌われる？

　シェイクスピアの名作『ヴェニスの商人』で，ユダヤ人の高利貸しが，借金返済の期限を破ったペナルティとして債務者の肉1ポンドを要求する場面が出てくる。強欲なユダヤ人高利貸しシャイロックが悪役を引き受け，金融業の代名詞のような使われ方をする*。

　　*ヴェニスの商人：シャイロックは，ユダヤ人として差別されていた。あるとき，商人アントニオに大金を貸すことになり，キリスト教の教義（キリスト教徒間の貸金に利子をとらない）に則り，シャイロックも利子を取らないことにするが，返済できない場合はアントニオの肉1ポンドをいただくという条件を付けた。アントニオは返済できず，シャイロックに人肉裁判にかけられる。しかしアントニオ側の法学者が契約の正当性を認めつつも「契約には血が含まれておらず，血を一滴もこぼさずに肉を切り取らなければいけない」と主張し，シャイロックは敗訴した。

　キリスト教では元来利子を禁じていたが，貨幣経済の発展により13世紀頃より形骸化した。16世紀には宗教改革で有名なカルビンが5％の金利徴収を認め，イギリスでは同時期にヘンリー8世が10％までの利息を認めた。イスラム教でも，コーランの教え（胎内にいる子の価値を見越して母ラクダの売買をしてはならないという規定）により原則として利息を徴収できない。配当で代替，あるいは商品を媒介させることで，利息と同等の経済効果を想定した取引がイスラム金融として拡大している。

3. 貨幣について

(1) 貨幣とは

　貨幣，つまりお金は，物々交換の不便を取り除くための媒体である。古くから，自然貨幣（貝殻など）や商品通貨（家畜や穀物）があり，その後，金属（金，銀，銅，青銅，鉄）が，秤量貨幣（金属の重さで価値を決める）として流通するようになった。さらに，計数貨幣（重さにかかわらず統治者が決定）に変遷し，欧州では中世になると紙幣が登場するようになった。

　元々は，ヨーロッパ大航海時代に交易等で金銀を大量に流通させたが，安全性や流通性から，金銀を両替商に預け代わりに証書を発行するようになった。この証書は金銀に交換可能なため，紙切れでありながら価値をもった。これが兌換券（金銀との交換が可能な紙幣）のルーツである。

　近代に入ってからは，貨幣の発行権限は中央銀行に統一された。金の裏付けをもとにして兌換券の証書（紙幣）が発行される通貨制度を金本位制という。金本位制度は1816年にイギリスに始まり，19世紀後半には世界で広まった。その後，世界恐慌頃に多くの国で兌換措置が停止され，第二次世界大戦後は米ドルのみが金兌換されるようになり，その他の通貨はドルと固定相場制をとる制度に移行した（ブレトン・ウッズ体制）。しかし，アメリカが突然金兌換停止を発表したニクソンショックを経て，為替相場は変動相場制へ移行した。

(2) 貨幣の種類

　貨幣には，現金通貨（硬貨と紙幣）と預金通貨（要求払い預金や振込，振替）がある。なお，最近急速に普及している電子マネーは，現金通貨のチャージが前提なので通貨とはいえない。クレジットカードやデビットカードも預金通貨が前提となっているため，広い意味でも貨幣の範疇には入らない。

(3) 発行権限と法定通貨

　法定通貨とは，金銭債務などの弁済手段として強制力をもつ通貨のことである。

法貨とも呼ばれる。日本では，日本銀行が発行する日本銀行券，財務省造幣局が製造し政府が発行する貨幣（硬貨）のみが法定通貨である。日本銀行券は日本銀行法の定めにより無制限の強制通用力が認められているが，補助貨幣的な性格を有する硬貨の強制通用力は，「通貨の単位及び貨幣の発行等に関する法律」により，額面価格の 20 倍まで（一回の使用につき同一金種で 20 枚まで）に限るものと規定されている。

　日本銀行券は，独立行政法人国立印刷局が製造し（独立行政法人国立印刷局法第 11 条第 1 項第 1 号），日本銀行が発行する（日本銀行法第 46 条）。国立印刷局は，銀行券の製造については，財務大臣の定める製造計画に従って行わなければならない（独立行政法人国立印刷局法第 12 条）。

　なお，多くの国では，中央銀行が銀行券として流通させることが一般的であるが，シンガポールの通貨シンガポールドルは政府シンガポール金融管理局が発行と管理を行っている。香港ドルは，香港金融管理局の監督の下で民営銀行 3 行が紙幣を発行しているが，10 香港ドル紙幣だけは香港特別行政区政府の発行する政府紙幣である。政府紙幣とは，国債とは異なり返済の必要な債務ではないため，政府紙幣発行を行えば，財政支出による景気刺激や国債償還による財政健全化を果たすことが可能となる。

(4) 貨幣の目的

　貨幣の目的は，以下の三点に大別できる。

① 価値尺度機能

　サンリオピューロランドの公式ホームページによれば，キティの身長はりんご 5 個分，体重はりんご 3 個分とのことである。世の中のすべてのものがりんごで表現できれば簡単だが，そうもいかない。貨幣はモノの価値を測る上では便利な手段である。

② 交換機能

　りんごとスイカを交換するよりも，貨幣を媒介したほうが簡単である。なぜなら，それぞれの価値を貨幣単位として決められるため，1 対 3.3 個の物々交換ではなく，りんご 1 個を 300 円，スイカを 1 個 1000 円として貨幣を媒介させた方がやさしい。

③ 価値の保蔵機能

りんご農家の人が自動車を買うのに，今日でなく1週間後にしたいという場合，りんごを1週間後に自動車と物々交換するよりは貨幣に替えて，1週間後に購買に充てたほうが，りんごが腐らなくていい。

4. 貨幣の需要と供給

(1) 貨幣の需要動機

貨幣（現金）を手元にもっておきたいという気持ちを，貨幣の需要動機という。貨幣を保有する動機としては，取引動機，予備的動機，投機的動機がある。

① 取引動機

消費者が買い物を行う，あるいは企業が生産に必要な材料を購入するなど，経済活動を行うにあたって発生する取引のために現金が必要となる。貨幣の取引動機とは，こうした取引に用いるために確保しなければいけない理由を指し，取引に伴う貨幣需要を取引動機に基づく需要という。取引動機に基づく需要は，主に経済活動が活発になるときに増加し，停滞するときに減少する。このため，所得（国内総生産）により説明される。

② 予備的動機

急病により入院費用が必要になることもあれば，旅行に行って思わぬ出費をしてしまうこともある。取引動機はある程度，将来的な経済活動を踏まえたニーズであるが，こうした将来の不測の事態のために資金を確保しておく需要を予備的動機という。予備的動機に基づく貨幣需要も，経済活動が活発になるに従って増加する傾向にある。このため，取引動機のときと同様に予備的動機に基づく貨幣需要も，所得の水準に影響を受ける。

③ 投機的動機

銀行預金は預けておけば利息が付くが，貨幣は手元に置いていても利息を生まない。しかし，現金のまま保有することも，一つの投資の選択肢である。例えば，

国債などの債券への投資を考えているとする。しかし金利が低いため、もう少し債券の金利が上がってからお金を投資しようという気持ちになることがあるかもしれない。この場合は、貨幣あるいは現金のまま保有するということになり、資産運用の一つの選択肢として貨幣需要が発生することになる。これが投機的動機に基づく貨幣需要である。投機的動機による貨幣需要は、金利が上昇するほど少なくなり、低下するほど増えると考えられる。

(2) 貨幣の供給

従来、貨幣供給量は「マネーサプライ」と呼ばれていたが、現在では「マネーストック」に改称された。改称は、ゆうちょ銀行民営化などを機に2008年6月に行われたもので、金融機関と中央政府を除いた経済主体（一般法人、個人、地方公共団体等）が保有する通貨の合計を指す。

通貨保有主体の範囲は、居住者のうち、一般法人、個人、地方公共団体・地方公営企業が含まれ、うち一般法人は預金取扱機関、保険会社、政府関係金融機関、証券会社、短資等を除く法人が含まれる。マネーストックの中では、M3が代表格である。

マネーストックの中で最も基礎部分となるのがハイパワードマネー、あるいはマネタリーベースである。これは貨幣と日本銀行当座預金の合計である。貨幣は中央銀行が発行する負債であり、当座預金も民間銀行からの借り入れのような存在である。アベノミクスのもとでの金融政策では「マネタリーベース倍増」が政策手段として掲げられた。

マネーストック統計には、以下のように M1、M2、M3、広義流動性などがある。

① M1 ＝現金通貨^{*1} ＋預金通貨^{*2}
  * 1 現金通貨：銀行券発行高＋貨幣流通高
  * 2 預金通貨：要求払預金（当座、普通、貯蓄、通知、別段、納税準備）－調査対象金融機関の保有小切手・手形

② M2 ＝現金通貨＋国内銀行等に預けられた預金*
  ＊対象となる銀行等は、日本銀行、国内銀行（除くゆうちょ銀行）、外国銀行在日支店、信金中央金庫、信用金庫、農林中央金庫、商工組合中央金庫

③　M3 ＝ M1 ＋準通貨＊＋ CD（譲渡性預金）＝現金通貨＋全預金取扱機関
　　 に預けられた預金
　＊準通貨：定期預金＋据置貯金＋定期積金＋外貨預金
④　広義流動性＝ M3 ＋金銭の信託＋投資信託＋金融債＋銀行発行普通社債＋
　　 金融機関発行 CP ＋国債＋外債
　＊対象機関は，中央政府，保険会社等，外債発行機関を含む。

（3）貨幣供給に伴う物理的デリバリー

　中央銀行から銀行への供給は，民間銀行による日銀当座預金からの引き出しで行われる。当座預金には準備預金としての積み立てのほか，債券オペ（日本銀行が民間銀行と国債を売買する業務）の決済代金などが入金される。
　物理的には，日本銀行の本店あるいは各地の金庫から現金輸送車で搬出される。銀行からは損貨といわれる消耗貨幣や古いお札が日本銀行に搬入される。民間銀行から市中への供給の方法としては，貸出や預金元利金の支払いがある。
　ちなみに全くの余談だが，銀行の支店では現金持ち高は極力圧縮する努力が払われている。筆者が銀行に入行した当初に「資金（出納）担当」を任された。資金担当の重要な使命の一つは，翌営業日における出入金（現金の引き出しや入金）を的確に予想し，金庫に置いておく現金の残高を不必要に増やさないことである。推定する必要額が現在より多ければ，本店からの現金の搬送（銀行員用語で現受という）を依頼し，余剰であれば本店への現金輸送（同じく現送という）を依頼する。なぜなら，現金で金庫に放置されても利息を生まないが，例えば日銀に預ければ利息がもらえる。このため，多額の現金引き出しの予定があるときは，事前に取引店に通知しておいた方がよい。

5.　金利に関する基礎知識

（1）金利とは

　読者が初めて金利に接するのは，預金をした時ではないか。金利は様々な呼び方をされる。「率」で表現されると，利子率や利回りという言い方が使われる。

また，受取額で表現すると，利息や利子と呼ばれるが，すべて同じことを指している。このため，以降は金利という表現で統一しよう。

そもそも金利とは何だろう。経済学の世界では，現在に比してのお金の将来の相対価値と表現されている。もう少し優しく表現すると，貸付金，預金，債券など元本（額面の金額で預金の場合は預け入れの金額）に対する報酬のようなものである。労働の報酬は分かりやすいが，「お金の報酬」というのは理解しにくいかもしれない。

仮に1億円を預金として銀行に預け，その預金金利が1年で1%とする。その果実は1年後に百万円返ってくる。これが預金利息である。つまり，お金が預金という形で働いてくれ，その報酬が百万円ということである。

(2) 金利の種類

① 単利と複利

金利の形態は，大きく分けて単利と複利の二つがある。単利は，元本を変化させずに計算して利子を決める。複利は，元本に利子を加えた金額を元に計算して次回の利子を決める。

具体的に説明しよう。定期預金が100万円ある。預金金利は年10%（年1回利払い）としよう。2年後には預金はいくらになっているか。

銀行の窓口に行くと，満期になったときの預金の取り扱いを聞かれる。1年後に現金を受け取らずに，再びもう1年継続することができるが，その継続の方法で「単利型」か「複利型」かを尋ねられる。単利型の場合は，1年後に利息として支払われる10万円を引き出し，もともとの元本である100万円を再び1年間の定期預金に書き換える（更新する）方法である。つまり元本は預け入れの時点でも1年後の更新のときも100万円で一定である。これに対して「複利型」は，1年後に受け取る10万円の利息を元本に上乗せして再び1年間の定期預金にする。したがって，預け入れ当初の元本は100万円だったのが，1年後に預け入れする定期預金の元本は110万円となる。両者を比較しよう。

◇単利型： 2年間の受取利息＝100万円×10%×2年＝20万円
◇複利型： 2年間の受取利息＝（100万円＋100万円×10%）×10%＝21万円

単利型は分かりやすいが，複利型は説明が必要である。（100万円＋100万円

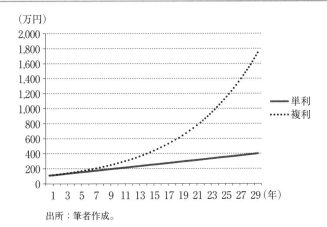

図表1－3　100万円を年利10％で預金した場合の元利金の推移

出所：筆者作成。

×10％）は1年後の元本と利息の合計で，これが定期預金の1年後の元本である。これがさらに1年後に10％の利息を生む。単利と複利について，一般化して式で表現しよう。この二つの式のうち複利の式は非常に重要である。金融を学ぶとこの複利の算式が山ほど登場するので，ここで習熟しておこう。

元本をP，金利（年率）をrとし，n年後の元利金合計Xは以下の通りとなる。

◇単利：　　$X=(1+nr)P$，　利息額$=(1+nr)P-P=nrP$

◇複利：　　$X=(1+r)^nP$，　利息額$=(1+r)^nP-P=\{(1+r)^n-1\}P$

100万円の預金が，単利と複利の場合の元利金の増え方をグラフ化する（図表1-3）。

② 細かな利息計算方法の定義

利息を計算する際に，日数をカウントする方法が取り決めによって微妙に異なる。銀行員は知っていて当然であるが，極めて実務的な計算方法の違いであるため，銀行員を志す皆さん以外は覚える必要がない。
・「両端入れ（りょうはいれ）」：借入日と返済日の両方を日数として数える方法
・「片落ち（かたおち）」：借入日から返済日のうち，借入日を計算からはずし

て数える方法
・「両落ち（りょうおち）」：借入日から返済日のうち，借入日と返済日の両方を計算からはずして数える方法

③ 名目金利と実質金利

　我々が普段接している金利は，ほぼ全てが「名目金利」である。名目というのは，表向きという意味がある。つまり，なんら加工されていないそのままの金利である。一方で，実質金利とはインフレ率を差し引いた金利をいう。

　名目金利を上回る物価上昇が発生すると，「お金が稼ぐ」能力が相対的に低下する。例えば，100万円を年利10％の金利で銀行に預金できるとする。一方で，現在100万円で買える車が1年で107万円に7％価格上昇すると仮定する。この時，銀行預金をすることで自動車を購入する力は2.8％改善することになる。

　◇（110／100）／（107／100）－1＝2.8％。

　しかし，物価上昇率が10％の場合，購買力は変わらなくなる。物価上昇率11％の場合は，購買力が低下してしまう。つまり，預金するよりすぐに車を買うのが得策である。反対に，預金金利がわずか0.5％で，物価上昇率がマイナス10.5％であれば預金のメリットが大きくなる。

　したがって，銀行に預金する際，金利のメリットについて予想される物価上昇率と併せて考えるべきであろう。このように物価上昇率を加味した金利水準を，通常の金利（名目金利）から予想インフレ率を差し引いて考えたものを実質金利という。参考までに名目金利と実質金利の関係を算式で表す。

　◇実質金利 $1+r=(1+i)/(1+\pi)$ 〜 i は名目金利，π は物価上昇率。
　　近似式は $r \fallingdotseq i+\pi$ となる。

第2章

金融機関論

―日本の金融プレーヤー―

1. 金融機関の種類

 (1) 金融機関とは

　金融に係る業務を行う企業や組織は、極めて多い。例えば、総合商社は金融機関とはいえないが、分野によっては銀行などと競い合っている。商社の仕事は、商品やサービスの仲介である。仲介を行う過程において、商社にとっての買い手や売り手の資金の過不足が発生する。購入代金入金までにある程度の期間が置かれる場合には、納入業者が当座の資金の手当てに困ることもある。こうした資金の過不足は銀行が資金の融通を行うことで対応できるが、商社にも資金を融通する機能がある。これを商社金融という。また、海外における大型プロジェクトにはリスクの取り手と資金の出し手が必要となる。こういった時にも、銀行をはじめとする金融機関と協調、ときには競合しながら金融に係る業務に携わる。

　このように、金融業を業務の主体としていないプレーヤーも金融に携わることもあるが、金融機関というのは金融を専門とする企業や組織のことを一般的には指す。ここでいう金融業務とは、資金の運用および調達、送金や決済、信用の保証、金融商品の仲介、リスクの引受（死亡による遺族の補償は生命保険、自動車事故などに備える損害保険など）などを指している。

 (2) 金融機関の業態別

　タイプ別に金融機関を分類すると、図表2-1のように、預金取扱金融機関、証券会社等、保険会社、消費者金融会社、資産運用会社、その他金融会社に分かれる。一般的には、消費者金融会社やその他金融会社が「ノンバンク」といわれる

図表 2－1　金融機関の種類

種類	預金取扱金融機関 銀行, 信用金庫, 信用組合, 労働金庫, 農業協同組合等	証券会社等 証券会社, 証券金融会社	保険会社 生命保険会社, 損害保険会社	消費者金融 消費者金融専業, 割賦販売, クレジットカード	資産運用 投資信託, 投資顧問, その他運用委託	その他 リース, ファクタリング, 信用保証専業, 短資会社
預金	○	×	×	×	×	×
貸出	○	○	○	○	×	○
決済	○	△	×	△	×	△
外国為替	○	×	×	○	×	△
信用保証	○	△	△	×	×	△
投資信託販売	○	○	×	○	×	×
保険販売	○	×	○	×	×	×
クレジットカード	○	×	×	○	×	×
運用委託・管理	△（信託銀行）	×	×	×	○	×
その他信託業務	△（信託銀行）	×	×	×	×	×
その他金融業務	△	△	△	△	△	○

注：○は主要業務、△は業務範囲が限られる。
出所：筆者作成。

が，最近の世界の潮流では，預金取扱金融機関や保険会社以外をすべてノンバンクと総称することが多くなっている。この図表で，概ね主な機能別の違いが理解できる。

最も馴染みがあるのが預金取扱金融機関で，銀行と信用金庫などの協同組織から構成される。逆に消費者から遠い存在なのが，資産運用会社やその他の金融会社である。なぜ遠いかというと，資産運用会社は投資信託を設定，運用しているが，消費者との接点は投資信託を販売する銀行や証券会社であるからだ。

筆者は銀行と証券会社にそれぞれ14年間勤務した。それぞれの業界を経験した肌感覚の印象だが，銀行は農耕民族，証券会社は狩猟民族というたとえが当てはまると思う。銀行は預金を預かり，貸出で運用し，その利ざやで商売する「ストックビジネス」である。畑で種まきをして収穫を待つ農耕生活に似ている。一方で，証券会社は金融商品を左から右へ仲介する「フロービジネス」である。銀行は安定した収益を畑から享受するのに対し，証券会社は狩猟の結果は良い時もあれば悪い時もある。有価証券にたとえれば，銀行は債券で証券会社は株である。債券は満期になると元本が返ってくるだけだが，株は値下がりするときもあれば，値上がりすればいわば青天井である。こうしたビジネスの態様の違いが，各組織で働く人々の精神構造に作用し，組織としてのカラーが異なっているものと解釈できる。

(3) 金融機関の機能と特性

やや堅苦しい解説になるが，金融機能を経済学的に説明したのが図表2-2である。これらの機能は概ね銀行の機能として説明できるので，詳しい説明は第5章で行う。

金融機関の重要な役割の一つが，金融仲介機能である。図表で示す通り仲介機能は，情報生産，リスク負担，資産転換の三つの機能に細分化できる。情報生産とは，リスクを分析しリスクに応じた収益水準を推定しこれを付加価値とするものである。やさしくいえば，銀行が貸出先をしっかりと審査し，リスクに応じた貸出金利で資金供給することである。銀行や証券会社が投資信託等を販売するときに，商品の特性について顧客に説明を行うこともこの機能のカテゴリーに入る。また，保険会社が自動車事故の発生可能性などを分析し，保険料に反映する業務もここに含まれるだろう。

図表2-2　金融機能の内容

		機能の内容	銀行の例	その他の例
金融仲介機能	情報生産機能	リスクを分析・モニタリング	貸出審査と監視，回収	保険会社の引受審査
	リスク負担機能	リスクを吸収し遮断	貸倒れ損失を負担	保険契約による補償
	資産転換機能	流動性転換とリスク分散化	預金の即時払出し	有価証券による小口化
信用創造機能		預金・貸出の連鎖による乗数化	預金の大半を貸出で供給	－
決済機能		支払手段の提供	預金口座振替や送金	クレジットカード

出所：筆者作成。

　リスク負担機能は，銀行，保険会社，消費者金融会社などが該当する。銀行貸出でいえば貸出リスク，火災保険契約では災害リスクを預金者や保険契約者から遮断し，銀行や保険会社が損失を負担する役割である。投資信託を販売あるいは株式売買の仲介や媒介を行うようなときにはリスクの遮断がないため，証券会社の顧客取引における主要業務ではこうした機能は含まれない。

　この図表での資産転換機能には二つの意味をもたせている。一般的なテキストでは，流動性転換機能と資産転換機能を分別して解説しているが，大きなくくりでは資産転換機能に集約できると思う。流動性転換機能は，銀行が預金者に対しては預金の即時支払いを，貸出先には期日まで資金返済を迫らないことを約束することによる利便性である。また，小口の預金を数多く集めて，大口の資金調達ニーズを充足させるのも銀行の機能であり，これも資産転換機能である。社債を発行し，小口の投資家にこまかく販売することもこれに類似するが，最終的な資金の取り手と出し手の間のリスクの遮断がない点で間接金融とは根本的に異なる。

　保険も資産転換に類似した機能を備えている。自動車保険の仕組みは，一度に多くの事故が発生しないという前提に基づく。いわゆる「大数の法則」である。ちなみに，銀行と大口資金需要者である企業との間で交わされる貸出契約証書は本源的証券，銀行と預金者の間で結ばれる預金契約証書は間接証券と呼ばれる。

　信用創造機能は，銀行が預金と貸出の業務を繰り返し行うことにより，世の中に貨幣を流通させる役割である。銀行が最初に預金を預かり（これを本源的預金

という)，その一部を準備預金として日本銀行に預け，残りを貸出に回す。貸し出された資金は経済活動を通じ預金として戻ってくる。この繰り返しが，より大きな資金を世の中に供給する機能を形作っている。

決済機能は，銀行振り込み，公共料金の預金口座からの自動振替，クレジットカードの決済と銀行口座からの引き落とし，デビットカードの使用による銀行口座からの直接の物品の購入，海外への送金など様々な種類がある。なお，資金の移動を銀行では「為替」という。国内における送金などの資金移動は内国為替，海外とのやり取りは外国為替という。資金の移動はなくとも，日本円とドルの交換のような取引も外国為替の範疇である。

2. 預金取扱金融機関

(1) 全体像

預金取扱金融機関は，金融庁の認可を得て預金（ゆうちょ銀行や農業協同組合などの場合は貯金という）を受け入れることが許されている金融機関を指す。大別すれば，銀行と協同組織金融機関とから構成される。

預金取扱金融機関の数は2015年3月末現在で575機関（連合会等を含むと579機関）存在している。このうち，銀行は141，信用金庫は267，信用組合は

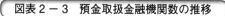

図表2-3　預金取扱金融機関数の推移

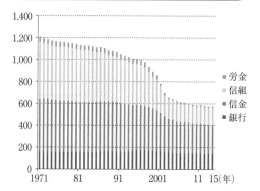

出所：預金保険機構データに基づき筆者作成。

図表2−4 業態別預金取扱金融機関数の推移

	1980	1990	2000	2014	（グループ数）
大手銀行	23	23	19	10	7
地方銀行	63	64	64	64	61
第二地方銀行	71	68	54	41	36
信用金庫	462	454	386	267	267
信用組合	483	414	265	154	154
合計	1,102	1,023	788	536	525

出所：預金保険機構データに基づき筆者作成。

154，労働金庫は13となっている。銀行は銀行法に基づき，協同組織は信用金庫法や中小企業等協同組合法に基づいて設立されていて，その目的や組織も多様である。大まかには銀行は営利，協同組織は非営利団体といえる。40年ほど前には約1,200もあったこれらの機関も，合併や破綻などにより半減した。

詳しく業態別の機関数（図表2-4）を見ると，顕著な傾向がある。都市銀行や信託銀行，長期信用銀行などが大手銀行であるが，その数は1980年から半減以下となっている。メガバンクの合併などが主な背景である。第二地方銀行（過去に相互銀行であったものが普通銀行に転換した銀行），信用金庫，信用組合の各業態も大幅に数を減らしているのが確認できる。

しかし，地方銀行については全く減っていない。グループ数というのは，持ち株会社を地方銀行同士で設立してグループを形成したものであるが，持ち株会社のもとでの合併は進んでいない。

しかし，金融システムの構造をボリュームで見ると，国内の貸出金の大手銀行のシェアは，わずか10行という僅少な数にもかかわらず4割強を占めている。これは全体の金融機関のわずか2％にも満たない大手銀行が間接金融の半分近くを担っていることを示す。以下，個別業態ごとに解説していこう。

(2) 銀　　行

銀行法に基づく銀行を「普通銀行」といい，普通銀行はさらに大手銀行（金融庁は主要銀行という呼び方をしている），地方銀行，第二地方銀行に分かれる。都市銀行などの大手銀行と地方銀行の法的な区別はないが，監督官庁である金融

庁では，監督局監督一課が大手銀行を，監督二課が地方銀行などを所管している。定性的には，大都市を中心に広くネットワークを有する銀行を大手銀行，いずれかの都道府県に営業地盤を有する銀行が地方銀行である。また，全国地方銀行協会に加盟している銀行を地方銀行，かつての相互銀行から普通銀行へ転換し第二地方銀行協会に加盟している銀行を第二地方銀行と呼ぶ。

　もともと中小零細企業への資金供給を旨として無尽会社が転換してできたのが相互銀行で，これが新法施行を経て普通銀行に転換したものが現在の第二地方銀行協会加盟行である。また，銀行法に基づいて設立された中でも「信託兼営等に関する法律」により信託業務を営む銀行を信託銀行という。

　一般に大手銀行といった場合は都市銀行および信託銀行を指す。かつては日本興業銀行（現みずほコーポレート銀行），日本長期信用銀行（現新生銀行），日本債券信用銀行（現あおぞら銀行）と三つの長期信用銀行も主要銀行に名を連ねていたが，新生銀行やあおぞら銀行の普通銀行転換により長期信用銀行は姿を消してしまった。なお長期信用銀行とは長期信用銀行法に基づく銀行で，当局による長短金融分離政策が設立の背景となっている。預金を調達源とする普通銀行は短期の融資を担い，金融債という中長期的な調達を主とする長期信用銀行は長期の産業金融を担当することで過度な競争を抑えてきたが，1993年の金融制度改革法を発端とする業際規制の緩和やデリバティブなど金融技術の革新もあり，こうした政策は形骸化してしまった。

　ゆうちょ銀行は2007年に，旧日本郵政公社から郵便貯金事業等を引き継ぎ，銀行法第4条第1項の免許を受けたものとみなされている（みなし免許という）。同行は持ち株会社である日本郵政株式会社の子会社であるが，将来的には改正郵政民営化法に基づき日本郵政が保有する株式を全て売却することが義務付けられている。現在は普通銀行が認められている業務のうち限られた業務しか運営が認められていないが，日本郵政の株式保有比率が半分以下となれば，新規事業に関しても認可でなく届出事項となるため，業務範囲が拡大される見通しである。なお，日本郵政による保有株式を100％売却する期限は定められていない。

(3) 協同組織

　協同組織形態の小規模金融機関の源流は，信用金庫を含め「信用組合」である。意外かもしれないが，その歴史は古く1890年の信用組合法に遡る。その後，

様々な根拠法令の改正を経て1951年に信用金庫法が制定され，信用組合の中でも規模の大きい機関が信用金庫となった。

　信用金庫には，信金中央金庫という上部組織があり，信用金庫の資金運用のサポートを行うほか，集中決済機関としての役割を担い，また必要に応じて支援や指導を行うなど信用金庫を束ねる位置付けである。1951年に信用金庫の業務を支える全国信用金庫連合会が発足し，2000年信金中央金庫になった。

　信用金庫は法改正により会員以外への貸出などが可能になったが，より協同組織としての色彩を残しているのが信用組合で組合員からの預金受け入れや貸付について厳しい制限を課せられている。信用組合も信用金庫同様に全国信用協同組合連合会といった上部組織がある。この他にも労働金庫や農業協同組合，漁業協同組合などがそれぞれ異なった根拠法に基づき運営されている。

(4) 新しい形態の銀行①：ネットバンク

　今世紀に入ってから伝統的な預金取扱金融機関に加えて新しい種類の銀行が次々に設立されてきた。従来は参入障壁が高かった銀行業界ではあるが，規制緩和に伴い参入機会が生じてきたこと，インターネットやコンビニATMなど個人のライフスタイルの変化が背景となっている。

　また，スマートフォンの普及によるモバイルバンキングなど，店舗チャネルからバーチャルチャネルへの転換など，銀行業の在り方が変わりつつある。

　新規参入銀行の特徴は，非金融事業者による銀行進出である。バーチャル型とリアル型に大別される。インターネットをプラットフォームとした楽天などの事業者，ソニーのようにブランド力を活かして事業多角化を図る製造業によるネット銀行が一つのカテゴリーである。コンビニやスーパーなどの流通業界の店舗ネットワークを活用した銀行はもう一つのカテゴリーである。

　ネット専業銀行は，店舗運営コストが不要なこと，顧客が場所の移動なくネット上で取引を完了できる利便性があること，ネット事業とのシームレスな展開が可能なことなど様々なメリットが存在している。ネット銀行は海外で先行していたが，イギリスで設立されたエッグバンクが事業を軌道に乗せるのにかなりの時間を要した経験からも，必ずしも簡単に儲かるビジネスともいえない難しさがある。また同じネット銀行でもビジネスモデルが微妙に異なる。

　ネット銀行のモデルは大きく三つに分かれる。楽天銀行（楽天がすでに設立さ

れたイーバンクを買い取ったもの）のように，楽天が得意とする B2C（事業者と個人）あるいは C2C（個人間）のネット上の商品やサービスの取引から派生する決済のニーズをテコとして運営され，その延長線上でローン事業などの展開を行っているタイプが一つである。二つ目は，従来型の銀行が設立し，チャネルの多角化を図っているものがある。三井住友銀行が設立，ヤフージャパンが資本参加するなどの経緯を有するジャパンネット銀行が一例である。ただ，従来型の銀行が発足させた銀行でも，決済中心のジャパンネット銀行と異なり，住宅ローン事業を急速に伸ばした住信 SBI ネット銀行（三井住友信託銀行と SBI ホールディングスの合弁事業）のように色彩が異なる例もある。三つ目が，ソニー銀行である。ソニーは伝統的な生命保険の販売モデルを根底から覆したコンサルテーション営業型のソニー生命で成功を収めたが，コンサルテーションを人の手を掛けずにネット上で行うモデルで勝負している。MONEYKit というウェブサイト上のツールにより，運用商品からローンに至るまで，様々な金融商品を提供し，個人向けフルバンキングを効率的に運営している。

(5) 新しい形態の銀行②：コンビニ・スーパー銀行

　次に，ネットのようなバーチャルの世界ではなく，店舗というリアルの世界のチャネルを活用したのが，流通系の銀行である。ただ，流通系の銀行といってもビジネスモデルが全く異なっており，セブン銀行は ATM にほぼ特化した営業を展開する一方，イオン銀行はショッピングモールなどで通常の銀行と同じような業務を担うモデルを採用している。
　セブン銀行は他の銀行と競合するのではなく共存共栄することを是としていて，他の銀行の顧客に対して利便性を向上するためのインフラになることをビジネスの中心に置いている。セブン銀行の ATM を利用する時に基本的には顧客が手数料を支払うが，この手数料は利用した顧客が利用している口座をもっている銀行が受け取ることになっている。したがって，セブンイレブンの ATM で支払った手数料はセブン銀行をスルーして取引銀行に落ちることになる。その一方，取扱いの度にセブン銀行は ATM を利用した顧客の口座をもっている銀行から定額の手数料を貰うことなっている。見た目には同じように感じられるかもしれないが，この部分がビジネスモデルの要である。銀行が戦略上の観点からコンビニ ATMの利用手数料を無料化するケースもあるが，これによる手数料の減収は取引銀行

が被ることとなり，セブン銀行は引き続き当該銀行から手数料を受け取ることとなる。つまり，各銀行は戦略の柔軟性を担保しながらも，セブン銀行はこうした銀行の戦略の変化による収益への影響が出にくい形となっているのである。セブン銀行は個人ローンも手掛けるものの，事業の大きな柱はATM運営である。追加された海外送金の機能を含め効率的な経営ができることが，安定的な収益を享受する背景である。

一方，イオン銀行はショッピングに訪れる顧客をターゲットに預金は勿論のこと，住宅ローンや投信などの商品を提供している。イオン銀行は破綻した日本振興銀行の事業を買い取るなど，フルバンキング化を追求している。顧客が足を運びやすい立地もあって口座も預金も急速に積み上がった。今後のポイントは，調達した預金をどういう形で運用していくのかという点である。

(6) 大手銀行を中心とする銀行再編

1997年から1999年にかけての金融危機の局面をきっかけに，一気に金融機関の再編が進んだ。特に2000年からの5年間は急激な再編ブームとなった。大手銀行の数は半減以上となり，グループベースでは70％減少となった。第二地方銀行は5割，信用金庫は4割強，信用組合に至っては7割近くも機関数が減少した。一方で，地方銀行に動きがないのはすでに述べたとおりである。

一つの理由は，こうした再編の背景である。多くの場合，再編は経営上の財務的な困難に直面した金融機関が生き残りを模索して選択した結果であった。財務上のゆとりがあれば，何も頭取の椅子が減るような再編に積極的になる必要もない，と考えられた印象がある。これに関連したもう一つの理由が，金融監督のダブルスタンダードである。過去2回にわたる金融危機の局面では，集中的に厳しい検査や監督に見舞われたのが大手銀行であった。

以下の図表は，長期にわたる銀行の再編の経過をまとめたものである。いまだに，さらなる再編を予想する向きもあるが，こうした歴史を踏まえると現状の大手のプレーヤーは最終形に近い印象がある。

第2章 金融機関論　27

図表2-5 大手銀行の再編の歴史

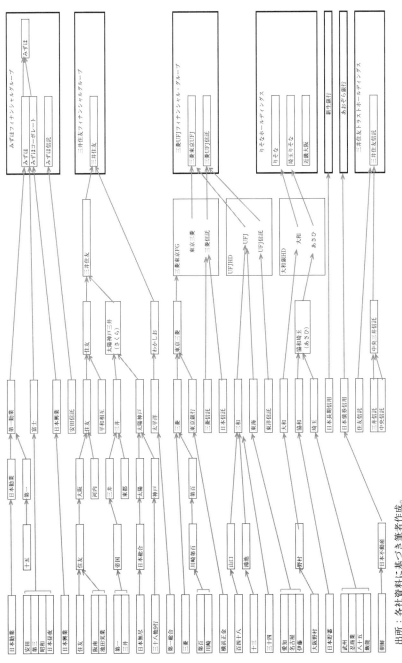

出所：各社資料に基づき筆者作成。

3. 証券会社

(1) 全体像

証券会社は，金融証券取引法で規定される金融商品取引業を行う金融業者の一部であり，もともとは金融商品取引法の前身となる証券取引法で「証券業」として明確に規定されていた。現在の法令に定義づけされる金融商品取引業者には，証券会社のほか投資顧問，投資信託委託業などの運用会社が含まれる。

ここでいう金融商品とは，株式や債券などの有価証券や金融派生商品（デリバティブ）を対象としている。証券会社は，金融商品取引法上の行為を行う登録事業者であり，有価証券の売買，取次ぎ，取引委託，清算，引受ならびに募集，売出しを行える金融機関である。銀行も証券子会社を通じてこうした業務を行えるが，銀行本体では有価証券等の取扱いは公共債の売買や投資信託の販売などに限定されている。

このように法律の定義に従って説明しても分からないと思われるので，具体的な事業内容については次項で解説することとする。証券会社の種類として明確な区分はないが，事業範囲や業容あるいはビジネスモデルから，大手証券，準大手証券，中堅中小証券，地場証券，ネット証券に分けることができる。

(2) 証券会社の主な業務

ここでは過去に総合証券会社といわれた大手証券の業務内容を，主要なカテゴリーに分けて解説する。まず，証券会社の主要業務は，リテール業務とホールセール業務に分かれる。また，資産運用会社を子会社として有する。ホールセール事業はさらに，プライマリー部門とセカンダリー部門に分けられる。

リテール事業は，証券会社の支店網を通じた個人顧客との取引である。個人顧客が株式，債券，投資信託などの有価証券の売買を行う場合の取引を担っている。株式の売買の受注が多いほど証券会社にとっては収益が増える。勢い過去の証券営業においては，次々に推奨する株式銘柄を変えながら顧客の売買を促すようなケースも少なからず見受けられた。これは回転売買といわれ，証券会社の悪評にもつながった時期もあった。しかし特に近年は，証券会社のリテール戦略として

預かり資産を増やすという点に軸足が置かれている。これには長期的な視点に立った運用相談を行うことで顧客の信頼を勝ち取る狙いがある。

ホールセール事業は，主に法人取引や海外におけるファイナンス業務を網羅している。このうち，プライマリー部門は発行市場を担当し，セカンダリー部門は流通市場を担当している。プライマリー部門は投資銀行業務と呼ばれる M&A などの業務や，株式や債券の発行段階における取引を総括して行われる。企業が株式や債券を発行して資金調達する際は，業務を取りまとめる主幹事証券会社が有価証券を引き受ける審査から，引受そして販売，その後のケアまでを一貫して行う。例えば日本の大企業が株式を発行する際には，販売する市場は日本ばかりでなくアメリカやヨーロッパ，アジアなどグローバルに及ぶ。このため，ホールセール事業はプライマリー，セカンダリーにかかわらず，国内外の国境を越えて有機的に行われている。セカンダリー部門は，すでに発行されている有価証券の売買を仲介するという点ではリテール事業と変わらないが，取引相手は機関投資家と呼ばれる大規模な資産運用会社や事業法人，金融法人である。こういったセカンダリーにおける有価証券等の売買業務をキャッシュ業務といい，株式の売買

図表2－6　野村證券（野村ホールディングス）の2014年3月期部門別業績

収益合計（金融費用控除後） (単位：10億円)

	2013年3月期	（構成比）	2014年3月期	（構成比）
営業部門	398	35.8%	512	37.7%
ホールセール部門	645	58.0%	765	56.4%
アセットマネジメント部門	69	6.2%	80	5.9%

金融費用以外の費用

	2013年3月期	（構成比）	2014年3月期	（構成比）
営業部門	297	32.4%	320	31.2%
ホールセール部門	573	62.4%	653	63.6%
アセットマネジメント部門	48	5.2%	53	5.2%

税引前当期純利益

	2013年3月期	（構成比）	2014年3月期	（構成比）
営業部門	101	52.0%	192	58.0%
ホールセール部門	72	37.0%	112	33.8%
アセットマネジメント部門	21	10.9%	27	8.2%

出所：野村ホールディングス開示資料に基づき筆者作成。

についてはキャッシュ・エクイティと呼ばれる。こうした大口の売買の受注を行う際には，取引のタイミングのずれなどを背景に証券会社自身のリスクに基づくトレーディングという取引が伴われる。参考として図表2-6で，野村證券の2014年3月期における部門別の収益を示す。

(3) 証券会社のカテゴリー

証券会社は預金取扱金融機関とは違い，法令や成り立ちで種類が分かれているわけではない。事業規模や事業特性を踏まえたカテゴリー分けでは，大手証券，準大手証券，中堅中小証券，地場証券，ネット証券に分類できる。

大手証券は規模的に大きいだけでなく，様々な機能を具備し，地域的にもグローバルなネットワークを有している。大まかには，銀行系と独立系に分かれる。銀行系は銀行を中核とするメガ金融グループ（みずほフィナンシャルグループ，三菱UFJフィナンシャル・グループ，三井住友フィナンシャルグループ）の傘下の，みずほ証券，三菱UFJモルガン・スタンレー証券，SMBC日興証券の3社である。独立系としては野村證券と大和証券の2社。合計で5社が大手証券会社と位置づけられる。

準大手証券としては，岡三証券，東海東京証券，SMBCフレンド証券の3社，中堅中小証券としては，岩井コスモ証券，丸三証券，いちよし証券，東洋証券，極東証券，水戸証券の中核証券会社と，あかつき証券，内藤証券，藍澤證券，日本アジア証券，明和證券，リテラクレア証券などである。

ネット証券は，SBI証券，楽天証券，カブドットコム証券，松井証券，マネックス証券などが主要プレーヤーである。ネット証券は店舗のコストが節約できる分，利用の利便性と低手数料率で人気を集めている。

(4) 証券会社の再編

金融危機では山一證券や三洋証券の破綻などもあり，証券会社の再編を促すこととともなった。その再編の経過の中で堅調な傾向となったのが，メガバンク3社による金融グループ形成である。

もともとは，野村證券，大和証券，日興證券，山一證券の4大証券による体制が長らく続いていた。しかし，山一證券が破綻し，日興證券がアメリカのシティ

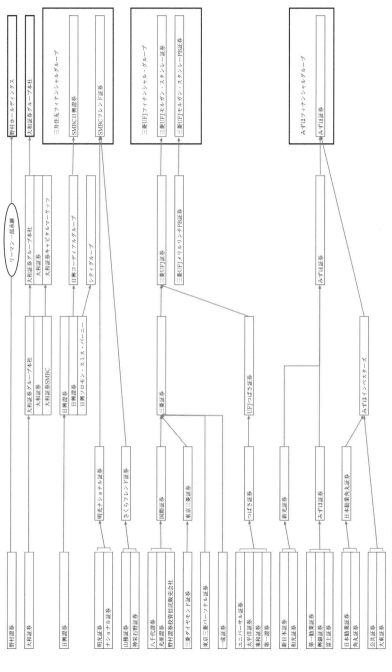

図表2−7 大手証券の再編の歴史

出所：各社資料に基づき筆者作成。

グループと，大和証券が三井住友銀行とアライアンスを組むこととなった。しかし，この体制もその後変わって，大和証券は三井住友銀行との提携関係を解消し，日興證券は三井住友銀行を中核とする三井住友フィナンシャルグループに入った。このため，メガバンクグループから距離を置く「独立系」の大手証券会社は，野村證券と大和証券のみとなった。

4. 保険会社

(1) 保険会社の社会的意義

① 社会的な役割

保険会社は，個人や会社が遭遇する可能性のある損害リスクに対して経済的な損失を負担することで生活や会社運営の安定性を確保するためのサービスを提供することが主たる社会的役割である。このような将来の損失負担を補償する原資として，契約者である個人や会社から保険料を徴収する。

また，保険契約を通じて損害リスクを低下させる働きもある。自動車保険は，事故を起こさなかった契約者は，年間契約更新の際に保険料率を軽減される。

② 理論的な基礎

保険というビジネスが経済的に成り立つ理論的根拠となっているのが，「大数の法則」である。数学や統計学の授業でよく登場する数学者ヤコブ・ベルヌーイが唱えた確率論である。サイコロを振る回数が増えるほど，サイコロのそれぞれの目が出る確率は6分の1に近づく。コインの場合は裏と表の出る確率が，数多く投げれば半分半分に近づく。サイコロでもコインでも，前回投げたことは今回や次回投げることで出る目や表裏には影響しない。すなわち，発生する事象同士が互いに影響しない。これを独立という。独立な事象の発生確率は，理論的な確率に近づくのである。

保険契約も大勢の人々が契約すれば，例えば死亡確率はある程度一定の水準で安定するはずである。この発生率を基礎として保険料率を算定すれば，保険会社が儲けすぎたり損をしたりすることがなくなるだろう。

③ 二つの原則

保険には「収支相等の原則」と「給付・反対給付相等の原則」がある。

「収支相等の原則」とは，保険会社が徴収する保険料の総合計が保険会社から支払われる保険金の総額と等しくなるべきであるという原則である。このため，保険料率は予想される保険支払額に経費を上乗せして決定される。

「給付・反対給付相等の原則」とは，事故発生の確率の高い契約者ほどそれに見合う高い保険料を支払うべきという原則である。なお，保険金が支払われる事象のことを「保険事故」という。

日本の保険会社は，保険業法第3条により生命保険会社と損害保険会社に分かれ，それぞれの免許制となっている。ただし，保険契約を含む保険会社の業務全体については，保険業法と商法の規定が拠り所となっている。

④ 根拠法令

生命保険は商法により「当事者の一方が相手方または第三者の生死に関し一定の金額を支払う」とあり，損害保険は「当事者の一方が偶然なる一定の事故によりて生ずる損害を補てんする」とあり，保険業法でもこれに則した規定がされている。つまり，生命保険は人の生死について，損害保険は事故の損害について保険金を支払うことが規定されているのである。

なお，生命保険を「第一分野」，損害保険を「第二分野」と呼ぶ。そしていずれにも属さない保険は「第三分野」と呼ばれ，これには疾病，傷害，介護などによる損害の負担が保険対象となっている。よくCMで流れるアフラックの「がん保険」などはこの第三分野に入る。

 (2) 保険会社の歴史と業務

① 歴　史

保険契約の最も原始的な形は，古代ローマにおける葬儀組合や日本の頼母子講などがある。現在の保険契約の原型となったのは，イタリア・ルネッサンス期の海上保険といわれている。

日本では1867年に，福澤諭吉が『西洋旅案内』の中で，「災難請合の事　イシュアランス」として「生涯請合」（生命保険），「火災請合」（火災保険），「海上請合」（海上保険）の3つが紹介された。その後，福澤門下の阿部泰三が1881年に

明治生命保険会社（現，明治安田生命保険相互会社）を設立した。

損害保険については，幕末から明治初期にかけて外国保険会社が中心となり，明治生命が設立された当時には70を超す外国保険会社が日本で活動していた。その中，日本で最初の損害保険会社となったのが1879年に設立された東京海上保険会社（現，東京海上日動火災保険株式会社）である。

② 生命保険の業務

生命保険の業務は，年齢に応じた死亡率をもとに保険料を算出し，保険会社が受け取る保険料と保険会社によって支払われる保険金が均衡する仕組みで運営されている。保険契約者が支払う保険料は，期間全体で平準化した金額となるのが一般的である。近年では，貯蓄や老後保障といった幅広いニーズに対応し，個人の資産運用性の「個人年金保険」などの商品を取り扱っている。

生命保険商品の種類は膨大な数にのぼるが，基本的には「死亡保険」，「生存保険」，「生死混合保険」の3種類で，死亡保険は保険期間中の被保険者の死亡に際し保険契約者に保険金が支払われ，生存保険は満期時に被保険者が生存していた時に保険金が支払われる。生死混合保険はその組み合わせである。

主要な保険商品は，定期保険（いわゆる「掛け捨て」で満期生存時に保険金支

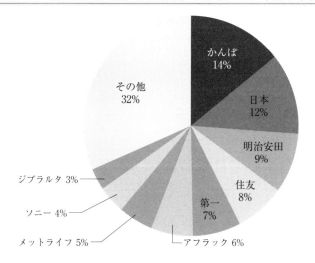

図表2－8　我が国生命保険（個人保険）の市場シェア（2014年末）

出所：会社資料に基づき筆者作成。

図表2−9　我が国生命保険の規模ランキング（2014年12月末）

（単位：10億円）

		総資産
1	かんぽ生命	85,013
2	日本生命	61,364
3	第一生命	36,561
4	明治安田生命	35,952
5	住友生命	27,720
6	ジブラルタ生命	11,072
7	アフラック	10,797
8	メットライフアリコ生命	9,882
9	太陽生命	7,463
10	三井生命	7,461
11	ソニー生命	7,227
12	東京海上日動あんしん生命	7,097
13	アクサ生命	6,696
14	富国生命	6,506
15	大同生命	5,889
16	朝日生命	5,695
17	三井住友海上プライマリー生命	4,684
18	第一フロンティア生命	4,683
19	プルデンシャル生命	3,829
20	アイエヌジー生命	3,385

（単位：10億円）

		個人保険保有契約高
1	日本生命	168,771
2	第一生命	132,237
3	住友生命	103,366
4	かんぽ生命	99,046
5	明治安田生命	89,253
6	ソニー生命	40,594
7	大同生命	36,374
8	ジブラルタ生命	35,340
9	プルデンシャル生命	33,039
10	メットライフアリコ生命	29,892
11	富国生命	26,701
12	東京海上日動あんしん生命	26,461
13	朝日生命	25,070
14	三井生命	23,082
15	太陽生命	22,265
16	三井住友海上あいおい生命	21,672
17	NKSJひまわり生命	20,811
18	アフラック	14,587
19	アクサ生命	13,819
20	アイエヌジー生命	9,932

出所：会社資料に基づき筆者作成。

払いはない），終身保険（満期を定めないため死亡時に必ず保険金が支払われる），個人年金保険（積立定期預金のように保険料を納め満期で一括ないしは満期後一定額が支払われる貯蓄タイプ），養老保険（個人年金と同様に貯蓄型），変額保険（貯蓄型ではあるが保険会社の運用実績に応じて受取金額が変わるリスクテイク型）などがあり，このほか会社や学校などグループ単位で加入する団体保険などがある。

詳しい生命保険会社の構成は次節で説明するが，図表2-8と2-9に我が国における生命保険市場の主要なプレーヤーを示している。

「収支相等の原則」がある中で，生命保険会社の収益源は何か。保険会社は死亡率，運営コスト率，運用利回りなどを想定し，それぞれ予定死亡率，予定事業費率，予定利率を設定して保険料率を決定する。実際の死亡率などの想定が予定通りとなれば，保険会社の収益はなくなる。しかし，こうした見込みと実績に差が出ればそれが保険会社の収益ないしは損失となる。これを生命保険の「三利源」という。歴史的には，死亡率や事業費率は実績が予定を下回り利益となる一方，低金利環境の長期化や株式市況の軟調などもあり利率は予定を下回り，「逆さや」と呼ばれる状況が続いた。しかし，2013年以降は株式市況の回復もあり，「順ざや」に回復した。

③ 損害保険の業務

損害保険会社の業務は，火災などの突発的災害，風水雪害などの自然災害，自動車などの事故，輸送中の積み荷の損害など，偶然の事故により生じた損害を補

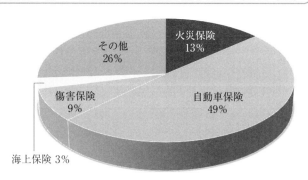

図表2-10 メガ損保の正味保険料収入の構成（2013年度）

出所：会社資料に基づき筆者作成。

償し,その対価として保険料を徴収する。最近では,企業が経営上負担するような製造者責任(PL)リスクなどのビジネス上の損害にも対応するのが目的であり,保険会社が予想する損害率に応じて保険料が定められる。

損害保険は基本的には掛け捨てであり,保険期間中における保険事故に対しては保険契約に基づく保険金の支払いが行われるが,満期時の返金はない。

損害保険は,火災保険,自動車保険,傷害保険,海上保険などが主要な保険分野であり,このほかにも賠償責任保険,所得保障保険などが加わっている。

損害保険会社は,保険料収入を主な収益源として,これを有価証券等で運用し,

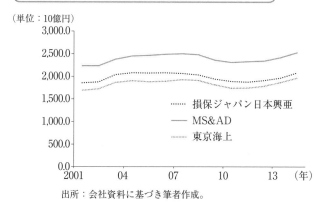

図表2－11　正味保険料収入の推移(単体合算)

出所:会社資料に基づき筆者作成。

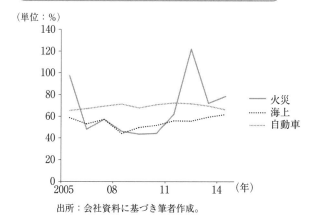

図表2－12　我が国メガ損保のEI損害率推移

出所:会社資料に基づき筆者作成。

保険金の支払に備える。損害保険会社の業績指標として損害率があるが，これは一定期間中の保険料収入に対する保険金支払額の割合を示す指標である。損害率にはEI（Earned and Incurred）損害率とWP（Written and Paid）損害率があるが，前者が会計上の期間損益，後者は現金収支をベースとする。

図表2-12がEIベースの損害率の推移であるが，自動車保険や海上保険に大きな変動がないのに対し，火災保険の損害率が2012年に跳ね上がっている。これはタイにおける洪水被害により，タイで工場の操業を行っている企業などへの保険金支払いが急増したためだ。損害保険にとって，異常気象や気候変動はビジネス上の脅威となっている。

 (3) 保険会社のカテゴリー

① 生命保険会社

生命保険会社は株式会社形態と相互会社形態に区分される。相互会社は馴染みがないと思われるので簡単に解説しよう。相互会社とは，顧客が社員の体裁を取り社員を相手方とする保険の引受けを行う組織である。社員同士の助け合いで保険業務を行う相互扶助の精神的な背景がある。

日本の主要生命保険会社はまだ相互会社形態の会社も多く，株式会社の形態は第一生命，かんぽ生命，大同生命，太陽生命，ソニー生命など上場済みの会社，上場会社の子会社と外国勢とに限定される。

最近の動きとしては，海外に目を向ける会社が出始めている。この中で先頭を走っているのが第一生命である。同社は，オーストラリアのTAL社，アメリカのプロテクティブ社を買収し傘下に置いている。また，インドネシアのパニンを買収し，第一生命パニンに社名変更した。

② 損害保険会社

大手銀行と同様に損害保険業界も再編の波にのまれた。この結果，国内における最大勢力は三つのメガ損保に再編・集約された。

東京海上ホールディングスは，東京海上日動火災保険と日新火災海上保険を損害保険事業として傘下に抱え，生命保険を扱う東京海上日動あんしん生命，ネット損保のイーデザイン損保，そして海外における買収戦略の結果傘下に加わった，アメリカのフィラデルフィア，デルファイの2社，イギリスのキルンが海外にお

ける収益拡大に貢献している。

　MS&ADホールディングスは，三井住友海上保険とあいおいニッセイ同和損保の損害保険事業のほか，三井住友海上あいおい生命，三井住友海上プライマリー生命の2社の生命保険事業を擁する。また，ネット損保としては三井ダイレクト損害保険を有している。最近では，2015年9月にイギリスの大手損保アムリン社の買収を発表するなど，海外戦略も活発化している。

　損保ジャパン日本興亜ホールディングスは，傘下の損保会社の再編の結果として損害保険ジャパン日本興亜1社が損害保険事業の中核となったほか，生命保険事業として損保ジャパン日本興亜ひまわり生命，ネット等のダイレクトアクセスとして，そんぽ24損害保険，セゾン自動車火災保険などを有している。海外においても2014年にイギリスのキャノピアス社を買収するなどビジネスの多様化が進んでいる。

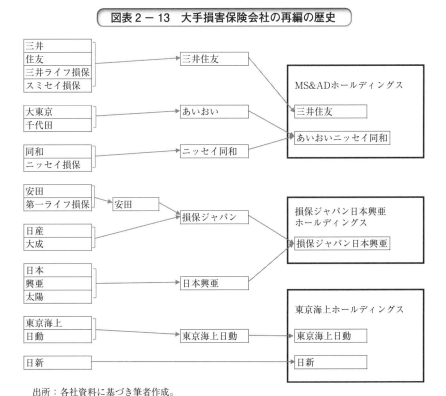

図表2－13　大手損害保険会社の再編の歴史

出所：各社資料に基づき筆者作成。

こうしたメガ損保のほかは，ソニー損保をはじめとするネット系の保険会社が数多く立ち上げられているほか，海外からのダイレクト損害保険会社も業績を伸ばしている。しかし，我が国のネット・ダイレクト系の比率は，自動車保険等の市場全体に対して低く，欧米における定着状況とは一線を画している。

(4) 保険会社の再編

生命保険会社の再編は，損害保険会社の再編に比べ部分的であるため，図表2-13は大手損害保険会社の再編のみを掲載している。

生命保険業界も金融危機の影響を大きく受けたのは同様である。千代田生命をはじめ中小中堅の生命保険会社が破綻した。破綻した多くの会社は外資系の保険会社に買収された。一方で，再編した生命保険会社は，明治生命と安田生命が合併し明治安田生命となり，太陽生命と大同生命が持ち株会社を設立し経営統合するなどの動きはあったが，業界内の再編は他の金融業態に比べれば少なかった。しかし，2015年9月には日本生命が三井生命の買収に乗り出すなど，再編気運が高まっている。

損害保険業界の再編は激しい。18社あった損害保険会社は，5社，3グループ体制に集約された。この3グループはメガ損保といわれている。

5. ノンバンク

(1) 消費者信用の構成

消費者が何らかの形でお金を借りることを消費者信用という。消費者信用は商品購入に伴う販売信用と直接キャッシュの貸し借りを伴う消費者金融に分類され，クレジットカードは販売信用のほかカードによるキャッシングをサービスとして提供しているため販売信用と消費者金融の両方を網羅する。

消費者金融の機能を担っているのはクレジットカード会社のほか，消費者金融会社，銀行などがあり，クレジットカード会社や消費者金融会社の中には銀行の傘下に加わったところも少なくない。

(2) 消費者金融会社

　消費者金融会社とは商品購入に限定されず無目的，無担保，無保証が原則の個人向けローンを提供する会社である。その昔大手の消費者金融専業会社であった武富士，アコム，アイフル，プロミスのうち，武富士は破綻し，プロミスは三井住友銀行に子会社化され，SMBCコンシューマーファイナンスに社名変更，アコムも三菱東京UFJ銀行系となり，純粋な独立系はアイフルだけとなった。また，金融危機で外資系となったレイクは新生銀行の子会社となった。

　この背景は，消費者金融業界を揺さぶる二つの大きな環境変化であった。一つは利息制限法で定められた上限貸出金利を上回る水準で行ってきた貸出が，最高裁判所の判決により違法認定されたことで，払いすぎた利息（過払い利息という）の返還請求の動きが加速し，消費者金融会社の財務を圧迫したことである。もう一つは，銀行業界の消費者金融への意欲である。もともと消費者金融業界と銀行業界とでは貸出金利に差があり，銀行は利息制限法に基づいて15～20％（貸出金額により異なる）の上限金利の範囲内で貸出を行ってきたが，消費者金融会社は出資法を根拠として29.2％を上限として融資を行っていた。

 (3) 銀行業界との提携

　一方で，銀行は収益源の拡大を狙って消費者金融業界との提携をテコに個人向けのローン市場への対応を積極化させた。ノウハウや情報（事故歴のない借入人の個人情報）面で劣勢にあった銀行は消費者金融会社との提携を次々に打ち出し，初期段階では銀行が消費者金融会社との間で合弁事業を立ち上げた。モビット（もともとはUFJとプロミス），キャッシュワン（三菱とアコム），アットローン（三井住友とプロミス）などがこうした合弁事業として発足した。

　第二段階では銀行による消費者金融会社のグループ会社化が進み，アコムが三菱東京UFJ銀行の，プロミスが三井住友銀行のそれぞれ傘下（アコムは持分法適用会社）へと入る再編がみられた。今後も銀行の戦略における消費者金融事業の重要性は高まっていくだろう。

 **(4) クレジットカード**

　クレジットカード会社の業務は総合あっせん（クレジットカードの限度額内において代金決済までの期間信用を供与するもので，ショッピングや食事・宿泊に至るクレジットカードの利用に係る一番身近な個人向け与信業務），個品あっせん（ショッピングに当たって個別に割賦契約を結んで商品の購入代金をカード会社が負担する業務），そしてキャッシング（限度額内で ATM などを通じ現金を引き出す純粋な借入）に大別される。

　トレンドとしては，個品あっせんが減少傾向にあり，総合あっせんやキャッシングが増えている。これは，銀行系や流通系を含めカード戦略が積極化し，リボルビングクレジットなどより付加価値の高いサービスの推進を行っているほか，現金を引き出すいわゆる「キャッシュポイント」が全国的に増加していることが背景である。

第3章

金融システム

―国民性と金融のカラー―

1. 間接金融

(1) 間接金融とは

資金を調達する方法は，間接金融と直接金融に分かれる。間接金融とは，金融仲介機関が資金を調達し，その資金を第三者に融通することをいう。最も一般的なのは，銀行や信用金庫などの預金取扱金融機関が預金を預かり，これを元手に借り手に資金を貸し付ける方法である。

間接金融の重要な特性は，「リスクの遮断」と「流動性の切離し」である。リスクの遮断とは，貸出先が倒産し貸し付けた資金が回収できない状況となっても，預金者が直接被害を受けることはないということである。つまり，銀行等が防波堤となって最終的な借り手が及ぼすリスクを吸収してくれるのである。

流動性の切り離しとは，預金者は資金が必要となったときにいつでも預金を引き出すことができるのに対し，銀行は借り手に満期日以前に返済を求めることは（特殊な状況を除き）できないということである。このため，銀行を介在せず預金者が直接貸し付けた場合，預金者自らが資金を必要とした時にお金を取り戻すことができない。銀行が間に入ることで，流動性つまりお金を自由に引き出せる利便性を預金者に与え，借り手には期限まで返済不要とできる。

なお，貸出は様々な名前で呼ばれる。借りる立場からすれば「借入」である。資金を融通するという意味から「融資」や「貸付」という表現もよく用いられる。また，銀行などの貸し手の立場からは信用を供与するという意味で「与信」という言葉が使われる。ここでは最も一般的な「貸出」という表現を用いる。

(2) 間接金融の担い手

　間接金融の担い手の主役といえば，銀行をはじめとする預金取扱金融機関である。預金取扱金融機関は，預金で資金を吸い上げて，個人，法人あるいは政府ならびに地方公共団体等に貸出として供給する主体である。

　銀行でない金融業者は，その名の通り「ノンバンク」と呼ばれる。ノンバンクには，クレジットカード会社，割賦販売業者，消費者金融会社などが含まれる。なお，厳密にはノンバンクに直接金融で話題に上る証券会社や資産運用会社などの金融仲介業者が含まれる。ノンバンクは預金を取り込むことができないため，銀行から貸出を受けるか，社債などを発行して直接金融の方法で資金を調達する。そして調達した資金を個人や法人の借り手に貸し付ける。

 (3) 間接金融の種類

　個人および法人向けの間接金融の種類は，短期資金と長期資金に分かれる。短期と長期の境目は概ね1年である。個人の短期資金の貸出形態は，銀行・ノンバンクともにカードローンの形態が多い。銀行は当座貸越のように預金の一定割合を上限に資金を期限なく自由に貸借することができる。また，保険会社が保険契約の解約返戻金を目処として，貸し付けを行う制度もある。

　個人向け長期資金としては，住宅ローンが個人顧客にとって最も親しみやすい貸出形態である。住宅ローンは，自分が生活するために購入した家の購入資金として，購入する住宅を担保として借り入れるローン形態で，35年間など長期間にわたる貸出である。このほかアパートローンのように，自己が居住する目的でなく賃貸のために建設する資金を調達する際に借り入れる貸出もある。

　平均的に見れば，銀行の貸出（国内）に占める個人向けの割合は2～3割程度であり，法人が貸出先の主役である。法人向け貸出のなかで，仕入れ代金などの運転資金や，ボーナス支払いのための賞与資金など短期的な資金調達を支えているのが，手形貸付である。借入人が約束手形を振り出し（手形を発行することを振り出すといい，発行者を振出人という），宛先（受取人）を貸し手である銀行とする貸出である。約束手形とは，○年○月○日に振出人が受取人に対し○円を支払うことを約束した有価証券である。支払期日までの期間を「サイト」といい，6カ月間の貸出を行う際は，6カ月サイトの手形を銀行に対して振り出し，銀行

は手形の表示額を貸し付ける。

　手形割引は，約束手形や為替手形など企業間の商取引で発生した手形を銀行が引き受け（正確には手形の売買ではない），期日に支払われる代金から利息分を差し引いた資金を借り手に融通する金融方法である。A社がB社に対してピアノ納入代金110万円の支払いを1年後に行うことを約束し約束手形をB社に対して振り出すとする。B社は1年待たないと売却代金が入金されないため，資金繰りが厳しくなる。そこで，この約束手形を銀行に持ち込む。銀行が貸し付ける金利が10％と仮定すると10％分の利息を差し引いた100万円をB社に貸し付ける。銀行は1年後に約束手形の代金110万円を受け取る。万が一，A社が倒産して代金回収が不能となった場合は，銀行はB社に弁済を求める。

　企業が設備投資を行う際に資金を借り入れるときは，設備が稼働し利益による回収を行うのに長い時間がかかるため長期資金の借り入れを行う。長期資金の貸出は通常，証書貸付によって行われる。その名の通り金銭消費貸借約定書という証書（契約書）に基づく貸出である。多くの場合は不動産や工場財団（製造設備を含む固定資産を一体と見なしたもの），時には株券などの有価証券を担保にした貸出となる。また，短期貸出は期日に一括して返済されるが，長期貸出は毎年分割して返済されるのが一般的である。

2. 直接金融

 (1) 直接金融とは

　直接金融は，相対取引と市場取引に大別されるが，通常は市場取引を指す。相対取引は，企業間の商取引で発生する。商品を納入して即座に代金を納入しないケースが多く，そうした代金は納入業者にとっての「売掛金」，購入先にとっての「買掛金」となる。その場合，約束手形などを支払い主が納入先を受取人として振り出すこととなる。支払代金が入金されるまでは，納入業者が購入先に対して実質的にお金を貸している状況となる。この取引は企業間の信頼関係で成り立っているため，企業間信用と呼ばれる。このほか親会社が子会社にして資金を融通するような親子ローンのようなグループ内信用も存在している。

　次に市場をベースとした直接金融である。資金の出し手と最終的な資金の取り

手の間に金融仲介業者が存在している点は，間接金融と類似するが，最大の相違点はリスクの所在である。直接金融では，有価証券などを媒体として資金の出し手と取り手が結ばれる。その間を取りもつのが金融仲介業者である。企業が市場で発行する有価証券と，同じ有価証券である手形との違いは，約束手形の権利者は受取人1人であるのに対し，社債などの有価証券の権利者は不特定多数の投資家である点である。

　リスクの所在も相違点である。間接金融の場合，銀行が貸出先のリスクを担うが，直接金融では投資家が担う。預金と社債を比較する。銀行に預金すれば，銀行がその預金をもとに貸し出した企業が倒産してもその損失は銀行が背負うこととなるが，その会社の社債を購入した場合，その損失は投資家自らが負う。適切な勧誘を前提とすれば，社債の仲介業者に責任を求めることはできない。

(2) 直接金融の担い手

　企業が株式や社債を発行する場合，有価証券を引き受けて販売するのは証券会社である。証券会社が販売する対象は，個人ならびに，銀行や保険会社あるいは資産運用会社などのいわゆる機関投資家である。証券会社を通じた有価証券の売買は，国内ばかりでなく海外でも行われる。なお，国内において政府や地方公共団体が発行する債券（国債や地方債を総称して公共債と呼ぶ）については，銀行による引き受けも認められている。このように有価証券が発行される市場のことを発行市場あるいはプライマリー・マーケットと呼ぶ。

　発行された有価証券は，再び証券会社を通じて売買される。すでに発行された

図表 3-1　間接金融および直接金融の主な種類

担い手		間接金融		直接金融	
		銀行等	ノンバンク	金融機関	事業会社
個人	短期資金	・カードローン ・当座貸越	・カードキャッシング ・消費者ローン	なし	なし
	長期資金	・住宅ローン ・不動産担保ローン （含むアパートローン） ・教育ローンなど目的型ローン	・住宅ローン ・不動産担保ローン ・無担保ローン	なし	なし
法人	短期資金	・手形貸付 ・手形割引 ・当座貸越	・手形割引 ・不動産担保ローン ・無担保ローン	・コマーシャルペーパー ・クラウドファイナンス	・約束手形 ・売掛・買掛金 ・親子間ローン
	長期資金	・証書貸付 ・シンジケートローン ・ノンリコースローン	・不動産担保ローン ・無担保ローン	・株式 ・社債（私募債、公募債） ・クラウドファイナンス	・親子間ローン （子会社向け信用供与）

出所：筆者作成。

有価証券が取引される市場を，流通市場あるいはセカンダリー・マーケットと呼ぶ。

(3) 直接金融の種類

最も主要な直接金融の資金調達手段は，債券と株式である。会社が発行する債券は社債，国が発行する債券は国債，都道府県等が発行する債券が地方債である。特殊な債券としては，日本政策投資銀行や住宅金融支援機構など過去に財政投融資を受けていた政府系機関が発行する財投機関債がある。社債は，普通社債，株式に転換できる新株予約権付社債がある。また，広く投資家に募集される公募債に対し，限定少数の投資家への募集に留まる私募債がある。

株式は，多くの場合が普通株式であるが，会社を清算するときに財産の分配を普通株主より優先して受けられる優先株式や，逆に普通株主に優先されてしまう劣後株式などが存在している。さらに，株式を発行しない機関が発行する出資証券も株式に類似した有価証券である。株式は東京証券取引所などの取引所に上場されている上場株式，日本証券業協会に登録され証券会社の店頭で取引される店頭登録株式，公の取引が行われない非上場株式などに分別される。

国債などの公共債を除き，広く募集される，あるいは市場等で取引される債券や株式については，発行する企業や機関（発行体と総称される）が財務内容などを開示する義務が金融商品取引法などの法令で求められている。

(4) 市場型間接金融

1990年代後半から広く利用され始めたのがシンジケートローンである。この形態は，企業などが借り入れを行う際に幹事役の銀行（アレンジャーという）を中心とした銀行団（シンジケート）から行うもので，協調融資とも呼ばれる。

この手法は，大規模なプロジェクトや企業買収など大型資金調達を必要とする際に，一つの銀行では担いきれない場合などに活用されてきたが，近年では中小企業などもこうした貸出形態を用いる機会も増えてきた。これは貸出であるため，完全に間接金融のカテゴリーに入るが，貸出の手法が直接金融における社債の引き受けに似ているため，市場型間接金融と呼ばれる。

3. 金融システムの国際比較

（1）日米の金融構造の差

　間接金融と直接金融について概説してきたが，国によってそれぞれの金融手法への依存度が異なる。主要な国ごとの違いについては次節で紹介するが，極めて鮮明な差が分かりやすい日本とアメリカの違いについて初めに説明しよう。

　日本は様々な種類の金融機関の中でも，銀行が最も親しみやすいかもしれない。その裏返しとして，日本では間接金融への依存度の高さが目立っている。一方で，アメリカでは直接金融が金融手法の主体で，証券会社や資産運用会社の存在感が大きい。

　第一に，日本とアメリカの個人金融資産の構成比の違いを図表3-2で見てみよう。アメリカでは現預金の割合がわずかに14％であるのに対して，日本では53％もの水準となっている。

　反対に株式や投資信託は，アメリカが計46％（うち株式33％）に対して日本は14％（うち株式は9％）に留まっている。つまり，日本では間接金融の象徴である現預金が個人金融資産の過半という状況であるのに対し，アメリカにおいては直接金融の主力商品である債券，投資信託，株式等の合計が過半となる51％

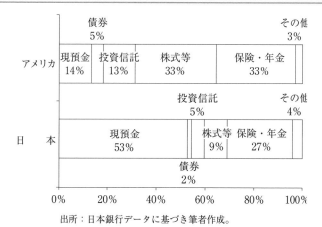

図表3－2　日本とアメリカの個人金融資産の構成比（2014年6月末現在）

出所：日本銀行データに基づき筆者作成。

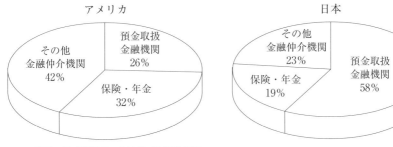

図表3－3　日本とアメリカの金融機関タイプ別の総資産構成比（2014年6月末現在）

出所：日本銀行データに基づき筆者作成。

を占める構図になっている。

　興味深いのは図表3-3である。日本とアメリカの金融機関の総資産をそれぞれ合計し，金融機関のタイプ別にシェアを算定したものである。日本では銀行など預金取扱金融機関が絶対的な存在感を誇っているのに対し，アメリカにおいては，「その他金融仲介機関」がトップシェアを誇っている。「その他」に分類される金融仲介機関とは，証券会社や資産運用会社などが含まれる。

　まさに，日本では間接金融の担い手である銀行が，アメリカでは直接金融のプレーヤーが金融システムの主役となっているのが分かる。

　筆者がアメリカで生活をしていた1990年前後を振り返ると，友人のアメリカ人があまりにも銀行を信用していないのに驚かされたことがある。真偽のほどは定かではないが，アメリカで銀行口座からの公共料金等の自動引き落としのサービスが普及しなかった背景として，銀行のミスで余計な金額を引き落とされるリスクを利用者が感じたという説を聞いた。なるほどもっともに思える。事実，銀行でお札を硬貨に両替した時にカナダの通貨が混ざっている硬貨巻きを差し出されたことは日常茶飯事であった。これが日本で起これば，メディアを巻き込み大騒ぎとなったのではないか。直接金融と間接金融の依存度の違いは，こうした利用者の肌感覚から来ることも否定はできない。

　同時に，投資に対する啓蒙度合いや自己責任原則に対する認識の深さも金融システムの成り立ちに影響しているに違いない。アメリカの年金制度のもとでは，（企業年金でいうところの確定拠出年金のように）個人自らが年金の資産をどこに投資するかを選択できる。と同時に，この選択が損失を招いた時にも補償されるわけではなく年金が予想を下回る金額しか受け取れないこととなる。このため，

投資については自己責任が明確であるがゆえ，金融や投資という話題に人々は敏感になる。一方，日本では預金に親しんできた国民性を背景に，投資信託ですら損失リスクをあまり認識せずに購入するケースも少なからずある。こうした投資に対する啓蒙度合いの違いが，現在までの金融システムを作り上げてきた原動力となってきたのであろう。

(2) 主要国の金融構造の比較

　図表3-4は，家計における金融資産の商品別内訳である。この国際比較を見る限りは，日米だけではなく地域間の格差が非常に大きいことに驚かされる。
　欧州の中においても，ドイツやスペインでは相対的に現預金の割合が高いなどの特徴が確認できるなど，主要全体の比較の中でもアメリカの特徴的な金融資産の構造が目を惹く。

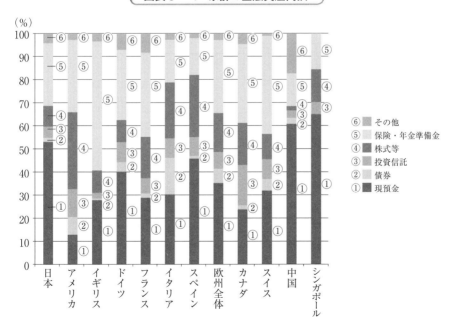

図表3－4　家計の金融資産内訳

注：スイス（2012年12月），中国（2013年12月）を除き2014年6月。
出所：各国中央銀行データに基づき筆者作成。

一方,日本の金融資産に占める現預金の割合は中国やシンガポールと同様に高く,先進国の中では間接金融の割合の高さが示唆される。また,株式等の割合に関しては,欧米諸国においても大きな差があり改めて国別の金融システムの構造の違いが認識される。

保険・年金準備金の割合については,日本は平均的水準(約3割)といえる。イギリスやスイスの高さが際立つが,この背景には税制上の優遇措置により,ユニットリンク保険など貯蓄性の高い商品に人気があることが指摘できよう。

総括すると,資本市場の成熟度の違い,投資教育の進展の程度,個人の貯蓄を促進する税制の違い,年金の制度設計の違いなどが,こうした金融資産構造の差に繋がっている可能性が高いものと考えられる。

(3) 主要国の資金調達の構造

図表3-5では非金融部門の資金調達の構造を比較している。

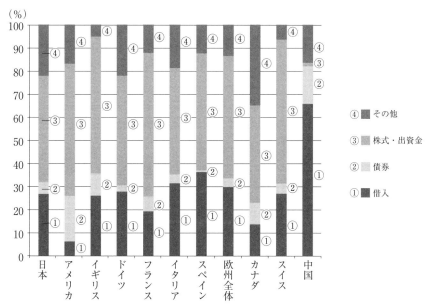

図表3-5 一般企業(金融機関を除く)および個人の負債構造

注:スイス(2012年12月),中国(2013年12月)を除き2014年6月。
出所:各国中央銀行データに基づき筆者作成。

日本の資金調達構造はグローバルな平均からさほど大きな乖離はない。しかし，株式・出資金の項目には，企業が過去に蓄積した利益剰余金が含まれていることに注意すべきである。日本企業は欧米企業に比べ，稼いだ利益を株主に配分する割合が歴史的に低く，その分「自己資本」あるいは「純資産」が膨れる傾向にある。

　この比較を俯瞰した印象としては，第一に米国の債券の割合が極端に高いことが確認できる。株式・出資金の項目に利益剰余金が含まれているため単純な比較はできないが，資本市場の存在感の大きさが推察される。第二に，中国の借入の債券の割合が圧倒的である点である。多くの市場規制が残る中国においては，負債性の調達である借入や債券による調達が主流であることがわかる。

(4) 主要国の銀行の構造

　図表3-6は，地域ごとの預金取扱金融機関数の内訳である。機関数では，インドが9万2千と突出している。これは，Primary agricultual Cooperative Societies（PCS）と呼ばれる農協が9万2千弱存在するためだ。

　次に多いのはアメリカ（6,566機関）である。日本でいえば信用金庫や信用組合などのコミュニティバンクと呼ばれる総資産で10億ドルに満たないような中小型金融機関が3,500程存在している。10億ドル以上の資産規模の銀行も1,800近くあるが，これがアメリカの貸出の9割のシェアを占める。米国においては，地方銀行の再編により規模の拡大が進んだ側面がある一方，地域色の濃い市場においてはコミュニティバンクの存在感は引き続き大きい。

　3番目に多いのは中国の3,500弱である。いわゆるメガバンクは五つあり，このほかに大手銀行が144行ある。5大銀行だけで中国の総貸出の約50％，中型銀行（13行）を合わせると約75％となる。金融機関数の過半を占める地方の信用組合は，貸出シェアではわずか5％程度にすぎない。

　日本は金融機関数が多いオーバーバンキングといわれるが，本当にそうなのか。確かに，日本は664機関と，先進国の中では3番目に多い。しかし，人口百万人あたりの銀行数あるいはGDPと銀行数との比率でみると，先進国の中では比較的少ない方である。

図表3－6 預金取扱金融機関のレイヤーとマクロ統計との比較（計数は金融機関数、2013年末）

【先進国】

	日本	アメリカ	イギリス	ドイツ	フランス	イタリア	スペイン	欧州全体	カナダ	スイス
銀行数	195	5,757	158	1,682	18	63	207	4,588	70	272
うち大手銀行	4		7	1,606	16	53	84	3,561	24	2
うち地方銀行	105									64
うち外国銀行	55			76	2	10	123	1,027	21	120
その他	31		151						25	86
その他預金取扱機関	469	429	462						320	
預金取扱機関合計	664	6,186	620	1,682	18	63	207	4,588	390	272
人口（百万人）	127	316.4	64.1	80.8	63.7	59.7	46.6	733.0	35.1	8.0
GDP（兆ドル）	4.9	16.8	2.5	3.6	2.7	2.1	1.4	12.7	1.8	0.7
百万人当り預金取扱機関数	5.2	19.6	9.7	20.8	0.3	1.1	4.4	6.3	11.1	34.0
GDP／銀行数（十億ドル）	25.1	2.9	16.0	2.2	152.1	32.9	6.6	2.8	26.1	2.4

【新興国】

	中国	タイ	マレーシア	インドネシア	インド	ブラジル
銀行数	1,554	38	50	1,841	684	163
うち大手銀行	149	16	27	4	181	160
うち地方銀行	484				460	
うち外国銀行	42	14	23		43	3
その他	879	8		1,837		1,184
その他預金取扱機関	1,927			116	91,833	1,347
預金取扱機関合計	3,481	38	50	1,957	92,517	1,347
人口（百万人）	1354.04	67.9	29.3	244.5	1,227.2	196.5
GDP（兆ドル）	9.2	0.4	0.3	0.9	1.9	2.2
百万人当り預金取扱機関数	2.6	0.6	1.7	8.0	75.4	6.9
GDP／銀行数（十億ドル）	5.9	10.2	6.2	0.5	2.7	13.8

注：スイス（2012年12月）、中国（2013年12月）を除き2014年6月。
出所：各国中央銀行データに基づき筆者作成。

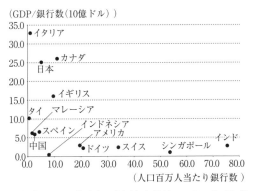

図表 3 − 7　対 GDP, 対人口比銀行数　(2013 年末)

出所：IMF，金融庁，各国中央銀行データに基づき筆者作成。

 (5) 経済規模と銀行総資産の国際比較

図表 3-8 は，預金取扱金融機関の総資産を名目 GDP で割った比率の国際比較である。国際金融センターを抱えるイギリスとシンガポールが群を抜いて高く，金融サービスに依存する地域においては，預金取扱金融機関の経済規模対比での存在感が大きい点が見て取れる。日本も比較的高い分類に属している。ナンバーワン国際金融センターであるニューヨークを抱えるアメリカは，意外にも最も低い。アメリカでは，預金取扱金融機関よりその他金融機関（GSE 等の住宅ローン会社，不動産投資法人等のファンド，ノンバンク）の総資産が大きく，与信による資産増加が反映されにくいことが低比率の要因と考えられる。

 (6) 公的債務と金融システム

図表 3-9 と 3-10 は，日本とアメリカの国債の保有者の割合を対比したものである。日本の場合，銀行（36.5％）と保険（19.3％）で半分以上を保有しているが，アメリカでは銀行・保険合計で 3.5％ にすぎない。また，日本では国債の 90％ 以上が国内保有されているが，アメリカなどでは 3 割程度が海外保有されている。

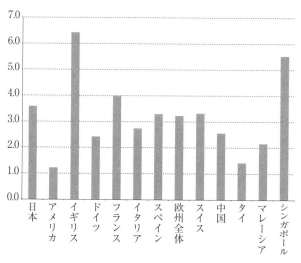

図表3-8 銀行総資産対名目GDP（倍）（2013年末）

出所：IMF，各国中央銀行データに基づき筆者作成。

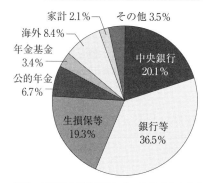

図表3-9 日本国債の保有構成（2014年3月末）

- 家計 2.1%
- その他 3.5%
- 海外 8.4%
- 年金基金 3.4%
- 公的年金 6.7%
- 生損保等 19.3%
- 銀行等 36.5%
- 中央銀行 20.1%

出所：日銀資金循環統計に基づき筆者筆者作成。

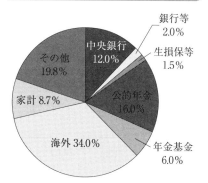

図表3-10 アメリカ国債の保有構成（2014年8月末）

- 銀行等 2.0%
- 生損保等 1.5%
- 中央銀行 12.0%
- 公的年金 16.0%
- 年金基金 6.0%
- 海外 34.0%
- 家計 8.7%
- その他 19.8%

出所：アメリカ財務省に基づき筆者作成。

4. 日本の金融構造

(1) 資金不足主体の主役

　図表3-11は，日本銀行資金循環統計に基づく資金の過不足すなわち金融資産と負債のネットの状況を部門別に示したものである。部門は，家計，政府，国内非金融部門の三つから構成され，一般企業は国内非金融部門に含まれる。

　家計については，資金余剰部門としての位置付けは変わらないが，一般企業など非金融部門は，1990年以降資金不足から余剰部門に転じた。この一方で，公的債務の拡大が続いていることが確認できる。

　こうしたお金の流れに呼応するのが，銀行の資産内容の変化である。公的債務の増大を受け止めてきたのは，銀行や保険，年金を通じて最終的には家計であった。このため図表3-12が示す通り，銀行の国債保有残高は2012年まで急拡大し，貸出に比しての国債保有の割合が格段に上昇した。

　しかし，日銀の大胆な金融政策の変更により，日銀が国債の買い手となり，銀行の国債保有は2012年3月末をピークとして減少に転じた。なお，保有残高の減り方が著しいのが大手銀行で，2012年対比で28％の減少となったのに対し，地方銀行は3％の減少に留まっているのが特徴である。

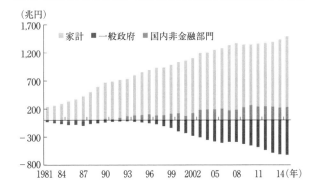

図表3−11　資金循環表に基づく各部門の資金過不足

出所：日本銀行データに基づき筆者作成。

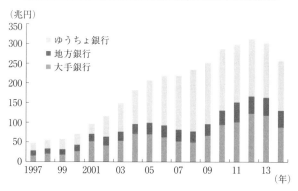

図表3-12 国債保有残高の推移(各年3月末)

出所:日本郵政,全国銀行協会データに基づき筆者作成。

(2) 個人金融資産の構造変化

　前節では個人金融資産の国際比較を行い,日本の現預金の多さを明らかにしたが,政府の投資促進策にもかかわらず,構造変化に乏しい。図表3-13は個人金融資産の構成割合を過去35年の長期でとらえたグラフだが,直近でも現預金の割合は53%を占め,株式や投信など有価証券投資は18%弱にすぎない。

　過去においては,バブル相場に沸いた1988年がこうした有価証券投資の割合のピークであり,このときのシェアは32%(うち株式は23%)に達した。ちなみに,この時点における現預金の割合は44%まで低下した。その後も,小泉改革で株式市場が活況となった2005〜2006年に,有価証券の割合は20%(うち株式は13%)まで回復したが,リーマンショック当時の2008年には過去最低となる12%(うち株式6%)へ急低下した。このように我が国においては,個人が長期的な視点から投資を行う傾向が見られず,短期的な株式市況の変化に大きく影響されやすいことが明らかである。

　少額投資に係る税優遇措置であるNISA(少額投資非課税制度)は2014年に導入されたが,これまでのところ,画期的な変化が家計の投資行動に表れているわけではない。しかし,長期的な投資を啓蒙する動きは,銀行をはじめ,主要証券会社においても出始めている。特に,有力な証券会社が,短期的な回転売買で手数料を稼ぐフロービジネスから,長期的な投資アドバイザリーを志向するストックビジネスに動き始めている点は注目される。もとより,個人金融資産の過半

図表3-13 個人金融資産の構成割合の推移

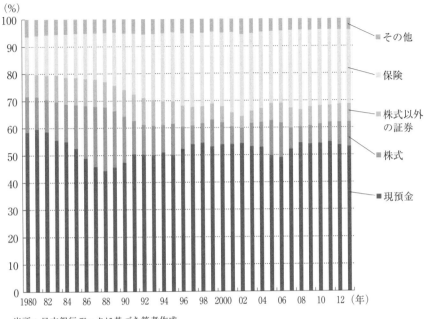

出所：日本銀行データに基づき筆者作成。

となる現預金は，銀行への信頼感，親しみやすさを表しているが，銀行もこうした長期投資のためのアドバイスへの志向を強めている。銀行による投信の窓口販売が開始されて以降，2008年頃までは銀行経由での投信販売の比率が伸びるに従って，投信残高も増加した。これが，銀行が家計の金融資産構造の変化のカギを握る証拠である。

もう一つの課題が制度的な問題である。アメリカにおいては，企業や国が年金の運用を担う代わりに，個人が自らの運用判断に基づき年金を運用する色彩が日本に比べて濃い。1980年代における IRA（Individual Retirement Fund）や DCP（確定拠出年金）など税制の優遇を整えた制度設計の見直しが，個人の投資への意識を高めたと我々は考えている。我が国においては，年金運用における国の関与が大きく，投資や運用という視点が「他人任せ」になる傾向がある。今後，日本版 IRA や DCP への税制面で優遇措置の充実や，制度面の整備が政策的課題である。

(3) 金融の担い手

日本の金融の主役は、銀行である。これは個人金融資産の構成や、資金循環表の内容からも明らかである。金融の担い手の存在感を総資産で表現し、アメリカとの国際比較をしたものが、図表3-14 である。金融仲介機関の総資産を合計し、それぞれの業態別に構成比を算出したものである。

日本とアメリカの最も顕著な違いが、日本の銀行（預金取扱機関全体）の突出した存在感の大きさである。日本の銀行のシェアが全体の58％に対し、アメリカはこの計数の半分に満たない。これはまさに、日本が預金大国である状況が続いていることを裏付けている。アメリカでは「その他」が最も多く、全体の半分弱を占めている。その他には、ミューチュアルファンドなどの投資ファンドが含まれており、シャドーバンキング大国であることを示している。しかし同時に、アメリカで投資が家計レベルで根付いていることも示しているため、ここでも投資への誘導の課題が色濃く出ている。

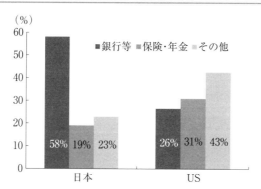

図表3-14　金融仲介機関別の総資産割合（2014年3月末）

出所：日本銀行データに基づき筆者作成。

第4章 直接金融と証券市場

―ガバナンスの展開―

1. 市場とは

(1) 金融市場

　金融市場と聞くと直感的に株式市場が浮かぶかもしれないが，金融市場という表現は，魚市場のように特定されたリアルな場所で集中的に取引が行われるものとは限らない。資金の貸借取引を通じてあるいはその手段となる有価証券や契約の売買を通じて，資金の過不足が調整される場やプロセスを総称して金融市場という。例えば，銀行と預金者の間には預金市場がある。したがって，金融市場という概念は，厳密には直接金融だけではなく間接金融も含まれる。

　また，金融取引が行われる地域を指す意味合いで使われることもある。政府は

図表4－1　金融都市としての魅力度ランキング（国際金融都市発展指数ランキング）

	2010年	2011年	2012年	2013年	2014年
1	ニューヨーク	ニューヨーク	ニューヨーク	ニューヨーク	ニューヨーク
2	ロンドン	ロンドン	ロンドン	ロンドン	ロンドン
3	東京	東京	東京	香港	東京
4	香港	香港	香港	東京	シンガポール
5	パリ	シンガポール	シンガポール	シンガポール	香港
6	シンガポール	上海	上海	上海	上海
7	フランクフルト	パリ	フランクフルト	パリ	パリ
8	上海	フランクフルト	パリ	フランクフルト	フランクフルト
9	ワシントン	シドニー	チューリッヒ	シカゴ	北京
10	シドニー	アムステルダム	シカゴ	シドニー	シカゴ

出所：National Financial Information Center Index Research Institute, Standard & Poor's Dow Jones Index Co. の資料に基づき筆者作成。

国際金融都市として東京の地位向上を政策の一つとして掲げている。図表4-1は，過去5年間の世界主要都市の評価結果がランキングとして示されている。東京は，ニューヨークやロンドンに次ぐナンバー3である。2013年には香港に苦杯をなめさせられたが，2014年には復活している。

　このランキングは国際金融としての評価を，金融市場の状況，成長・発展性，産業界からのサポート，金融サービス水準，全体的な環境の五つの視点から得点化したものである。金融市場としての魅力度は，取引のボリュームやその成長性，金融取引の背景を構成する経済活動（産業界からのサポート），提供される金融サービスの量や質，海外からのビジネスパーソンが安心して働ける環境（交通手段，言語，安全性，子女の教育など）などがベースとなっており，金融取引が活発に行われるための総合力の評価といえる。

　この章では，金融市場の中でも直接金融に注目していこう。

(2) 金融市場の種類

　金融市場は期間で分けられる。短期金融市場は別名マネーマーケットといい，銀行同士の取引のみを行うインターバンク・マーケット（銀行間市場）と金融機関以外も参加するオープン・マーケット（公開市場）から構成される。長期金融市場は，キャピタル・マーケット（資本市場）と呼ばれ，株式市場や公社債市場などの証券市場が主である。このほかにデリバティブ市場がある。

　また，市場には取引所のあるものとないものがある。株式が公に売買されている中にも，取引所上場の銘柄と，証券会社の店頭で売買されている店頭登録（OTC = Over-The-Counter）の銘柄とがある。店頭登録銘柄は中小企業のイメージがあるが，ちなみに日本銀行株は店頭登録銘柄である。代表的な店頭取引としては，株式，債券のほか，デリバティブがある。有価証券や株価指数の先物取引，オプション取引，スワップ取引などが主な取引対象である。

　リーマンショックを受け，世界の金融当局者は店頭デリバティブ取引を取引所に集中させる方針を打ち出している。これは，破綻したリーマン・ブラザーズが膨大な額の店頭デリバティブ取引を行っており，これが金融市場を大混乱に陥れたからである。こうした取引は「相対取引」といわれる1対1の取引であったため，リーマン・ブラザーズが取引を履行できなかったときに，取引の相手方が損失を被り，その損失がもとでその相手方もその他の取引で取引不履行を来すこと

により，契約不履行が連鎖してしまう性格があった。これが取引所取引であれば，一部の参加者による取引不履行は取引所で吸収できるため，連鎖は防げるのである。以下，それぞれの市場について見ていこう。

2. 短期金融市場

(1) インターバンク・マーケット

銀行のみで取引されるインターバンク・マーケットは，1年未満の資金の貸借と外国為替の取引を行う場である。コール資金や手形の取引がこのカテゴリーに入るが，日本ではコール市場が代表的で，資金を他の銀行から調達した場合がコールローンと呼ばれ，他行に貸し付けた場合はコールマネーと呼ぶ。国債等を担保とする有担保取引もあるが，ほとんど無担保である。無担保コール翌日物金利が，日本銀行が市場金利を誘導する際の指標となっている。

コール市場など短期金融市場は取引所のような場がないので，金融機関の間で取引は成立する。しかし，実際は取引の仲介を担っているのが短資会社である。短資会社は上田八木短資，セントラル短資，東京短資の3社があり，外国為替を

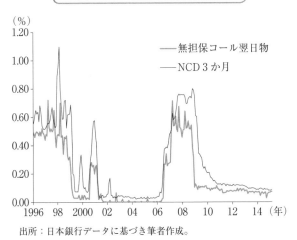

図表4－2　主要短期金利の推移

出所：日本銀行データに基づき筆者作成。

含む短期金融市場で仲介役を果たしている。為替レートが急激に円安あるいは円高が進むと，テレビのニュース映像で外国為替取引の現場が映されるが，あれが短資会社の風景である。

(2) オープン・マーケット

銀行などの金融機関だけでなく，一般企業，機関投資家，地方公共団体など大口の資金を運用する参加者がオープン・マーケットで取引を行っている。取引の対象は，CD（譲渡性預金），現先（戻し条件付き債券売買），割引短期国債（TB），政府短期証券（FB），コマーシャルペーパーなどが対象である。種類は異なるが，いずれも短期的な余剰資金の運用対象である。オープン・マーケットとインターバンク・マーケットの金利水準は基本的には連動する。

3. 資本市場

(1) プライマリーとセカンダリー

資本市場あるいは証券市場の中で，主要な市場は株式と債券である。それぞれの市場にはプライマリー・マーケット（発行市場）とセカンダリー・マーケット（流通市場）が存在する形となっている。しかし，各市場がプライマリーとセカンダリーに仕切られているわけではなく，株式や債券を当初発行する際に募集をかける市場のことを便宜的にプライマリー・マーケットと呼び，発行後の売買に関してはセカンダリー・マーケットと称しているだけである。したがって，外形的には株式市場あるいは債券市場であることに変わりはない。

① プライマリー・マーケット

有価証券を発行する方法については，公募と私募がある。公募は不特定多数の投資家を募集の対象とするため，金融商品取引法に基づく経営情報や財務情報，リスク情報などの開示が義務付けられており，これを有価証券届出書あるいは有価証券通知書，目論見書などにより届出を求められる。一方で私募の場合は，特定少数の投資家が対象のため，厳しい開示規制が適用されない。

厳密には金融商品取引法第2条1項及び2項の規定に基づき，有価証券は，第一項有価証券と第二項有価証券に分類される。我々がよく見聞きする主要な有価証券の多くは第一項有価証券であり，国債や地方債などの公共債，社債，株式を含む出資証券，投資信託受益証券，コマーシャルペーパーなどが含まれる。第二項有価証券には，後の章で解説する証券化に伴う信託受益権や集団投資持ち分など馴染みのないものが分類される。

　第一項有価証券の募集方法は，上記のような厳しい開示規制が課せられる公募のほか，適格機関投資家私募，特定投資家私募そして少人数私募という3形態の私募がある。特定投資家とは，一般個人のような詳細な投資・リスク情報の説明が求められる投資家保護制度の対象とならない一定規模以上の会社等の組織であり，さらにその一部が適格機関投資家と区分され，金融機関などの機関投資家やその他プロの運用者が法令により規定されている。このようなプロ級の投資家に限定された社債等の募集であれば，公募で求められる煩雑な開示手続が不要となる。少人数私募の条件（適格機関投資家を除いた勧誘対象先が50人未満，発行総額が社債の一口額面の50倍未満，譲渡制限の設定）を充足すれば，募集対象がプロでなくとも開示手続が不要となる。

　② セカンダリー・マーケット

　セカンダリー・マーケットとは，すでに発行されている株式や債券などの有価証券を取引する市場である。ここでは，投資家間での売買が行われ，有価証券の価格（株価や債券価格）がその時々の需要と供給から決定される。これを市場価格あるいは時価という。

　株式については，証券取引所やPTS（私設取引システム）などに売り注文や買い注文が集中されて，瞬間ごとに価格が決められ，その価格に基づく売買が行われている。また，広く売買されている株式は取引所で取引される「上場株式」だけではなく，証券会社の店頭（OTC）で取引される「店頭登録株式」がある。店頭登録される株式についても情報開示等の手続きが上場株式に準じて求められる点で大きな違いはない。現在，株式の店頭取引については，証券会社が窓口等で顧客からの売り注文や買い注文を受けて相対で売買する際に，日本証券業協会が運営するジャスダック市場（JASDAQ）に繋いで値決めされる。その点では上場株式と何ら変わるものではない。

　債券については，ほとんど（約99％）が店頭取引で売買が行われている。店

頭取引は，証券会社が売りたい人や買いたい人の取引の相手方になる。証券会社はこうした売買動向を瞬時に日本証券業協会（証券会社を含む証券業による自主規制団体）に繋ぎ，需要と供給のバランスから「店頭基準気配」が決まり，これをもとに店頭での売買となる。

 (2) 債券市場

　ここまで，株式や債券など有価証券の市場については発行および募集の方法，その後の売買の仕組みなど概略を説明した。次に債券および株式市場について，もう少し詳しく重要なポイントを示していこう。

　まずは取引される債券の種類である。新規で発行される債券を「新発債」，すでに発行されている債券を「既発債」という。また，即座に債券の売り渡しあるいは買入れと代金の決済が行われることを「現物取引」といい，将来の定められた期日に債券の受け渡しと代金の決済を行うことを「先物取引」という。

　市場で売買が活発に行われる有価証券のことを，流動性の高い有価証券というが，債券市場で最も流動性の高いものは政府が発行する国債である。一般的には流動性の高い債券に比べ，低い債券の価格は値動きが大きくなる。なぜならば，取引に参加する人が少ないために，ひとたび多く買いたい，あるいは多く売りたいという投資家が出てくるとその債券の値段が暴騰あるいは暴落しやすいからである。

　債券の価格は，概ね市場金利と発行体（発行会社や発行政府など）の信用力の二つの要素に影響される。発行体の経営状況が芳しくなく元利金の返済リスクが高まれば，その債券価格は下落する。ギリシャ国債の暴落は記憶に新しい。

　市場金利が上昇すれば債券価格は下落し，低下すれば債券価格は上昇する。利率1％の国債を例に考える。市場金利が9％上昇し，新たに国債を買えば10％の利率が保証される状況となった。利率1％の国債をもっている人は幸せか不幸せか。明らかに不幸せである。なぜなら，新たに国債を入手できれば10％の利回りを享受できるのに，1％の利率の国債を抱えていなければならないからだ。この国債を売ろうとすれば，大幅な値下げを迫られるだろう。

　このように債券の価格と市場金利の状況は密接に関係している。このため，最も活発に取引されている国債の価格の動向は，市場金利の変化を通じて他の債券にも影響する。また，債券市場はデリバティブなど他の金融商品の動向と相互に

影響を与える。なお，債券価格と金利との関係は第12章で詳しく扱う。

(3) 株式市場

　株式市場や店頭取引で株式が流通するためには，各市場等の適格基準（上場基準等）をクリアする必要がある。日本では，五つの取引所（東京，大阪，名古屋，福岡，札幌）が存在しており，それぞれの取引所には「第一部」と「第二部」があり，またこのほか東京証券取引所の「マザーズ」，大阪証券取引所の「ヘラクレス」など新興市場と呼ばれる育成市場がある。これは，サッカーJリーグにもディビジョン1から3までがあるように，株式の上場に関しても区分が存在しており，J1を目指すように会社としても第一部への指定替えを志す会社も多い。このほか，すでに説明したように店頭登録銘柄のジャスダックがある。

　株式は上場されている取引所で行われる。このため，東京証券取引所に上場していても，他の取引所に上場していなければ東京証券取引所以外の取引所では取引はできない。取引時間や取引日も定められており，平日の午前9時に取引が開始され午前11時に午前の取引が終了する。この午前中の取引時間を「前場（ぜんば）」という。午後は12時半に始まり午後3時に終了する。午後の取引時間を「後場（ごば）」という。取引終了を「大引け」という。取引開始から初めて需要と供給がマッチし取引が成立して株価が決定されることを「寄付（よりつき）」という。逆に取引終了時に株価が決定されている状況を「引け値」といい，これがその日の株価の「終値（おわりね）」となる。さらに，取引時間中のことを「ザラ場」という。語源は「ざらにある」から来ており，通常の取引時間のことを指している。取引開始から株価が1000円で成立し，その後その日の最も高い値段が1200円，低い値段が900円，取引終了時の値段が1100円の場合は，「1000円で寄り付き，ザラ場で高値1200円，安値900円を付けたが，結局1100円で引けた」という解説になる。

　株価は，取引時間中はオークション方式（競争売買方式）により決定される。オークション方式とは，価格優先，時間優先，成行（なりゆき）優先のルールに従って売買されるものである。価格優先とは，買い注文の場合はより高い値段が，売り注文の場合はより低い値段が優先されることである。時間優先とは，同じ注文価格で注文が入った場合，時間の早い注文が優先されることである。また，成行優先とは，成行注文が指値注文に優先するということである。株の売買の注文

方法は「成行」と「指値（さしね）」があるが，指値の場合は具体的な売りたい値段，買いたい値段を注文時に特定しておき，その値段以下になれば買い，以下になれば売る注文の方法である。一方，成行注文は，注文株数を売るあるいは買うことのみを特定するものである。したがって，売買の成り行きに従って売買価格は変わるが，取引が成立しやすい注文方法である。ただし，寄付と引けの取引は，一斉に売買注文を集めて，それらの条件を摺り合わせる「板寄せ方式」により売買が成立する。

なお，ジャスダックではオークション方式とマーケットメイク方式の二つの方式を採用している。マーケットメイク方式は，複数のマーケットメーカー（証券会社）が売り気配と買い気配を提示し，売買が行われる方式である。

4. 資金調達方法と特徴

（1）資金調達の種類

ここでは，企業（株式会社）が資金調達を行うことを念頭にその方法論を説明するが，基本的な考え方は企業の場合も国の場合も個人の場合も同じである。

図表4-3は貸借対照表からみた資金調達の分類を行っている。本書冒頭で説明した通り，貸借対照表の右側が資金調達源である。負債は金利を支払う必要がある「有利子負債」とそれ以外の負債に分かれる。さらに，有利子負債は間接金融と直接金融に分かれる。同じく右側に位置する資本は，資本金および資本剰余金と内部留保その他に区分される。資本金や資本剰余金は，株式を発行して受け取った代金（発行代り金）が計上され，直接金融による調達である。

ちなみに，個人の場合も同じである。左側が資産でここに預金などの金融資産や自宅などの不動産などが入り，右側には住宅ローンなどの負債と，これまで稼いだお金のうち税金支払いや消費しなかったお金が自己資金として資本の形で計上される。国の場合も同様である。

図表 4－3　会社の貸借対照表から考える資金調達

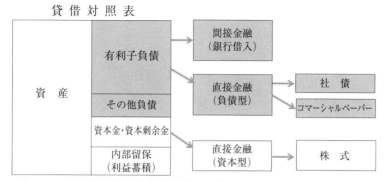

注：ここでは、保有有価証券評価差額（含み損益）等については捨象している。
出所：筆者作成。

(2) 直接金融における資金調達方法ごとの特徴

① 負債性の調達

　負債性の調達は、短期のコマーシャルペーパー（CP）、長期の社債が代表的である。CPは、約束手形の形態をとる。金融市場で発行され（手形が振り出され）流通する。CPの期間は通常1年未満で、1カ月以内のものが大宗を占める。

　社債には額面があり、通常100円である。また、社債にはクーポン（利札）が付いている。預金でいう利息である。利率1％、期間5年の社債であれば、1枚1円のクーポンが5枚付いている。各期日にクーポンが支払われ、満期日に元本が支払われる。これを社債の償還という。このように、社債は発行要項で定められた期日にあらかじめ決められた元利金を支払うことが約束された有価証券である。クーポンは多くの場合一定の利率であるが、変動利付債のように、市場金利に応じて授受される金額が変動する商品もある。

　さらに「デュアル・カレンシー債」のように、発行時の通貨と償還時の通貨が異なる商品もある。例えば円とドルのデュアル・カレンシー債では、投資家は円で債券購入代金を支払い、償還時にはドル（一定のドルの金額）で元本を受け取ることになる。このため投資家にとっては、円安ドル高になれば円ベースでの受取りは増えるが、円高ドル安になると思わぬ損失を被る場合がある。

　社債を公募で発行する際、通常は格付けの取得が求められる。格付けとは、格

付機関が社債の元利金が無事に支払われるかを判断し，返済能力に基づいて記号を付けるものである。格付けはテレビのバラエティ番組でも取り上げられることもあるのでイメージしやすいかもしれないが，記号は社債の発行条件（利率）に影響する。投資家は格付けを参考に，利率に照らして社債購入の判断を行う。つまり，格付けの記号は企業の資金調達コストを左右するのである。

　格付機関によって記号の形は異なるが，一般的に分かりやすい最上級格付けはAAA（トリプルA）である。このほか，AA格やA格があり，BBB（トリプルB）格までが一般的に「投資適格」といわれる。なお，格付機関には，格付投資情報センター，日本格付研究所の二つの日本の格付機関と，ムーディーズ・インベスターズ，スタンダード・アンド・プアーズ・レーティング・サービシズ，フィッチレーティングスリミテッドなど三つの外国格付機関が有力で，銀行が格付けを参照するときに金融庁が「適格格付機関」として認めている。

　社債には様々な種類がある。まず，おまけ（オプション）が付いていないものが「普通社債」でプレインバニラとも呼ばれる。普通社債は，借り入れと同様に金利を支払って満期に償還するというオーソドックスなものである。株式に転換できる権利が付いたものが「新株予約権付社債」である。

　新株予約権付社債にも2種類ある。通常の新株予約権付社債は，新株予約権というこのおまけと社債を切り離すことが可能である。社債部分は普通社債と同様である。新株予約権部分は，一定の価格で株式を購入する権利である。例えば，100円で株式を購入する新株予約権があるとする。株価が110円になれば，100円を払って株式を取得し，即座に市場売却すれば10円の儲けとなる。

　もう一種類の転換社債型新株予約権付社債は，定められた価格で社債を株式と交換することが可能である。通常の新株予約権付社債は，株式を取得するのに新たに代金が必要になるが，転換社債型は代金の代りに社債を充当する。

② 資本性の調達

　株式会社の資本性の調達は，株式である。債券や貸出は，社債発行要項や金銭消費貸借契約書で約束された元利金が期日に支払われるが，株式は投資した金額が返済されるわけではない。投資家にとって，債券に投資すれば会社が倒産しない限り決まった収益率を確保することができる一方，その会社がいくら儲かっても，受け取る金額は増えない。このため，債券は「フィクスト・インカム（固定された収入）」とも呼ばれる。一方で株式に投資すると，会社の利益水準に応じ

て株式配当金が増減するほか、会社の業績などによって株価が上下するため収益率は変動する。株式は「エクイティ」とも呼ばれる。会社にとって、返済義務のある負債性の調達とは違い、株式発行に伴う返済義務はない。

　株式には、優先株式、普通株式、劣後株式など様々な種類がある。会社が倒産などで清算された後、残った財産（残余財産という）を株主に割り当てるときに、優先株主が「残余財産優先分配額」まで財産を優先して受け取る。余ったものを普通株主が受け取る。また、優先株式には優先配当が約定されている。普通株式の配当は定まった金額はないが、優先配当はあらかじめ金額が定められている。普通株主に対して配当が支払われる時は、必ずこの優先配当を支払う義務を負う。普通株式の配当が支払われないときは、優先株式の配当は必ずしも全額支払われない。ただし、債券の元利払いが滞ったときは債務不履行（デフォルト）となるのに対し、優先配当が不払いはデフォルトとはならない。

　また、議決権のあるものとないもの、議決権に制限が設けられている株式も発行可能である。議決権とは、株主総会において議案を採決する株主権である。

 (3) 調達方法の選択

　いままで説明した企業の資金調達は、借入、社債、株式などによるものであるが、これらを「外部金融」という。もう一つの調達方法としては、過去の利益（内部留保）を投資などに活用する「内部金融」がある。

　企業が資金調達を行う場合にどの方法を選択するのか。明確なルールはない。しかし、伝統的な「ペッキング・オーダー（Pecking Order）仮説」によれば、資金調達を内部金融、外部金融の順番、さらには外部金融の中でも銀行借入、社債、資本（株式）の順に優先度をつけている。内部金融は、企業が外部に依存せず自由に利用できる。つまり、外部金融に伴う約束事が発生しないことが、優先順位が高い理由である。次に、多数の投資家に限られた情報開示を行い社債を発行するよりも、詳細な情報（私的情報という）に基づき銀行借入を行った方が貸し手にとっての透明性が高い分だけ金利負担を抑えられるほか社債発行費用もないため調達コストが安くなるということである。では、利払いや元金支払いの負担のない株式がなぜ最下位なのか。企業は自らの内部事情を熟知した上で、ある価格で株式を発行する。しかし、投資家は企業側よりも情報量が少ない。こうした状況を「情報の非対称性」という。この場合、企業は実力よりも高い値段で株を売

ろうとするに違いない。かつ，投資家もそれを想定して企業が示す価格よりも安い価格で株を買おうとするだろう。このため，投資家がこの情報の非対称性を過度に心配すれば，株式の発行は企業が期待する価格より安い水準での発行となり，割高な調達になるということである。

5. 情報の非対称性と資金調達

 (1) 情報の非対称性

　ある焼肉店が松坂牛を他の多くの店と同じ価格で提供しているとする。販売価格が100gで1000円，600円で仕入れれば400円，300円で仕入れれば700円が利益である。もし，焼肉店が利益を増やすため300円で調達できる輸入牛肉を松阪牛と偽って販売すれば，正直に松坂牛を600円で仕入れるより利益が膨らむ。味覚に敏感で食通ならまだしも，通常の消費者が真偽の判断を行うことは難しい。このように，売り手と買い手の間に情報の偏り（売り手は偽物であることを知り，買い手は知らない）がある状況を「情報の非対称性」という。

　こういった行動が常態化すれば，松坂牛を販売する店はなくなる。松坂牛は市場から消え，ニセ松坂牛が市場にあふれる。情報の非対称性を背景に，品質の良いものが駆逐され，悪いものが市場を席巻する状況を「逆選択」という。

　ノーベル経済学賞受賞者ジョージ・アカロフの「レモン市場」が，こうした逆選択の問題を指摘した代表的な理論である。アメリカでは質の悪い中古車，例えば事故車などは「レモン」と呼ばれている。筆者が1990年前後にアメリカに滞在していた時，中古車業者（U-Car Dealer）は信用できない取引相手の代名詞のような言われ方をしていたのを記憶している。中古車業者が，見た目が全く変わらない同車種，同年式の2台のキャデラックを仕入れたとする。1台は事故車でポンコツである。もう1台は質の良い中古車である。当然仕入れの値段は前者の方が安い。しかも，1回や2回の試乗では分からないとする。中古車業者はどちらを優先的に販売するだろう。見た目で違いが分からないので，優良な車の価格で事故車を販売したほうが利益が大きい。そのため，短期的な利益を追求したいということであれば事故車を高い値段で薦めるだろう。もちろん，長期的な信頼関係を築きたいということであれば，優良車を薦めるか，事故車をきちんと情報

開示した上で安い価格で売るだろうが，事故車かどうかの情報が，中古車業者の手にあって顧客の手にはないという状況が，まさに情報の非対称性を表している。こうした状況下では，レモンといわれる（見た目はしっかりしている）ポンコツ車しか販売されなくなってしまう。加えて，ポンコツばかりが売りに出されてくると，消費者も質の良い車にさえ「悪い」という前提で見てしまうため，なおさら質の悪い中古車しか出回らなくなる。

(2) プリンシパル・エージェント理論

このような情報の非対称性を理論化したものが，プリンシパル・エージェント理論である。エージェンシー理論とも呼ばれる。この理論は株主と経営者の間の関係や，国民と政府との関係など幅広い問題に適用が可能であり，経済学の範疇の理論ではあるものの極めて汎用性の高い示唆に富んだものである。この理論を理解すれば，読者が将来直面する問題にヒントを与えてくれるだろう。

プリンシパルはいわば主役で，物事を依頼・委任する主体である。エージェントはプリンシパルからの依頼に基づき行動する代理人である。例えば，お母さんが子供に洗濯物を畳んでおいてくれと依頼する。お母さんがプリンシパルで子供がエージェントである。聞き分けが良い子供なら，きちんと依頼を履行しお母さんは助かるだろう。これはエージェントがプリンシパルに忠実であったということである。しかし，子供が怠けて遊びに行ったとしたらどうだろう。プリンシパルは，エージェントが業務を遂行せず困ってしまう。このように，プリンシパルの意向に反した行動をエージェントが取ることを怠けてしまうことを，「エージェンシー問題」あるいは「エージェンシー・スラック」という。スラックとは怠けることである。エージェンシー理論は，プリンシパルとエージェントの間の利益相反（お母さんは子供に手伝いをきちんと遂行してほしい，子供は遊びたい）のメカニズムを分析し，この問題の解消を試みるものである。

(3) 株主対経営者のエージェンシー問題とエージェンシーコスト

中小企業などでは，株主と経営者が同一人物の場合が少なくない。その場合は経営の委託者（株主）と経営の受託者（経営者）が同じため，エージェンシー問題は起きない。しかし，組織が大きくなるにつれて経営と所有は分離されていく。

株主は，株式に投じた資金が有効に活用され，会社が利益を上げてそれが配当され，好業績で株価が上がることを望む。しかし，経営者は時として株主利益に沿わない欲求をもつことがある。巨額な資金で豪華な社屋を建設，高級車を社用車として購入，接待費を自らの飲食費に充当，など経営者個人の享楽にお金が使われてしまうことがある。これを「私的費消」という。

もう少しまともな例としては，利益の蓄積が大きくなり，こうした内部資金を有効に活用する機会がなくなったときに，配当等で株主に還元するのが株主にとって望ましい使い道であろう。しかし，経営者が会社を大きくしたい野心を持ち，大して儲からない会社を買収したとすれば，株主の利益に背反する。

エージェンシー問題は，プリンシパルである株主に以下の三つのコスト（エージェンシーコスト）を負担させる。

◇モニタリング・コスト：プリンシパルがエージェントを監視するコスト
◇ボンディング・コスト：エージェントがプリンシパルのいうことを聞かせるコスト
◇レジデュアル・ロス：エージェンシー問題に伴うその他のコスト

このように，経営と所有が分離することで利益相反を背景とするエージェンシー問題が株主と経営者の間で発生する。エージェンシーコストを削減する方策として登場したのが「ストック・オプション」や「株式によるボーナス」である。ストック・オプションとは，定められた価格でその会社の株式を買う権利である。株価が上がれば，経営者はストック・オプションを行使して値上がりした分の利益を懐に入れることができる。つまり，株価が上がることは，株主ばかりでなく経営者にとっても良いことになるのである。こうした形で，株主の利益と経営者の利益を一致させることを，「誘因両立性」という。誘因とは，インセンティブのことである。株主と経営者のインセンティブが，ストック・オプションを通じて両立するということである。

エージェンシー問題については，第17章の「契約理論とガバナンス」で詳しく解説する。

6. 株式会社

（1）株主の権利

株主とは，株式会社の株式を保有する個人・法人をいい，会社そのものの所有者という位置付けである。株主が社長を兼務している場合は別として，会社をもっているのは社長ではなく株主である。

株主の権利は法学上，自益権と共益権から構成される。自益権とは配当金などを享受できる権利である。共益権は，会社の運営に口出しをする権利である。共益権には，1株でも保有すれば行使できる権利を単独株主権と一定割合以上の株式の保有が前提の少数株主権がある。

株主が享受する配当と残余財産に対する権利が，株主の経済的利益を構成し，株式の価値を形成する主たる要素である。例えば，会社が1円の資本を株主から出してもらい株式を発行，1億円を銀行や債券投資家から集めて事業を開始したとする。その事業が10億円の利益を生み出しても，貸出を行った銀行や債券投資家に支払われるのは1億円にすぎない。残りの9億円のうち2億円を株主に配

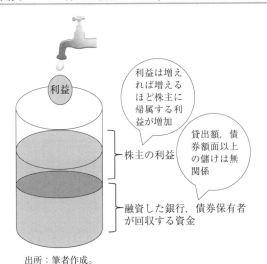

図表4－4　株主と債権者（銀行，債券保有者）の関係

出所：筆者作成。

当し，7億円を留保し，その後，即座に会社が解散したとする。会社解散時に残余財産として株主に支払われるのは7億円である。したがって，9億円のうちいくら配当するかにかかわらず株主に帰属する利益となる。

図表4-4のように，利益が増えていっても，銀行や債券保有者などの債権者に支払われるお金は定額である。しかし，株主は債権者に分配された資金の残りを直接または間接的に手にすることができるのである。

(2) 株主総会における議決

日本では米国に比べ株主総会の権限が大きい。株主総会で議案の採決を行う場合に，議案承認の条件となる議決権の比率が内容により異なる。
- ①普通決議：2分の1以上の議決権割合が必要な決議事項で，取締役・監査役の選任ならびに解任，利益の処分（配当など）の議案が対象。
- ②特別決議：3分の2以上の議決権が承認条件。定款変更，合併，営業譲渡，減資（資本金の減少），解散などが対象議案。

(3) 株主の呼び方

株主は，その議決権の保有比率やその他の特徴により，以下のような呼び方をされる。
- ①主要株主：発行済株式総数の100分の10以上の株式を保有する株主。大株主は俗称。金融商品取引法では主要株主。
- ②支配株主：主要株主のうち発行済株式総数の100分の20以上の株式を保有する株主。20%以上を保有すれば持ち分法として連結対象。
- ③安定株主：日本の株式持ち合い慣行の拠り所。株式保有による金融的な利益を追求するよりは，取引関係などの他の便益を得ることを目的とする。一般的に親会社，創業者，取引銀行，取引業者，同グループ会社などがこれに当たる。買収防衛や株主総会を経営者側の意図通りの運営を可能とする暗黙の狙いあり。
- ④浮動株主：純粋な投資を目的とし，長期的に保有する場合もあるが，短期で株式を売却する可能性もある投資家である。

(4) 日本の株式市場の主役

　日本の株式市場は過去20年余りで大きな変貌を遂げた。株式市場の主役の交代である。図表4-5は，東京証券取引所における主体別売買動向である。

　意外にも1980年代前半の主役は個人であった。当時は株式市場の売買高も少なかったこともあるが，個人が取引の6割を占め，海外投資家は1割にすぎなかった。その後，1980年代後半のバブル経済形成期には，金融機関や事業法人の割合が増えたが，銀行などが株式持ち合いを進めたことも一因である。

　1990年代に入ると，断続的に金融機関の構成比が跳ね上がる。主役は銀行である。銀行は不良債権処理損失を何らかの利益で吸収する必要性に迫られ，そこで駆使したのが，「クロスの株式益出し」である。銀行が大昔に安値で購入した「政策保有株式（持ち合い株式）」を売却すれば売却益を計上できる。しかし，売却は取引関係を悪化させる懸念があった。そこで，一回売却して売却益を計上し，即座に同じ株式を買い戻すという取引を多用することとなった。

　しかし，このクロス取引は会計上も，銀行の財務上の観点からも不健全である。このため2000年の会計制度の変更（「金融商品会計」の導入）により，クロス取

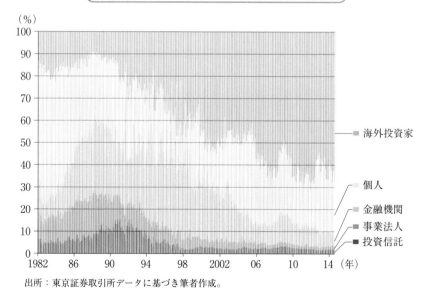

図表4－5　東京証券取引所の売買主体別構成

出所：東京証券取引所データに基づき筆者作成。

引による利益計上が認められなくなった。これが2000年以降に金融機関の構成比が急激に低下した理由と見られる。

こうした経過の中で，着実に存在感を高めていったのが海外投資家である。今や東京証券取引所の6割以上の売買が，海外投資家によるものである。金融のグローバル化の一方，国内投資家のリスク回避の高まりが背景と思われる。

(5) 株式公開

株式公開は，上場や店頭登録などにより株式の流動性を高め，株式市場から資金調達を可能とする。公開準備としては，監査法人の選任，アドバイスを行う幹事証券会社の決定，社内体制の整備などが求められる。その上で，上場申請書類の作成，（経営情報等を開示した）有価証券届出書および目論見書の作成，取引所による上場審査，幹事証券会社による引受審査などを経て上場に至る。多くの場合，このような手続きに精通した人材が不足するため，取引銀行などから経験を備えた出向者を招き，公開準備を行う場合が少なくない。

株式公開は，資金調達能力向上，知名度アップ，従業員の士気向上，優秀な人材の獲得などのほか，信用力向上により新規取引が行いやすくなるなどのメリットがある。さらに，外部からの監視による経営上の緊張感も生まれ，業績に対する意識も高まる。デメリットとしては，経営陣にとって友好的ではないファンドや同業他社による敵対的買収の脅威にさらされるケースがある。

上場会社にとってはM&A，つまり企業買収や合併は脅威であるより先に機会である。M&Aの最も望ましいターゲットは，優れた経営陣，良好な財務内容をもつ「良い会社」という誤解が多い。最も効果的なM&Aは，素晴らしい技術やビジネスをもっていながら経営能力の低い経営者によって運営されている会社である。明らかに「良い会社」であれば，すでに高い株価が付いているはずである。しかし，ダメな経営陣によって停滞している会社の株価は低い場合が多い。このような会社を安い価格で買収し，優秀な経営陣を送り込むことで会社の価値を高めれば，株価は買った値段よりも上がる。

(6) 企業統治

企業統治（コーポレートガバナンス）とは，エージェンシー問題を解消し，株

主やその他利害関係者の利益を踏まえた経営を行わせる仕組みである。同時に，企業の不祥事などを防ぎ，粉飾決算を始めとする経営者の悪事をモニタリングする内部および外部監査の体制もこれに含まれる。

　安倍内閣が打ち出した「『日本再興戦略』改定2014」により，日本の「稼ぐ力」を向上させるための施策の一環としてコーポレートガバナンスの強化が示された。不祥事防止はもちろん，長期的な企業価値向上が狙いである。この方針に従い，金融庁と東京証券取引所が中心となってコーポレートガバナンス・コードが策定された。これは，OECDが2004年にまとめたコーポレートガバナンス原則などを参考に策定され，法的拘束力はなく，「コンプライ・オア・エクスプレイン」（原則を実施するか，実施しない場合には，その理由を説明するか）という手法を採用している。

　以下，主な基本原則の骨子を示す。

①基本原則1：株主の権利保護と権利行使の環境整備。少数株主や外国人株主を含めた実質的な平等性の確保。
②基本原則2：従業員，顧客，取引先，債権者，地域社会をはじめとする様々なステークホルダーとの適切な協働。
③基本原則3：会社の財政状態・経営成績等の財務情報，経営戦略・経営課題，リスクやガバナンスに係る情報等の非財務情報の開示。
④基本原則4：企業価値向上に向けた戦略の方向性を示し，適切なリスクテイクを支える環境ならびに独立した経営監督を行う体制整備。
⑤基本原則5：株主総会の場以外での株主との間で建設的な対話。

第5章

間接金融と銀行論

―地味ながら縁の下の力持ち―

1. 銀行の機能と使命

(1) 銀行の使命

　第2章で説明した通り，銀行は「金融仲介機能」，「信用創造機能」，「決済機能」の三つの主要な機能を備えている。金融仲介機能は「情報生産機能」，「リスク負担機能」，「資産転換機能（流動性転換機能を含む）」の三つに整理できる。

　これらの機能は，経済が円滑に運営されていくために必要不可欠なものである。そのため，銀行は私企業であるとともに，社会インフラとしての性格も備えている。銀行経営者は銀行を「公器」と呼ぶことがある。つまり，銀行は民間企業として利益を追求するばかりでなく，経済活動を支える血液の流れを隅々まで滞りなく伝える循環器という公共性を認識した言葉である。本章では，これらの機能を詳しく解説する。まず，銀行の主たる役割を紹介しておこう。

(2) 銀行の業務

　銀行の店頭を訪れるとATMコーナーがあり，来店客が立って対応する「ハイカウンター」と座って応対される「ローカウンター」がある。また，銀行によっては「プレミアムサロン」のような個室を用意し，特別な取引案件や銀行にとって重要度の高い顧客への対応に当たっている。ハイカウンターは主に簡単な業務を取り扱っており，ATMで対応できない預金や振込，税金や公共料金の支払いなどがこの窓口で取り扱われる。ローカウンターやプレミアムサロンでは，ローンなどの融資業務，投資信託や保険の相談や販売，外国為替その他相談業務が行われている。また，銀行の営業担当者（外回りや渉外などと呼ばれる）は，重要

個人顧客への対応や法人取引に従事している。

　業務内容は，貸出，預金，金融商品販売，内国為替，外国為替，代理業務，その他業務に分けられる。このうち，聞きなれない内国為替とは振込などを示す。また，代理業務というのは他社から委託された業務を代理で行うもので，税金や公共料金の収納，住宅金融支援機構（旧住宅金融公庫）の代理貸付業務などが含まれる。その他業務には，貸金庫やセーフティボックス，夜間金庫などの昔からの業務もあるが，最近は法人顧客の商売を手助けする「ビジネスマッチング」なども登場している。これは，複数の取引先の販売と購入のニーズをマッチングすることで，販路を開拓したい会社と質の高い商品を仕入れたい会社の双方にとって喜ばれる手数料ビジネスである。

　一般顧客には見えない部分の業務もある。本部には，市場部門といわれる金融市場を相手にした業務部門がある。ニュース番組で，多くのモニター画面が備えられたデスクに向かってトレーダーやディーラーと呼ばれるスタッフが電話やパソコンに向かう姿が映し出される。これがディーリングルームといわれるフロアである。ここでは，外国為替取引や国債の売買などが行われている。細かい話であるが，こうしたフロアのことを証券会社の場合は「トレーディングルーム」，銀行の場合は「ディーリングルーム」，スタッフのことを前者はトレーダー，後者はディーラーと一般的に呼ぶ。銀行が市場取引を行う場合，自己勘定で短期的な売買を繰り返すトレーディング勘定（特定取引勘定）とそれ以外の取引はバンキング勘定（銀行勘定）で行われる。預金や貸出はもちろん，国債売買の多くもバンキング勘定で行われるのが通常である。トレーディング勘定が主体であればトレーディングでもよいのだが，銀行では実態的にバンキング勘定での取引が多く，あえてディーリングという言葉が用いられている。

　以上説明したように，銀行は人と人との間で預金・貸出などの資金融通，金融商品の販売，送金による資金の受け渡し，他の当事者のために行う代理業務など多彩な仲介的役割を果たしているほか，市場を相手にした業務も行っている。さらに，ビジネスマッチングのように情報の仲介を行うことで，銀行が抱える情報を付加価値に変える新たな役割も担っている。

2. 情報の非対称性と金融仲介機能

 (1) 情報の非対称性と銀行

　前章で情報の非対称性がもたらす弊害を説明した。銀行が担う金融仲介機能にこの問題を解消する力がある。中小企業が事業のための資金が必要な場合，最も簡単な方法は社長自らが自分のお金を会社に貸すことである。なぜなら，借り手である会社と貸し手である社長の間に情報の非対称性は存在しないからである。社長は会社の状況を熟知し，自らの資金を投じて回収できる可能性が高いか低いかの判断が容易にできる。一方，社外の人間がお金を貸すのは容易ではない。財務内容や事業計画など会社から情報を入手した上で判断するだろうが，そもそもこの情報が正しい情報か虚偽かの判断はつかない。

　銀行はこのような情報の非対称性を解消する能力を備えることにより，貸出を行う。銀行がどのように情報の非対称性を解消できるのか詳しく考えよう。

 (2) 情報生産費用と情報生産活動

　借り手の情報を収集し，貸出を実施した後も常に新しい情報を入手・管理するような銀行の活動を「情報生産活動」という。銀行が貸出を行ったことのない新規取引先に対して，貸出を行うまでのプロセスを考える。貸出を行う上で最も重要な手続きは審査である。貸出を行う審査を与信審査という。

　審査を行うには適切かつ十分な情報を集める必要がある。取引先担当は会社から決算書などの基礎的財務データをもらう。また，帝国データバンクなどの外部の信用調査機関からの情報を買い取る場合もある。銀行の取引先に，その会社と取引を行っている会社があれば，取引実態の調査のための情報を他の支店などから得る。支店長など取引先担当以外の責任者が社長と面談し，経営者の人となりを把握する。こうした努力の積み重ねで審査に必要な情報を得る。

　ここで集めた情報をもとに稟議書を作成する。稟議書は審査における承認手続き書類である。審査は支店長が承認を行って稟議書が決裁になることもあれば，金額等の多寡により本部の審査部門（融資部など）に回付されて承認を得て初めて決裁になることもある。金額的にも銀行の経営上重要な案件については，常務

会や専務会というさらに上層部での承認が必要なことも少なからずある。

貸出が実行されたあとも情報生産活動は続く。貸出が無事に返済されなければ，「焦げ付き」となり銀行は損失を負担することになる。したがって，常に監視（モニタリング）が必要である。不動産などの担保がない場合，貸倒れが発生すると銀行は貸し出した資金の回収が困難となる。このため，返済期日まで期間を残している場合においても，貸出先の業況に危険な兆しが見られれば担保を差し出すように要請する交渉が必要となる。

このように，審査に伴い多くの手数をかける。これが審査費用である。また，モニタリングに伴うコストを監視費用という。これらの情報生産活動に伴うコスト負担が「情報生産費用」と呼ばれるものである。

情報生産費用は，過去の経験やノウハウなどから減らすことが可能である。卓越した審査能力があれば情報生産費用を削減し，銀行の収益を増やすことができる。情報の非対称性を解消するためにかかる情報清算費用は，アマチュアの会社や人よりもプロフェッショナルである銀行の方が少額で済むのは自明である。さらに，多くの貸出を手掛けることにより，二つの経済効果をもたらす。一つは規模の経済で，多くの取引を限られた人数で行うことにより，1件の貸出当たりのコストが安くなるのである。もう一つは前に述べた大数の法則である。貸出の件数が多ければ，一部の貸出で焦げ付きが出ても全体の収益で解消可能である。これらすべてが，情報の非対称性を効率よく解消することによる銀行の金融仲介機能の付加価値である。

 (3) エージェンシー・コストへの対処

エージェンシー・コストが，モニタリング・コスト，ボンディング・コスト，レジデュアル・ロスの三つの要素から構成されることは前に説明した。では，銀行は情報の非対称性に伴うエージェンシーコストをどう減らすのか。

モニタリングコストについては，貸出先から決算情報などの情報提供を求めることは当然として，取引先担当が日常的に会社とのコミュニケーションを密にする，社長と支店長などトップ同士の信頼関係を厚くする，などにより減少させることが可能である。また，決算の計数ばかりでなく，定性的なこと（例えば社長が頻繁に不動産投資を行っているようだ，など）をノウハウとして蓄積して「予兆判断」を効果的かつ効率的に行える体制を有していれば，仕組みとしてモニタ

リングコストを抑制することができる。

　ボンディングコストは，貸出先に約束を守らせることに伴うコストである。伝統的には，社長個人に会社の借入の連帯保証人になってもらうことが多い。これを中小企業の代表者保証という。会社の事業が失敗すれば，社長個人の財産も銀行にもっていかれ，最悪自己破産に陥ってしまう。このため，銀行への返済を一生懸命に行うこととなる。蛇足ではあるが，この代表者保証の慣行が，日本のベンチャー企業が育たない理由として挙げられている。事業の失敗が個人に降りかかってしまうため，リスクを取って事業を立ち上げる人々のマインドを冷やしてしまうということである。このほか，貸出の契約書に特約条項（コベナンツという）を付けることがある。他の債権者に担保を提供してはいけない（担保提供制限条項，ネガティブ・プレッジともいう），財務計数が一定水準を下回るあるいは上回ってはいけない（財務制限条項，抵触時には早期の返済や担保提供が求められる）などがコベナンツに含まれる。

3. 信用創造

（1）預金から貸出を生み出す

　当座預金や普通預金，決済預金など満期日のないいわゆる要求払い預金は，銀行機能の心臓部分である。銀行は預金取引を通じ，資金決済を行うとともに，受け入れた預金を源泉として貸し付けを行う。貸出あるいは融資は，貸す相手を信用して貸すことから，信用供与あるいは与信という。また，預金をもとに貸出を行いながら経済に資金を供給することを「信用創造」という。この決済機能と信用創造機能が，銀行の基本的かつ主要な役割である。

　銀行が預金で預かったお金は，一部を日本銀行の準備預金に積んだ上で，貸出に振り向ける。この準備預金は，法令に基づき定められた預金準備率に応じて預金の一部を日本銀行に預けなければならない。これは，銀行が預金を全て貸出などに振り向けてしまった結果，急な預金の引き出しに対応する手元資金がなくなってしまうリスクを抑制するために作られた制度である。

　貸出は，住宅ローンや企業の営業資金として使われるが，こうした資金は住宅ローンであれば不動産業者，法人であれば商品の仕入れ代金を受け取った供給者

の手元に入ることになり，これが再び預金として銀行に行き，上記プロセスを何度も繰り返す。これが世の中にお金が回る仕組みである。

(2) 信用乗数

　銀行が預金を預かりこれを元に資金を貸し出す。そして貸し出された資金は，様々な経済活動を通じて再び預金として銀行に預けられる。こうした循環を繰り返していく中で資金が経済の中を駆け巡っていくこととなる。昔はお金のことを「お足」と言っていたが，まさに足が生えているわけである。

　この循環を無限に繰り返していくと，最初に預かった預金（本源的預金という）の何十倍もの資金が経済に供給されることとなる。これを信用創造における「乗数効果」といい，信用創造のプロセスを通じて経済に行きわたった貨幣供給の本源的預金に対する倍率を「貨幣乗数」あるいは「信用乗数」という。

　この乗数効果を定式化すると以下の通りとなる。

◇マネタリーベース B，マネーストック M，現金通貨（流通現金）C，預金通貨 D，準備預金 R，c を通貨預金比率（C/D），r を預金準備率（R/D）

$$\frac{M}{B} = \frac{C+D}{C+R} = \frac{\frac{C}{D}+\frac{D}{D}}{\frac{C}{D}+\frac{R}{D}} = \frac{1+c}{r+c}$$ となりこれが貨幣乗数あるいは信用乗数という。

$M = \dfrac{1+c}{r+c} B$ と貨幣乗数倍だけ流通するマネーが増える。

　図表5-1は現状の預金準備率（約1％）をもとに，1万円の預金が99万円の貨幣を供給する仕組みを説明している。

(3) 信用乗数の低下

　銀行が何らかの理由で貸出を抑制する場合や，経済活動から生まれたお金が預金に戻らずいわゆるタンス預金になってしまう場合などは，当然世の中に出回る通貨の量を減少させることとなる。流れてくる血液が少なくなると，体中の細胞の働きが弱くなるのと同様に，経済活動が停滞してしまいかねないわけである。したがって，経済活動に必要な「信用」が十分に供給されないと経済全体が悪化し，それが再び乗数効果を低下させ，さらに経済活動が沈滞化するといった負の方向へのスパイラルに陥ってしまう危険性が生じる。1997～99年に経験したク

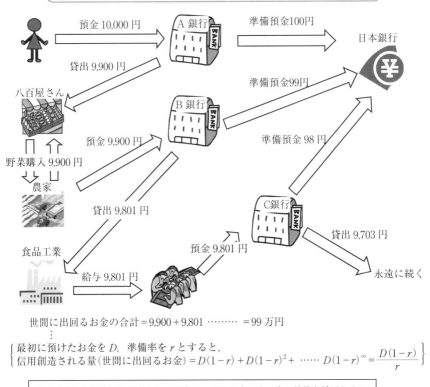

図表5-1 預金1万円が99万円の貨幣供給に化ける仕組み

世間に出回るお金の合計 = 9,900 + 9,801 ……… = 99万円

最初に預けたお金を D、準備率を r とすると、
信用創造される量（世間に出回るお金） = $D(1-r) + D(1-r)^2 + \cdots\cdots D(1-r)^\infty = \dfrac{D(1-r)}{r}$

銀行の貸し渋りや預金者のタンス預金は、世間に出回るお金の総量を低下させる。

注：預金準備率1%と仮定
出所：筆者作成。

レジット・クランチ（信用逼迫）が、こうした例である。

① お金の足が遅くなる理由（その1）

　クレジットクランチの理由の一つは銀行側に原因がある。第一に銀行の財務体力が低下し貸出を行う余力がなくなるケース。銀行は自己資本比率を重要な尺度として金融当局から厳しく監督されている。赤字計上や保有する有価証券の評価損などにより自己資本は減少し、ひどいケースでは業務停止命令などの行政措置が発動されるなど、経営破綻に陥る状況に追い込まれることもある。

　こうした事態を回避する手段として資産圧縮と増資がある。資産を圧縮する過

程で貸出を抑制，あるいは貸出の回収を急ぐなど「貸し渋り」や「貸しはがし」といった行動にエスカレートする懸念も出てくる。さらに，1997〜98年の金融危機でも経験したように資金繰りへの不安感から銀行が手元資金を増やすことで，こうした「資産圧縮」の動きに拍車がかかる。

以上述べたような状況下では銀行が貸出にまわさない預金の比率が高まるため，世の中に出回る資金の量（信用創造される金額）は，$D(1-r)/r$ ではなく $D(1+c)/(r+c)$ となり（ここで c は貸し渋りする比率とする），c が大きくなる（貸し渋りの度合いが増す）とこの金額が急激に減少する。

② お金の足が遅くなる理由（その2）

銀行の信用力低下による預金者の銀行離れが，もう一つの理由である。これも1997年に見られた現象で，いわゆる「タンス預金」が急増した。信用できない銀行に金利ゼロで預けるよりは，手元に置いておいたほうがいいという判断の結果である。面白い現象としては，この時期銀行の貸金庫が人気化しキャンセル待ちが出たほどである。

③ お金の足が遅くなる理由（その3）

借入を行うニーズがないケースもある。銀行が貸出を増やそうにも，資金ニーズがなければ貸出は増加しない。最初の二つのケースが銀行という供給サイドの問題だが，このケースは需要サイドの問題である。景気の先行きが不安になれば，設備投資などの資金需要を減少し，信用乗数を低下させる。

4. 資産転換機能

(1) 流動性転換機能

銀行預金が，他の一般企業が調達する資金と異なる点は，「流動性の転換」にある。普通預金などの要求払い預金ばかりでなく，たとえ定期預金であっても，中途解約に伴う利息の減額を条件として，解約の申し出に応じるのが実際の慣行である。預金者は，必要に応じていつでも資金を引き出すことができる。

銀行から資金を借り入れる側はどうか。銀行から預金の引き出しの依頼が増え

図表5-2 預金者が直接お金を貸すケース

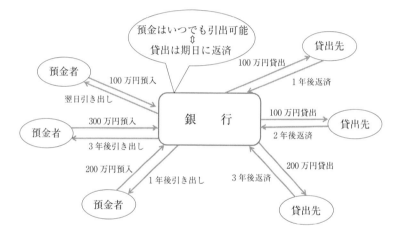

図表5-3 預金者と貸出先の間に銀行が入るケース

ているのですぐにお金を返済してほしいと言われても、借りた側は困る。このため、借り手は返済期日まで返済義務を負わない。これを法律上「期限の利益」と呼ぶ（民法第136条）。この借り手の権利は、破産などの特定事由（同法第137条）が生じない限り、喪失しない。簡単に言えば、×月×日を期限としてお金を借りた場合、それ以前に貸した当事者からお金が必要となり「返せ」と言われても、借り手は期限が来るまで返さなくていいことが法律上保証されている。

　これら二つの状況を考えると、銀行は預金者からの資金と借り手への資金の流れの間に立って、預金の早期引出のリスクを負っていることがわかる。これは銀行以外には背負えないリスクである。この資金の仲介機能が「流動性転換機能」である。銀行がこの機能を有しているがゆえ、経済活動がスムーズに運ぶ。資金

が余っている人（資金余剰部門）と不足している人（資金不足部門）をつなぐ流動性転換機能がなければ，資金余剰部門である預金者は，必要に応じて現金を引き出す予備的動機を充足することが出来なくなり，現金のまま所有し続けるしかない。そうなると，資金が必要な人にお金が回らなくなる。したがって，銀行の流動性転換機能を維持することは経済のメカニズムにとって極めて重要である。ちなみに，流動性転換機能は大数の法則を前提としている。現金を引き出す人が同時に多数現れる確率が低いという前提である。

(2) リスクの移転と遮断

銀行は預金者と借り手の間に立ち，いつでもお金を引き出したい預金者と，満期まで返済をしたくない借り手の双方のニーズを満たす。この流動性転換機能に加え，リスクを取りたくない預金者と貸し倒れのリスクのある借り手の間に立ち，リスクの移転と遮断を行っているのが銀行のもう一つ経済的意味合いである。

さらに，小口の預金を数多く集めて，大口の資金調達ニーズを充足させているという点もこの資産転換機能に含まれている。エージェンシー・コストの削減の説明で，数多くの貸出を手掛けることで1件の貸し倒れを他の貸出取引での収益で吸収する，いわゆる「大数の法則」に触れたが，資産転換機能の前提となるリスクの銀行への移転もこの法則が前提となっている。

(3) 決済の付加価値と預金を通じた預金者のメリット

三つ目の銀行機能である決済機能は，理解しやすいかもしれない。公共料金や定期的に送られてくるサプリメントの代金，あるいは子供の学習塾の授業料などは，銀行の自動口座振替によって銀行にわざわざ足を運ぶ必要なく代金決済が可能である。送金についても，国内にいても海外にいても遠く離れた相手に資金を送る場合に銀行間の決済機能が利便性を確保している。

クレジットカードの方が便利じゃないか，という人もいるかもしれない。しかし，冷静に考えればクレジットカードで支払った代金は銀行口座から引き落とされる。このように銀行の決済機能は経済活動の利便性の一端を担っている。

逆に銀行が存在しないときに決済ができないかというと，実はそういうこともない。現金での支払いができるほか，電子マネーのような決済方法も増加傾向に

ある。最近ではグーグルペイのようにネット事業者によるデジタル決済が可能なケースも出てきている。しかし，銀行の普通預金や当座預金などの要求払い預金の口座を通じた決済の利便性は誰もが感じるところであろう。

(4) 預金を通じた銀行のメリット

預金は，現金を引き出せる利便性，決済口座として活用する利便性など預金者側のメリットは大きい。では，銀行は預金取引を行うメリットがあるのか。

銀行は預金がなければ，短期金融市場から資金を調達して貸出を行うことも可能である。しかし，正常な金利状況においては，預金金利は市場金利より低いところで設定される。市場調達より預金コストが低いことによる差分を「預金スプレッド収益」という。これが，銀行が預金を取ることの分かりやすい付加価値でありメリットである。

過去の事例から考えると，市場金利が変化した場合の預金金利の変化は小さく，市場金利変化分の4割程度である。このため，市場金利が1％上がっても0.4％程度しか預金金利は上がらない。けしからんと思う人もいるだろう。しかし，市場金利が下がったときも同様で，市場金利が1％低下しても預金金利は0.4％しか下がらないのである。

このため，金利低下は銀行の収益を圧迫する。金融危機の1999年に，日本銀行はゼロ金利政策を取った。この時マスコミは「銀行救済だ」と騒いだ。しかし，実際は銀行の収益に厳しい政策である。金利がゼロ近くまで低下しても預金金利はゼロ以下にはならない。しかし，市場金利に連動して貸出金利は下がる。ゼロ金利は借り手にとっては救済といえるが，銀行にとって災難である。

5. 貯蓄から投資へ

(1) 日本の金融システムの修正点

第3章の金融システム国際比較で見た通り，日本の金融システムは預金偏重の金融資産の構造を抱える。このため，預金者から見ても，資金需要者から見ても銀行が金融システムの中心であり，それが副作用を招いた歴史がある。

例えば，銀行の再編により資金量の大きい大手銀行の数が半減以下となった。借り手の数も再編などにより減った部分もあるが，銀行のプレーヤーの数の減り方は激しかった。このため，大企業など大口資金需要者の借り入れを限られた銀行で賄うため，銀行が特定の大企業に対する貸出を増やさざるを得ず，結果的にはリスクの集中を招いた。1997年以降の金融危機の背景には，大口問題先といわれる企業向け貸出の不良債権化があった。信用リスクの集中は，大数の法則を作用できなくしてしまう。ダチョウの卵1個をもつより，ニワトリの卵を100個もつ方が安全なのである。

2002年に当時の柳沢金融大臣のもとで進められた「金融システムと行政の将来ビジョン」報告の中で，こうした我が国金融システムの問題点が指摘された。これが「貯蓄から投資へ」といった政策的スローガンの根拠となっている。

(2) 金融構造の変革への銀行の役割

個人の金融資産の構造を預貯金依存型から投資性商品への多様化を図るためには，銀行の貢献が不可欠である。現に，政府は銀行の預金者へのアクセスの良さを評価し，個人マネーを投資に向かわせる媒体として活用しようとしている。個人金融資産の過半を現金および預貯金が占めている現状は，個人のリスク回避志向だけではなく，個人が銀行に馴染んだユーザーであることを示しているからである。このため，銀行が個人の投資教育・金融教育を進め金融に関する考え方を啓蒙し，投資商品へと誘うことは非常に合理性が高い。

事実，1998年に銀行での窓口販売（窓販）が解禁された投資信託は，7年足らずで銀行が投信販売のチャネルとして証券会社を追い越すまでになった（図表5-4）。2002年に銀行窓販が解禁された年金保険なども貯蓄性の高い保険商品として銀行の主力商品に育ってきた。さらに，2004年末には株式・外債・仕組み債（デリバティブ付債券）などの証券会社が扱う商品を銀行が仲介する「証券仲介業」が解禁された。政府は規制緩和を伴いながら個人金融資産の構造変革をもたらすことにより，市場メカニズムが産業構造に果たす役割を拡大するとともに，最終的には銀行の信用リスク集中を軽減していく狙いがある。

図表5－4　株式投資信託の販路別純資産額残高推移（兆円）

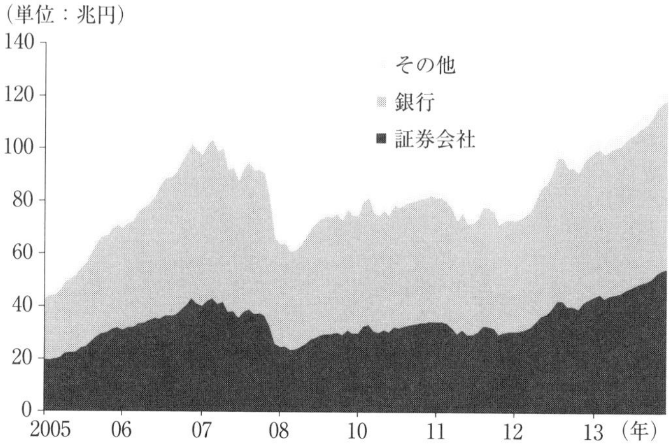

（単位：兆円）

凡例：その他／銀行／証券会社

出所：投資信託協会データに基づき筆者作成。

(3) 銀行の役割の拡大

　今後大きな変化の節目となるのは，保険商品の銀行窓販全面解禁である。保険業界からの抵抗もあったが，2007年中には全面的に自由化された。これにより銀行は，金融商品小売店として商品がフルラインアップすることとなった（いわゆる「ワンストップショップ化」）。これに銀行法改正（2005年）に伴う銀行代理店の規制緩和が加わり，さらに，銀行の営業時間の規制も緩和され原則自由化された。これは銀行だけではなく金融という切り口から，よりユーザーの利便性を考え同時に貯蓄から投資の流れを後押ししたいという狙いがある。

　これにより保険業界は，従来の販売チャネルを含む営業体制を抜本的に見直す必要に迫られる。銀行をディストリビューションチャネルとする機会の登場により，保険会社の経営の方向性も大きく方向転換する可能性が出てきた。銀行は従来多くのフィナンシャルプランナーを養成し，投信，保険，外貨預金などのリスク性のある投資商品の販売を支えてきた。しかし，保険商品の完全自由化は貯蓄性の高い商品ばかりではなく保障性商品を含め大きく取り扱い範囲が広がるため，銀行の営業スタッフがライフプランナー兼フィナンシャルプランナーとして人生設計すべてに対するアドバイスを行う可能性が出てきている。

今後は銀行も貯蓄性以外の商品を含めた営業のあり方に，大きな意識変革を迫られることになるだろう。ただし，ここでうまく意識変革を進めた銀行は金融商品の強力なディストリビューターとしての地位を築いていくのではないか。ただし，金融商品取引法によるユーザー保護の点も重要である。銀行は，貸出という武器を握っているだけに独占禁止法で禁止されている優越的地位の濫用につながるような「圧力販売」に対しては，歯止めが必要ではある。しかし，適正に運用されれば，「人生まるごと相談チャネル」としての銀行の地位が確立されるかもしれない。

第6章 日本の銀行その実力

―推移と世界での立ち位置―

1. 日本の銀行の俯瞰

(1) 預金取扱金融機関の勢力図

日本での預金受け入れの免許を金融庁から与えられている業態は，図表6-1の通り多岐にわたる。金融持株会社が制度的に導入されて以降，メガバンクに加え

図表6－1　預金取扱金融機関の全貌(2014年4月1日)

業　態	機関数	備　考
銀行持株会社	16	大手銀行グループ5社，日本郵政のほか，ふくおかフィナンシャルグループなど地方銀行系
都市銀行	4	みずほ銀行，三井住友銀行，三菱東京UFJ銀行，りそな銀行
信託銀行	16	三井住友信託銀行，みずほ信託銀行，三菱UFJ信託銀行など
地方銀行	64	複数の地方銀行が存在する都道府県は15
第二地方銀行	41	旧相互銀行
外国銀行	55	支店認可
その他銀行	16	ゆうちょ銀行，埼玉りそな銀行，新生銀行，あおぞら銀行，セブン銀行など
信用金庫	267	信用金庫267社のほか，信金中央金庫
労働金庫	13	労働金庫13社のほか，労働金庫連合会
信用組合	154	信用組合154社のほか，全国信用協同組合連合会
信用農業・漁業協同組合連合会	64	連合会組織の下に農業協同組合（JA），このほか農林中央金庫

出所：金融庁資料に基づき筆者作成。

地方銀行も再編に活用し，銀行持株会社の免許は16機関に及んだ。

銀行として分類されるのは，外国銀行の支店を除き141で，都市銀行，地方銀行，第二地方銀行，その他に区分される。都市銀行の法的な根拠はないが，東京や大阪など6大都市またはそれに準ずる都市を本拠として，全国的にまたは数地方に跨がる広域的営業基盤をもつ銀行，という定義が古くから与えられており，金融監督の枠組みでも，都市銀行等の大手銀行と地方銀行等はセクションが分かれている（銀行監督一課，銀行監督二課）。

機関数では，信用金庫や信用組合などの協働組織系の金融機関の数は多いが，規模的にはそれぞれが小さいため，図表6-2の預金残高推移の通り，都市銀行をはじめとする国内銀行が圧倒的なマーケットシェアを誇っている。

特徴的な点は，第一に，外国銀行の存在感が希薄であることである。外からのプレーヤーにとって，日本という市場で成功を果たすことの難しさを物語っている。第二に，預金残高の積み上がりのドライバーは一手に国内銀行が担っている点である。次にシェアをより細かい区分で見てみよう。

機関数の割には大手銀行のシェアの大きさが目立つが，それ以上にゆうちょ銀行の存在感の大きさが突出している（図表6-3）。なお，大手銀行と地方銀行の預金の伸び率に大きな差はない。しかし，地方から都市部への若い世代の就労が多い傾向を踏まえると，相続が発生する経過の中で，預金が都市部に流入し，大手

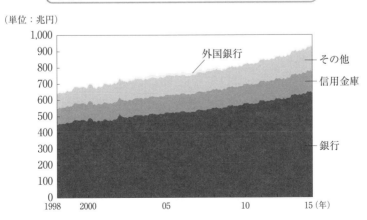

図表6－2　預金取扱金融機関別の国内預金残高

注：各年4月のデータ。
出所：日本銀行データに基づき筆者作成。

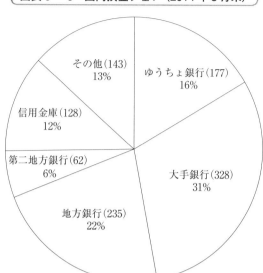

図表6-3 国内預金シェア（2014年3月末）

- その他(143) 13%
- ゆうちょ銀行(177) 16%
- 信用金庫(128) 12%
- 第二地方銀行(62) 6%
- 地方銀行(235) 22%
- 大手銀行(328) 31%

注：（ ）内の数字は金額を表す。単位は兆円。
出所：全国銀行協会，日本銀行データに基づき筆者作成。

銀行や都市部の地方銀行のシェアが拡大する可能性も予想される。

国内における貸出のシェアについても，大手銀行と地方銀行の存在感が圧倒的である。預金シェアで他を寄せ付けないゆうちょ銀行は，与信業務の規制上の制約が大きいため，貸出が極めて少額にとどまっている（図表6-4）。

店舗数では，郵便局チャネルを加えるとゆうちょ銀行が圧倒的である（図表6-5）。

(2) 銀行時価総額とマクロ計数

日本の株式市場における銀行の存在感を示す時価総額は，まさに波乱万丈の歴史である。図表6-7が示す通り，時価総額および市場シェアともに非常に循環的である。時価総額のピークは，予想に違わずバブル期絶頂の1989年であるが，市場シェアのピークは1993年であった。日本では長い間，銀行は倒産しないという「銀行不倒神話」が根強く，銀行は最もストレスに強い産業の一つに数えられていた。このため，1991年のバブル経済崩壊後においても，時価総額の市

第6章 日本の銀行その実力　97

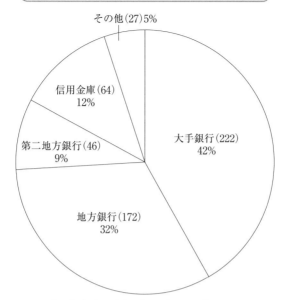

図表6－4　国内貸出シェア（2014年3月末）

注：（　）内の数字は金額を表す。単位は兆円。
出所：全国銀行協会，日本銀行データに基づき筆者作成。

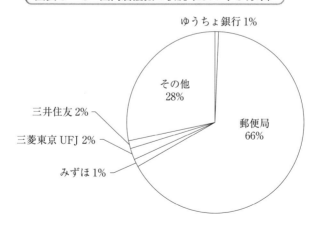

図表6－5　国内店舗数の状況（2014年3月末）

出所：会社資料に基づき筆者作成。

図表6-6　主要計数の状況（2014年3月期, 10億円）

	ゆうちょ	みずほ	三菱東京UFJ	三井住友	りそな	三井住友信託	新生	あおぞら	合計
総資産	202,512.9	175,822.9	258,131.9	161,534.4	44,719.4	41,889.4	9,321.1	4,805.4	898,737.5
預金	176,612.8	101,811.3	160,308.5	108,045.5	37,695.8	29,223.5	5,850.4	3,009.7	622,557.4
株主資本	9,498.3	6,457.3	13,056.1	7,279.2	1,817.2	2,105.4	657.7	515.3	41,386.4
当期利益	354.7	688.4	984.8	835.4	220.6	137.7	41.4	42.3	3,305.3
株主資本利益率	3.73%	10.66%	7.54%	11.48%	12.14%	6.54%	6.29%	8.21%	7.99%
総資産利益率	0.18%	0.39%	0.38%	0.52%	0.49%	0.33%	0.44%	0.88%	0.37%
店舗数	234	523	768	521	378	122	29	20	2,595
うち国内	234	501	731	505	378	118	29	20	2,516
（郵便局数）	23,981	NA	NA	NA	NA	NA	NA	NA	NA
職員数	12,922	27,903	37,488	24,212	12,800	10,343	1,931	1,549	129,148

出所：会社資料に基づき筆者作成。

シェアは高水準が続いていた。

しかし，1994年から1995年に「住専問題」が発生し，銀行の信用力は徐々に低下した。住専問題とは，バブル期において銀行が住宅専門金融会社（住専）3社を通じて行った不動産向け融資の焦げ付きが露呈し，住専の破綻処理に公的資金が使われたのである。この年，信用組合の破綻をきっかけに銀行の信用問題が浮上，預金の全額保護を宣言せざるを得ない状況となった。この時期からは，銀行の「不倒神話」が崩壊し，金融不安は1997年における山一證券および北海道拓殖銀行の破綻，1998年における日本長期信用銀行や日本債券信用銀行などの有力金融機関の破綻により最初のピークを迎える。

その後，2002年から2003年にかけての竹中ショック（竹中平蔵金融担当大臣による金融再生プログラムの実施），りそな銀行救済などを経て，銀行セクターに対する市場の信認は目覚ましい回復を遂げた。これに2005年の小泉改革と呼ばれる大胆の規制改革への期待感が加わり，2006年に金融危機後はじめての時価総額及び市場シェアのピークを迎えた。

次にマクロ経済の動向と，銀行貸出や銀行時価総額の対比を見てみる。図表6-8と図表6-9は，名目GDPと銀行貸出ならびに銀行時価総額の比率の推移である。銀行貸出/GDP比率は1989年のピーク時に128％に及んだ。現在の比率は景気回復のペースに歩調を合わせながら回復しているものの，89％に留まって

第6章 日本の銀行その実力　99

図表6-7　日本の銀行時価総額（左軸）と時価総額の市場シェア（右軸）

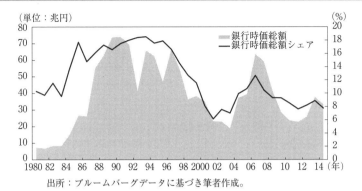

出所：ブルームバーグデータに基づき筆者作成。

図表6-8　GDP（左軸）と銀行貸出/GDP比率（右軸）

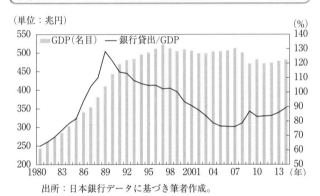

出所：日本銀行データに基づき筆者作成。

図表6-9　GDP（左軸）と銀行時価総額/GDP比率（右軸）

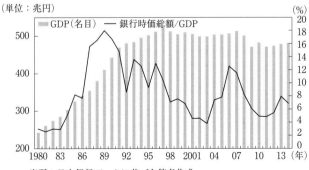

出所：日本銀行データに基づき筆者作成。

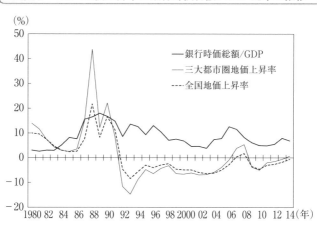

図表6−10　地価上昇率と銀行時価総額/GDP比率の推移

出所：国土交通省データに基づき筆者作成。

いることを考えると，バブル期における信用膨張の大きさを窺い知ることができる。ちなみに図表6-10が示すように，バブル創成から崩壊までの激変期を除いては，地価上昇率と銀行時価総額のGDP比は連動する傾向にある。

(3) 財務内容

　銀行の総資産は，預金残高の伸びを背景に増加傾向にある。しかし，貸出資金需要に乏しいため，貸出の増加が預金の増加に追い付かない。このため，銀行の総資産に占める貸出の割合は全体的に低下基調にあった。ただ，2012年頃から景気回復の効果も手伝い，総資産の増加を伴いながらも，貸出の比率はボトムアウトし始めている（図表6-11）。この傾向は大手銀行で特に顕著である（図表6-12）。

　しかし，現状の大手銀行の資産構成を見てみると，国債を中心とした債券（国内債のみ）が15％，現金・預け金（日銀当座預金が太宗）が16％と3割強が安全資産で占められている（図表6-13）。預金の受け入れに手数料などによる制限を加えない限りは，資産効率改善には貸出の比率を引き上げるほかはない。

　銀行が受け入れた預金に対する貸出の割合，つまり貸出を預金の残高で割った比率を預貸率という。預貸率の推移状況を見ると，長期的な低下傾向が止まらな

い（図表6-14）。これは預金が順調に増加を続ける一方で，企業が利益の蓄積によりキャッシュリッチになり借入の必要性が低下していることが第一の理由である。またデフレ経済が続き，前向きな資金需要の減少ももう一つの理由である。

次に資産の質である。銀行が過去において巨額の損失負担を強いられる源は，不良債権と保有株式のケースが圧倒的に多い。

銀行の政策保有株式は，株価の下落によって含み損を抱える状況となる。現状のように多額の含み益を抱えている状況にあっては，こうした心配はないが，株価は変動する。株式売却を加速させることは，将来的な価格変動リスクからの解

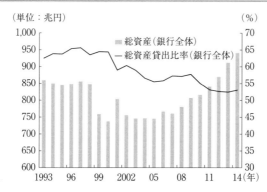

放,資産効率と資本効率の向上の観点からも必要である。コーポレートガバナンス・コードの定着により,保有株式の圧縮が進めば,長年の問題の出口が見えてくる（図表6-15,図表6-16）。

次に不良債権である。不良債権のピークは2003年であった。この時期は,中

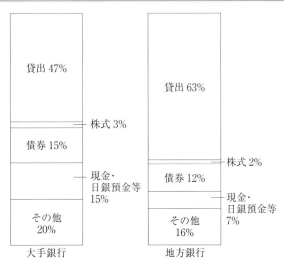

図表6-13　銀行の資産構成（単体ベース,2014年3月末）

出所：全国銀行協会データに基づき筆者作成。

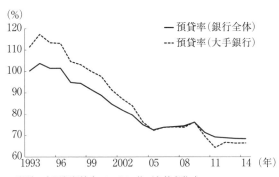

図表6-14　預貸率の推移

出所：全国銀行協会データに基づき筆者作成。

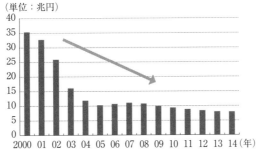

図表6-15　大手銀行の株式保有（取得原価ベース）

出所：会社資料データに基づき筆者作成。

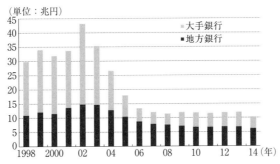

図表6-16　不良債権残高の推移

出所：金融庁データに基づき筆者作成。

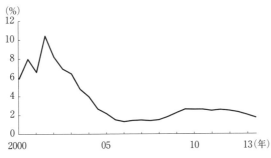

図表6-17　大手銀行の不良債権比率

出所：会社資料データに基づき筆者作成。

小企業というより大企業の大口債務者の経営悪化に加え、当局による資産査定の厳格化が行われた時期であった。しかし、急速に不良債権の残高は減少し、すでに資産の質の問題は過去のこととなった（図表6-17）。

次に収益性について見てみよう。収益性の指標として総資産利益率（ROA）と株主資本利益率（ROE）がある。ROA は当期利益を総資産で割ったもので、ROE は当期利益を株主資本で割ったものである。この推移は図表6-18、図表6-19 の二つのグラフの通りである。いずれも、同様のトレンドを歩んでおり、大手銀行が地方銀行に比べ振れ幅が大きいこと、平常の環境下では大手銀行の収

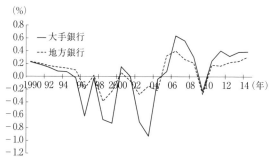

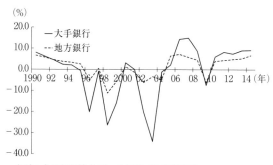

益性が上回っていることが，確認できる。

　当期利益を左右してきたのは本業収益ではなく，不良債権処理損失や株価下落による損失処理である。特に前者に関しては，金融危機時に多額の不良債権損失負担が赤字を拡大させる一方，不良債権処理の進展とともに引当金戻入により利益水準が押し上げられた。図表6-20は，大手銀行のROEの水準と与信コスト率（不良債権損失を貸出残高で割ったもの）の推移を対比させたものであるが，与信コストの水準がROEに大きな影響を与えていることが検証できる。

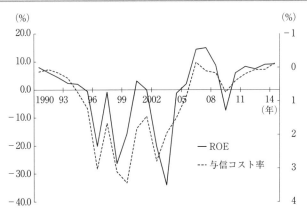

図表6-20　大手銀行のROE（左軸）と与信コスト（右軸, 逆目盛）

出所：会社資料データに基づき筆者作成。

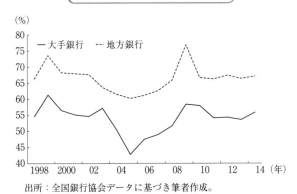

図表6-21　経費率（OHR）

出所：全国銀行協会データに基づき筆者作成。

次に効率性である。効率性の高さを示す指標としては,「経費率」がある。

経費率は,経費を業務粗利益という収入総額にあたる収益項目で割ったものである。この指標は低いほど効率性が高いということになる。明らかに大手銀行の経費率は地方銀行に比べ低く,大手銀行の効率性の高さが見て取れる（図表6-21）。これは,地方銀行がリテール中心の業務であるため,粗利益の水準に比べ経費負担が大きいためである。

次に業務粗利益の構造である。手数料収益は,資産効率を高める上で重要な要素であるが,大手銀行の手数料収益の比率が地方銀行を大きく上回る（図表6-22）。これは,手数料収益の中に信託報酬が含まれるほか,大手銀行は国内外の法人取引関係手数料収益が大きく,投信等の販売が大きいことなどが挙げられる。

手数料収益以上に重要なのは,資金利益である。資金利益は,大手銀行の業務粗利益の65％程度,地方銀行の同85％を占めている。貸出残高そのものは伸びているものの,利ざやの低下が大きい。これに加え,長期金利低下も著しく,保有債券の利息収支も下方圧力を受け続けてきた。大手銀行と地方銀行の利ざやの動きは,図表6-23の通りである。地方銀行は個人,中小企業向けの比率が高いため,利ざやの水準は常に大手銀行より高い。しかし,最近の利ざやの低下速度は大手銀行を上回っており,住宅ローンを巡るし烈な金利競争の影響が印象付けられる（図表6-24）。

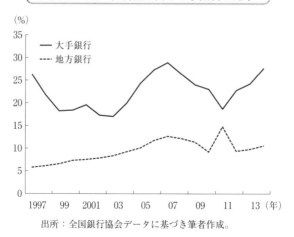

図表6-22　粗利益に占める手数料の比率

出所：全国銀行協会データに基づき筆者作成。

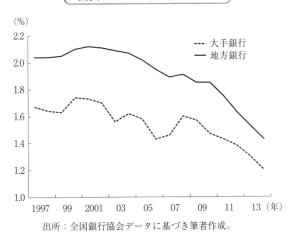

図表6-23 預貸金利ざや

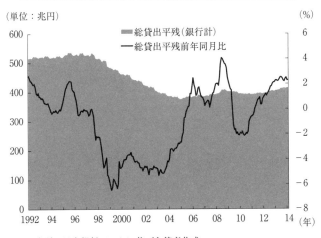

図表6-24 銀行貸出平残（左軸），同増加率（右軸）

(4) 地域別のシェア

　図表6-25は都道府県別の預金シェアである。都市部においては，大手銀行のシェアが大きく，地方では地方銀行ならびにゆうちょ銀行の存在感が大きい。

図表6-25 預金の都道府県別シェア（2013年3月末、残高10億円、シェア%）

	北海道 残高	シェア	青森 残高	シェア	秋田 残高	シェア	山形 残高	シェア	岩手 残高	シェア	宮城 残高	シェア	福島 残高	シェア	群馬 残高	シェア
大手銀行	2,378	7	59	1	47	1	62	1	98	1	1,919	12	391	3	753	5
地方銀行	5,108	16	3,900	57	3,387	58	2,875	41	3,809	45	7,954	48	4,990	38	5,374	37
第二地銀	7,169	22	45	1	54	1	1,032	15	1,012	12	1,235	7	1,336	10	821	6
信用金庫	6,639	20	752	11	258	4	458	6	756	9	991	6	1,533	12	2,370	16
信用組合	602	2	179	3	74	1	187	3	51	1	254	2	511	4	661	5
労働金庫	875	3	139	2	138	2	309	4	279	3	356	2	391	3	469	3
農協	3,090	9	480	7	750	13	917	13	969	11	1,248	8	1,558	12	1,383	10
ゆうちょ	6,745	21	1,296	19	1,109	19	1,210	17	1,456	17	2,601	16	2,496	19	2,593	18
合計	32,606	100	6,850	100	5,816	100	7,050	100	8,429	100	16,556	100	13,206	100	14,424	100

	栃木 残高	シェア	茨城 残高	シェア	埼玉 残高	シェア	千葉 残高	シェア	東京 残高	シェア	神奈川 残高	シェア	新潟 残高	シェア	山梨 残高	シェア
大手銀行	784	6	1,125	6	20,018	43	9,455	24	204,150	77	22,073	35	643	4	355	6
地方銀行	4,580	35	8,779	45	4,815	10	11,764	30	9,515	4	12,212	20	6,432	39	2,346	40
第二地銀	2,040	16	324	2	1,605	3	3,979	10	4,435	2	2,113	3	1,203	7	0	0
信用金庫	1,128	9	1,561	8	6,569	14	2,403	6	19,330	7	8,292	13	1,420	9	726	12
信用組合	168	1	1,132	6	293	1	489	1	2,570	1	304	0	886	5	622	11
労働金庫	226	2	789	4	444	1	456	1	1,805	1	971	2	727	4	58	1
農協	1,558	12	1,569	8	3,884	8	2,360	6	3,440	1	5,759	9	2,127	13	595	10
ゆうちょ	2,644	20	4,157	21	9,142	20	7,847	20	18,454	7	10,829	17	3,037	18	1,155	20
合計	13,127	100	19,436	100	46,771	100	38,755	100	263,698	100	62,553	100	16,475	100	5,857	100

	長野 残高	シェア	静岡 残高	シェア	岐阜 残高	シェア	愛知 残高	シェア	三重 残高	シェア	富山 残高	シェア	石川 残高	シェア	福井 残高	シェア
大手銀行	665	4	2,420	8	764	5	21,463	33	791	6	315	3	635	7	186	3
地方銀行	5,387	33	10,399	34	5,972	36	4,382	7	5,121	37	3,607	40	3,910	44	2,448	37
第二地銀	954	6	331	1	117	1	7,000	11	1,420	10	880	10	30	0	372	6
信用金庫	2,374	14	7,014	23	3,272	20	14,116	21	1,186	9	1,161	13	1,282	15	1,133	17
信用組合	872	5	69	0	562	3	616	1	50	0	145	2	54	1	103	2
労働金庫	551	3	972	3	199	1	853	1	359	3	232	3	230	3	226	3
農協	2,866	17	4,735	16	2,866	17	7,372	11	2,144	16	1,284	14	1,110	13	824	13
ゆうちょ	2,767	17	4,382	14	2,668	16	10,200	15	2,601	19	1,492	16	1,578	18	1,240	19
合計	16,436	100	30,321	100	16,420	100	66,002	100	13,671	100	9,116	100	8,831	100	6,531	100

第6章 日本の銀行その実力　109

	滋賀 残高	シェア	京都 残高	シェア	大阪 残高	シェア	奈良 残高	シェア	和歌山 残高	シェア	兵庫 残高	シェア	鳥取 残高	シェア	島根 残高	シェア
大手銀行	288	3	5,197	22	46,820	55	2,263	21	827	10	14,779	35	60	2	29	1
地方銀行	3,882	40	6,188	26	9,033	11	3,827	35	2,862	34	2,509	6	1,990	53	1,933	42
第二地銀	950	10	258	1	3,025	4	110	1	174	2	3,136	7	57	2	285	6
信用金庫	1,130	12	6,626	28	7,338	9	1,217	11	1,030	12	7,962	19	367	10	405	9
信用組合	190	2	187	1	2,073	2	78	1	72	1	1,149	3	0	0	23	1
労働金庫	166	2	272	1	756	1	98	1	222	3	430	1	98	3	145	3
農協	1,400	14	1,196	5	4,356	5	1,331	12	1,508	18	5,054	12	477	13	882	19
ゆうちょ	1,706	18	3,658	16	12,212	14	2,097	19	1,661	20	7,717	18	698	19	914	20
合計	9,712	100	23,582	100	85,614	100	11,020	100	8,355	100	42,736	100	3,748	100	4,616	100

	岡山 残高	シェア	広島 残高	シェア	山口 残高	シェア	徳島 残高	シェア	香川 残高	シェア	愛媛 残高	シェア	高知 残高	シェア	福岡 残高	シェア
大手銀行	1,054	8	2,161	10	355	4	262	4	712	8	422	4	104	2	3,365	11
地方銀行	5,058	36	6,929	31	4,185	41	2,822	42	3,248	36	4,428	41	1,562	30	15,902	51
第二地銀	1,079	8	2,675	12	969	10	1,185	18	1,052	12	1,652	15	875	17	601	2
信用金庫	1,607	12	2,245	10	934	9	284	4	646	7	860	8	759	14	1,602	5
信用組合	366	3	958	4	93	1	0	0	124	1	5	0	51	1	386	1
労働金庫	216	2	409	2	234	2	121	2	151	2	178	2	161	3	386	1
農協	1,653	12	2,502	11	1,218	12	800	12	1,566	17	1,640	15	864	16	2,588	8
ゆうちょ	2,868	21	4,230	19	2,138	21	1,286	19	1,577	17	1,724	16	867	17	6,131	20
合計	13,899	100	22,109	100	10,126	100	6,759	100	9,076	100	10,908	100	5,243	100	30,961	100

	佐賀 残高	シェア	長崎 残高	シェア	熊本 残高	シェア	大分 残高	シェア	宮崎 残高	シェア	鹿児島 残高	シェア	沖縄 残高	シェア	全国 残高	シェア
大手銀行	135	3	239	3	571	6	198	3	83	2	304	4	80	1	371,853	34
地方銀行	1,889	40	4,133	55	3,717	38	2,857	41	2,145	40	3,154	37	3,389	58	236,704	22
第二地銀	206	4	212	3	1,250	13	491	7	530	10	633	7	580	10	61,492	6
信用金庫	306	6	175	2	670	7	587	8	462	9	869	10	151	3	124,953	12
信用組合	155	3	222	3	126	1	340	5	14	0	236	3	0	0	18,302	2
労働金庫	150	3	174	2	244	3	311	4	240	4	194	2	221	4	17,628	2
農協	833	18	650	9	948	10	642	9	735	14	1,203	14	759	13	89,692	8
ゆうちょ	1,057	22	1,776	23	2,217	23	1,581	23	1,131	21	2,037	24	658	11	165,640	15
合計	4,731	100	7,581	100	9,743	100	7,007	100	5,340	100	8,628	100	5,837	100	1,086,263	100

出所：金融ジャーナルに基づき筆者作成。

2. 世界の中の日本の銀行

(1) 預金，貸出金

本節では日本の銀行の世界での立ち位置を確認する。まずは経営規模である。日本の銀行の世界シェアは，預金，貸出ともに，経済規模で日本を遥かに上回るアメリカを含む北米のシェアに匹敵ないしは上回る水準であり，日本の銀行の世界における存在感の大きさが確認できる。しかし，それ以上に存在感が大きいのが今世紀に入って飛躍的な経済成長を遂げた中国の銀行である（図表6-26，図表6-27）。

この傾向は個別銀行のランキングでも明らかである。貸出金，預金ともに中国最大の銀行である中国工商銀行がトップのほか，中国勢の大きさが際立っている。日本の銀行では三菱東京UFJ銀行を擁する三菱UFJフィナンシャル・グループが，貸出で6位，預金で5位にランクされている（図表6-28）。

欧米に比べ，中国や日本の銀行が伝統的な商業銀行業務である預金や貸出で上

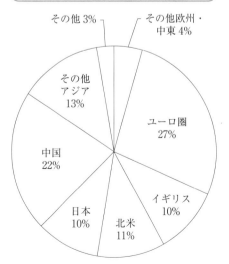

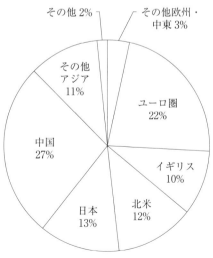

図表6-28 貸出, 預金ランキング (2013年度決算期末)

(単位:100万ドル)

		地域	貸出			地域	貸出
1	中国工商銀行	中国	1,638,992	1	中国工商銀行	中国	2,415,088
2	中国建設銀行	中国	1,418,918	2	中国建設銀行	中国	2,019,018
3	中国銀行	中国	1,256,666	3	中国農業銀行	中国	1,951,026
4	中国農業銀行	中国	1,193,388	4	中国銀行	中国	1,667,967
5	HSBC	イギリス	992,089	5	三菱UFJフィナンシャル・グループ	日本	1,553,151
6	三菱UFJフィナンシャル・グループ	日本	987,637	6	HSBC	イギリス	1,361,297
7	Banco Santander	ユーロ圏	977,944	7	JP Morgan Chase	アメリカ	1,287,765
8	Bank of America	アメリカ	926,069	8	Wells Fargo	アメリカ	1,125,671
9	BNP Paribas	ユーロ圏	841,881	9	Bank of America	アメリカ	1,089,735
10	Wells Fargo	アメリカ	822,286	10	三井住友フィナンシャルグループ	日本	1,046,800
11	Lloyds Banking Grp	イギリス	820,086	11	みずほフィナンシャルグループ	日本	986,400
12	JP Morgan Chase	アメリカ	738,418	12	Banco Santander	ユーロ圏	787,443
13	Barclays	イギリス	719,010	13	UniCredit	ユーロ圏	766,703
14	みずほフィナンシャルグループ	日本	671,428	14	BNP Paribas	ユーロ圏	760,837
15	UniCredit	ユーロ圏	665,731	15	Lloyds Banking Grp	イギリス	730,723
16	三井住友フィナンシャルグループ	日本	661,025	16	Deutsche Bank	ユーロ圏	725,445
17	RBS	イギリス	647,128	17	Barclays	イギリス	715,302
18	Societe Generale	ユーロ圏	572,796	18	BoCom	中国	686,797
19	Commonwealth Bank	その他アジア	572,253	19	RBS	イギリス	686,157
20	BoCom	中国	539,543	20	Credit Agricole	ユーロ圏	666,131
21	Deutsche Bank	ユーロ圏	525,332	21	Intesa Sanpaolo	ユーロ圏	504,442
22	Westpac	その他アジア	502,501	22	Societe Generale	ユーロ圏	459,353
23	NAB	その他アジア	484,790	23	CMB	中国	458,424
24	BBVA	ユーロ圏	481,261	24	CNCB	中国	438,008
25	Nordea	ユーロ圏	474,608	25	UBS	ユーロ圏	437,629

出所:個別銀行データ, BIS 統計に基づき筆者作成。

位に位置している理由としては，金融システムの違いが考えられる。日本の金融システムは，直接金融より間接金融の割合が高いことを第3章で説明したが，日本も中国も間接金融が中心となっていることから，銀行の役割が大きく，こういった結果に繋がっているものと考えられる。

(2) 安全性・健全性

安全性や健全性の比較をしてみよう。図表6-29は不良債権比率の状況を示しているが，1％未満の銀行から10％以上の銀行まであり，格差が大きいのがわかる。この中で日本の銀行は，世界の銀行の平均平均（2.5％，図表中は太線で表示）を大きく下回っている。

国別に見ると，イギリスとイタリアの銀行の不良債権比率の高さが目立っており，北欧や東南アジア，中国の銀行が相対的に低い。また，アメリカや日本の銀行は中間に位置している。

リーマンショックの当時に欧米の銀行が直面した危機は，資金繰りであった。銀行の資金繰りのことを「流動性」という。流動性の指標に「預貸率」というものがある。預貸率は前の章でも説明した通り貸出を預金の残高で割ったものである。預金が100に対して貸出が60であれば，預貸率は60％となる。預貸率が低いほど，銀行の資金繰りは安定している状態といえる。

預貸率の地域間の格差は，不良債権比率の格差同様に大きい。図表6-30において預貸率を比較すると，ブラジルなど新興国の銀行の高さが顕著である。また，ギリシャなどユーロ圏の銀行もかなりの高水準である。このような預貸率の高い銀行は，預金の吸収能力以上に貸出を行っており，必要な資金を銀行間や金融市場からの調達に依存している。危機が発生した時に金融市場の機能が麻痺することも多く，金融市場への過度の依存は危険である。

日本の銀行については，かなり低い預貸率を示しており，その意味で流動性に不安を抱えるものではない。しかし，収益の源泉である貸出が伸び悩んでいることがこの低い預貸率の背景にあるため，収益性の観点からは必ずしも好ましい結果ではない。ただ，今後の世界的に厳しくなる「流動性規制」を踏まえると，日本の銀行の財務的な安定感が確認できる。

第6章 日本の銀行その実力 113

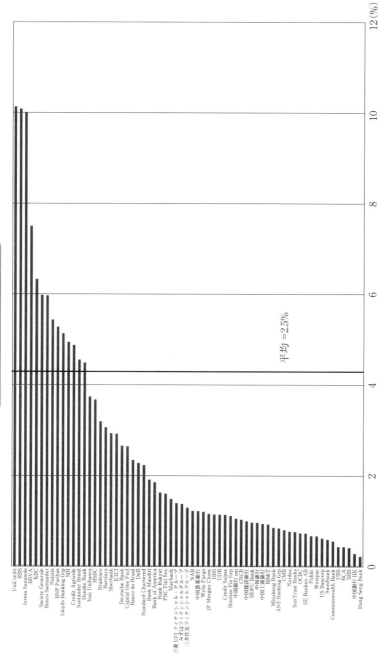

図表6－29 不良債権比率

注：時価総額200億ドル以上の銀行、2013年決算。
出所：個別銀行データ、BIS統計ならびに筆者著作より作成。

図表 6 − 30　預貸率（2013 年度決算）

預貸率が100％を上回る主な銀行

	地域	預貸率
Bradesco	中南米	196％
Itaú Unibanco	中南米	176％
Santander Brasil	中南米	169％
Fifth Third	アメリカ	156％
Alpha Bank	ユーロ圏	148％
Bank VTB	ユーロ圏	146％
Natixis	ユーロ圏	141％
Piraeus Bank	ユーロ圏	140％
Commonwealth Bank	その他アジア	138％
Santander Chile	中南米	137％
Banco Popular	ユーロ圏	131％
Kotak	その他アジア	128％
Westpac	その他アジア	127％
Banco do Brasil	中南米	127％
Bco de Sabadell	ユーロ圏	126％
Societe Generale	ユーロ圏	125％
Banco Santander	ユーロ圏	124％
NAB	その他アジア	117％
Shinhan Fin Grp	その他アジア	115％
BBVA	ユーロ圏	113％
Sberbank	ロシア	112％
Lloyds Banking Grp	イギリス	112％
National Bank of Greece	ユーロ圏	112％
Isbank	ユーロ圏	111％
Garanti	ユーロ圏	111％
BNP Paribas	ユーロ圏	111％
Hana	その他アジア	109％
ICICI	その他アジア	108％
ANZ Banking Grp	その他アジア	108％
SunTrust Banks	アメリカ	105％
Erste Bank	ユーロ圏	105％
US Bancorp	アメリカ	104％
PKO BP	ユーロ圏	103％
Barclays	イギリス	101％

日本のメガバンクの預貸率

	預貸率
みずほフィナンシャルグループ	68％
三菱UFJフィナンシャル・グループ	64％
三井住友フィナンシャルグループ	63％

出所：個別銀行データ，BIS 統計ならびに筆者著作より作成。

(3) 収　益　性

　収益性については，株主資本利益率（ROE）や総資産利益率（ROA）などの指標が注目される。ROE は資本に対する収益性を示す指標であり，株式市場において最も注目される指標の一つである。ROE は分子が当期利益で，分母が自己資本（株主資本）であるため，次のような分解が可能である。

$$\mathrm{ROE} = \frac{当期利益}{自己資本} = \frac{当期利益}{総資産} \times \frac{総資産}{自己資本} = \mathrm{ROA} \times [自己資本比率の逆数]$$

このような分解を「デュポン分解」という。この分析方法は企業の財務内容を分析するのに大変役に立つので、後ほど詳しく解説しよう。

ROE は ROA と自己資本比率の逆数の掛け算で説明できる。ROA はもともとの収益性だけではなく、環境によって影響される。図表6-31 が ROE、図表6-32 が ROA の国際比較であるが、日本の銀行の ROE は、三菱 UFJ 以外の 2 行が国際平均の 10.5％ を上回っている。しかしその一方、ROA はどこも国際平

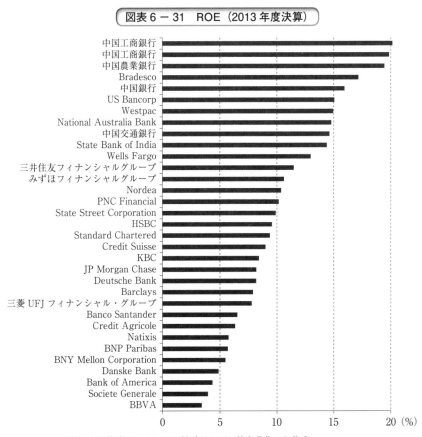

出所：個別銀行データ、BIS 統計ならびに筆者著作より作成。

均0.69％の半分ほどしかない。

　この比較から類推できるのは，日本の銀行の自己資本比率の逆数が高いということである。この逆数のことを「レバレッジ」という。レバレッジが高い一番の要因は預金が潤沢に取れていることである。銀行は預金残高をコントロールすることは難しい。貸出を大幅に超過する預金を受け入れると，余剰資金を国債等の安全資産に置いておくしかなくなる。したがって，貸出の量ではなく，預金の量が総資産の大きさを決めるのである。

　日本の銀行に比べ，新興国の銀行は中国を筆頭に高い収益率を誇っている。この高収益の理由として，2点あげられる。第一に，金利水準が高い点である。日本の金利水準がゼロに近く，預金金利の引き下げが限界になっている一方で貸出金利は低下する余地がある。このため貸出金利と預金金利の差である銀行の儲け

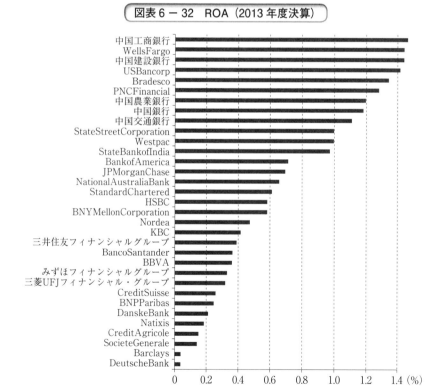

出所：個別銀行データ，BIS統計ならびに筆者著作より作成。

(利ざやという) が圧迫されてしまうのである。新興国の銀行はこうした悩みを抱えていない。第二に，経済が成長を続けているため，資金需要が大きい点である。資金需要が旺盛であれば，貸出をより高い金利で多く実行することができる。

その一方，ヨーロッパ勢の収益性の低迷が目立つ。リーマンショック以降も，ギリシャの財政危機がヨーロッパの経済を冷え込ませているほか，ヨーロッパの銀行の不良債権が高止まりしていることも背景となっている。

 (4) 効率性

次に効率性の指標について分析する。収益率の高さは，利ざやなどの稼ぐ力だけではなく，低いコストで業務運営されているかも影響する。この効率性を測る

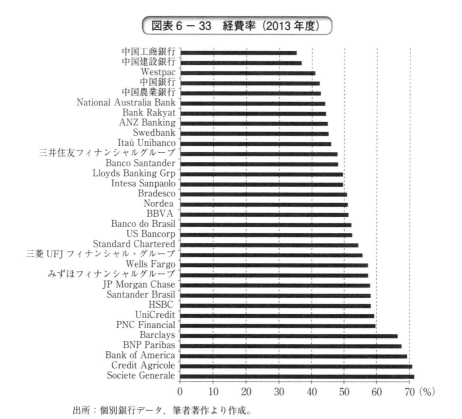

図表6－33　経費率（2013年度）

出所：個別銀行データ，筆者著作より作成。

図表6-34 主要地域の主要銀行のデュポン分解

日本

	2006	2007	2008	2009	2010	2011	2012	2013（年度）
総資産資金利益率	0.79%	0.77%	0.78%	0.79%	0.71%	0.66%	0.61%	0.59%
総資産非資金利益率	0.53%	0.49%	0.35%	0.35%	0.43%	0.43%	0.43%	0.35%
総資産業務粗利益率	1.32%	1.26%	1.13%	1.13%	1.13%	1.09%	1.04%	0.94%
総資産経費率	0.64%	0.64%	0.64%	0.61%	0.58%	0.56%	0.53%	0.51%
総資産業務純益率	0.68%	0.62%	0.49%	0.53%	0.56%	0.53%	0.51%	0.43%
総資産与信コスト率	0.10%	0.09%	0.51%	0.19%	0.10%	0.03%	0.01%	-0.04%
総資産その他損益率	0.06%	-0.11%	-0.13%	-0.06%	-0.06%	-0.10%	-0.08%	0.03%
総資産税引前利益率	0.64%	0.42%	-0.13%	0.28%	0.40%	0.40%	0.42%	0.50%
ROA	0.50%	0.28%	-0.27%	0.21%	0.32%	0.29%	0.35%	0.39%
財務レバレッジ	19.78	25.09	28.45	21.22	19.77	21.25	18.50	18.29
ROE	9.88%	6.93%	-7.80%	4.43%	6.33%	6.20%	7.64%	7.12%

中国

	2006	2007	2008	2009	2010	2011	2012	2013（年度）
総資産資金利益率	2.28%	2.57%	2.63%	2.04%	2.10%	2.20%	2.30%	2.28%
総資産非資金利益率	0.30%	0.47%	0.64%	0.65%	0.66%	0.75%	0.74%	0.78%
総資産業務粗利益率	2.58%	3.04%	3.27%	2.69%	2.76%	2.95%	3.04%	3.06%
総資産経費率	1.14%	1.27%	1.25%	1.10%	1.07%	1.12%	1.16%	1.15%
総資産業務純益率	1.44%	1.76%	2.03%	1.59%	1.68%	1.83%	1.87%	1.91%
総資産与信コスト率	0.36%	0.42%	0.67%	0.24%	0.22%	0.23%	0.22%	0.23%
総資産その他損益率	0.02%	0.04%	0.07%	0.04%	0.03%	0.03%	0.02%	0.02%
総資産税引前利益率	1.10%	1.39%	1.43%	1.38%	1.49%	1.62%	1.67%	1.70%
ROA	0.77%	0.96%	1.09%	1.07%	1.15%	1.25%	1.29%	1.31%
財務レバレッジ	15.06	15.02	15.51	16.91	15.82	15.66	15.05	14.54
ROE	11.65%	14.47%	16.94%	18.04%	18.22%	19.58%	19.43%	19.08%

ヨーロッパ（除くイギリス）

	2006	2007	2008	2009	2010	2011	2012	2013（年度）
総資産資金利益率	0.78%	0.78%	0.93%	1.17%	1.18%	1.16%	1.19%	1.25%
総資産非資金利益率	1.42%	1.22%	0.39%	1.08%	1.08%	0.96%	0.91%	1.08%
総資産業務粗利益率	2.19%	2.00%	1.32%	2.25%	2.26%	2.12%	2.10%	2.34%
総資産経費率	1.37%	1.33%	1.19%	1.40%	1.42%	1.39%	1.43%	1.59%
総資産業務純益率	0.83%	0.67%	0.13%	0.85%	0.84%	0.74%	0.67%	0.75%
総資産与信コスト率	0.09%	0.12%	0.24%	0.40%	0.28%	0.29%	0.33%	0.40%
総資産その他損益率	0.05%	0.01%	-0.04%	-0.08%	-0.07%	-0.27%	-0.19%	-0.21%
総資産税引前利益率	0.79%	0.56%	-0.15%	0.36%	0.50%	0.18%	0.14%	0.13%
ROA	0.60%	0.41%	-0.08%	0.28%	0.38%	0.11%	0.07%	0.07%
財務レバレッジ	27.67	26.41	29.14	22.86	22.28	22.88	22.42	19.81
ROE	16.54%	10.83%	-2.37%	6.29%	8.55%	2.42%	1.62%	1.40%

第6章 日本の銀行その実力　119

イギリス	2006	2007	2008	2009	2010	2011	2012	2013(年度)
総資産資金利益率	1.87%	1.89%	1.59%	1.60%	1.56%	1.53%	1.39%	1.37%
総資産非資金利益率	1.65%	1.91%	1.29%	1.18%	1.22%	1.26%	1.14%	1.08%
総資産粗利益率	3.52%	3.80%	2.88%	2.78%	2.78%	2.79%	2.52%	2.45%
総資産経費率	1.77%	1.82%	1.41%	1.39%	1.44%	1.48%	1.47%	1.37%
総資産業務純益率	1.75%	1.98%	1.47%	1.39%	1.34%	1.31%	1.05%	1.08%
総資産与信コスト率	0.43%	0.59%	0.83%	1.15%	0.61%	0.47%	0.32%	0.24%
総資産その他損益率	-0.13%	-0.15%	-0.54%	-0.05%	-0.17%	-0.22%	-0.10%	-0.15%
総資産税引前利益率	1.19%	1.24%	0.09%	0.19%	0.56%	0.61%	0.63%	0.69%
ROA	0.90%	1.02%	0.08%	0.18%	0.38%	0.49%	0.45%	0.51%
財務レバレッジ	13.62	15.31	23.04	18.75	17.54	16.71	15.96	15.65
ROE	12.31%	15.59%	1.82%	3.44%	6.74%	8.24%	7.12%	7.91%

アメリカ	2006	2007	2008	2009	2010	2011	2012	2013(年度)
総資産資金利益率	2.66%	2.42%	2.28%	2.84%	2.51%	2.28%	2.01%	1.97%
総資産非資金利益率	2.71%	2.39%	1.51%	2.96%	2.81%	2.50%	2.51%	2.57%
総資産粗利益率	5.36%	4.81%	3.79%	5.80%	5.33%	4.78%	4.52%	4.54%
総資産経費率	2.76%	2.53%	1.95%	2.86%	3.02%	3.07%	2.87%	2.79%
総資産業務純益率	2.60%	2.27%	1.84%	2.94%	2.31%	1.71%	1.66%	1.75%
総資産与信コスト率	0.53%	0.77%	1.88%	2.03%	1.04%	0.50%	0.31%	0.10%
総資産その他損益率	-0.07%	-0.04%	0.27%	-0.21%	-0.51%	-0.33%	-0.33%	-0.42%
総資産税引前利益率	2.00%	1.46%	0.23%	0.70%	0.75%	0.88%	1.01%	1.24%
ROA	1.32%	0.99%	0.20%	0.56%	0.49%	0.64%	0.75%	0.85%
財務レバレッジ	8.68	12.13	11.97	10.81	10.63	10.31	9.99	9.83
ROE	11.48%	12.01%	2.35%	6.02%	5.24%	6.61%	7.47%	8.39%

出所：個別銀行データ，筆者著作より作成。

指標が「経費率」である。経費率は，前項で説明したとおり人件費や物件費などの経費を，銀行の収入の合計である業務粗利益で割ったもので，低いほど効率性が高い。

経費率が低く，効率性が高い上位グループには，中国，インド，豪州などの新興国，資源国が名を連ねる（図表6-33）。この背景には，コストの低さというよりは，粗利益率の高さがある。日本の銀行については，三井住友フィナンシャルグループの効率性の高さが目を惹く。日本の銀行の経費率は国際的に比較しても概して低いが，これは粗利益の低さをコスト削減などで吸収していることによる。

(5) デュポン分解の方法

すでに述べた通り，ROEをROAとレバレッジ（財務レバレッジ）の掛け算として分析する手法がデュポン分解である。以下が具体的な分解方法である。
◇ROE ＝ ROA ×財務レバレッジ ＝ 税引前ROA ×（1－税率）×財務レバレッジ
◇税引前ROA ＝総資産業務純益率－総資産与信コスト率＋総資産その他損益率
◇総資産業務純益率＝総資産業務粗利益率－総資産経費率
◇総資産業務粗利益率＝総資産資金利益率＋総資産非資金利益率

ROEの推移をグローバルに横比較すると，高い収益性を維持する中国と，反対に与信コストの悪化等により収益性が急低下したヨーロッパの銀行が目立っている。しかし，こうした地域の銀行を除いては，概ね7～8％程度の水準に収れんしつつあることがわかる。

とはいえ，日本の銀行の収益率が低いことはよく指摘されているが，グローバル主要銀行でデュポン分解による分析を行った結果，総資産業務純益率の低さにその要因があることが確認できる。端的に言えば，本業の収益力が弱いということである。一つには低金利政策の長期化による利ざやの圧迫などにより，総資産資金利益率は，日本が0.6％以下であるのに対し，他国の主要銀行では1.2～2.3％と2倍以上の圧倒的な差をつけられている。また，総資産非資金利益率では，日本が0.4％内外での推移に対し，投資銀行など手数料ビジネスの大きい銀行では1～2.5％と圧倒的な差をつけられている。費用面に関しては，日本の銀行の総資産経費率は他国比半分以下であり，リストラの浸透が伺える（図表6-34）。

(6) ビジネスの比較

最後に、グローバル金融市場における日本の銀行の競争力を検証する。グローバル市場でのビジネスとしては、商業銀行業務と投資銀行業務に大別される。間接金融である貸出業務や決済業務などは商業銀行の分野であり、証券市場や企業買収の助言業務などは投資銀行の分野に位置付けられる。

図表6-35は、プロジェクトファイナンスのアレンジャー実績である。プロジェクトファイナンスとは、石油開発や鉄道などの社会インフラの開発プロジェクトに対して行う貸出で、その金利や元本の返済原資をその対象となるプロジェクトから得られる収入(キャッシュフロー)で賄うものである。この貸出形態では、そのプロジェクトを取りまとめる会社の信用力ではなく、そのプロジェクト自体

図表6－35　プロジェクトファイナンス・アレンジャーランキング

	2014年上期	2013年	2012年	2011年
BNP Paribas SA	1	17	9	8
三井住友フィナンシャルグループ	2	4	3	3
三菱UFJフィナンシャル・グループ	3	1	1	2
Credit Agricole	4	7	7	4
みずほフィナンシャルグループ	5	5	4	7
HSBC Holdings PLC	6	8	6	15
ING	7	10	13	10
Commonwealth Bank of Australia	8	11	12	17
Societe Generale	9	16	8	5
RBC	10	19	22	－
ANZ Banking Group	11	24	20	13
Santander	12	－	－	11
State Bank of India	13	2	2	1
KfW IPEX-Bank GmbH	14	－	－	－
Deutsche Bank	15	13	－	－
CIBC	16	－	－	－
Scotiabank	17	－	－	－
Natixis	18	15	－	19
JP Morgan	19	－	－	－
National Australia Bank	20	14	14	21
IDFC	21	－	16	－
Citi	22	23	21	－
Westpac Banking	23	18	－	－
Barclays	24	9	－	－
ICICI Bank	25	－	18	24

出所：トムソンロイター。

の採算を銀行が評価して貸出実行の判断を行う。なぜなら，そのプロジェクトが失敗して貸出が返済されなくなっても，取りまとめを行っている会社に返済を求めることは通常できないからである。また，その会社が倒産しても，プロジェクトが成功している限り返済は行われる。

プロジェクトファイナンスは，複数の銀行が貸出を行う協調融資である。この幹事役がアレンジャーである。アレンジャーは手数料を獲得できるため収益性が高いほか，アレンジャーを数多く手掛ける銀行は，市場からの評価も高い。

日本の3メガバンクは，グローバルのプロジェクトファイナンスの分野において，上位5位までに常に顔を出すまでの地位に上り詰めた。2014年においては，アメリカでの大型案件を手掛けたフランスのBNP Paribasがトップに急浮上したものの，日本のメガバンク3行はそろって上位をキープした。2010年までが7～20位であったのを考えるとここ数年の躍進ぶりが目立っている。

(7) シンジケートローン

次にグローバルにおけるシンジケートローンのランキングである。シンジケートローンは，プロジェクトファイナンスのように，複数の銀行がシンジケート団という融資団を組成し，大型の貸出を実行するものである。

プロジェクトファイナンスと分けてランキングを掲載している理由は，プロジェクトファイナンスが開発案件などのプロジェクトに資金提供するのに対し，シンジケートローンは会社や政府など経済主体に対する貸出であるためだ。このランキングでも，三菱UFJフィナンシャル・グループの5位が定着するなど，メガバンク各行がリーグテーブルでトップテンを維持している（図表6-36）。

プロジェクトファイナンスなどで上位に入っている日本の銀行の課題は，国際的な決済業務である。多国籍企業が国際的なビジネス展開を行っていく中で，海外拠点間の資金の融通が必要になる。こうした資金の管理を円滑に行うために，銀行が送金や資金の過不足の調整などの機能を提供するサービスが「キャッシュ・マネジメント・サービス（CMS）」あるいはグローバルな資金管理について「グローバル・キャッシュ・マネジメント・サービス（グローバルCMS）」と呼んでいる。また，グローバルに展開する企業の決済や貿易金融などを総称して，「グローバル・トランザクショナル・バンキング」と呼ぶ。

グローバルCMSについては，ユーロマネー誌が主催するアンケートの結果が

図表6-36　シンジケートローン・アレンジャーランキング

	2014年上期	2013年	2012年	2011年
JP Morgan	1	1	1	1
BoA	2	2	2	2
Citi	3	3	3	3
Wells Fargo	4	4	4	4
三菱UFJフィナンシャル・グループ	5	5	6	6
Deutche Bank	6	7	9	11
Barclays	7	6	7	7
みずほフィナンシャルグループ	8	8	5	5
BNP Paribas SA	9	9	10	8
Credit Suisse	10	12	13	13
RBC	11	10	12	15
RBS	12	13	11	9
HSBC	13	16	15	12
三井住友フィナンシャルグループ	14	11	8	10
Goldman Sachs	15	15	17	18
Morgan Stanley	16	14	14	16
Credit Agricole	17	18	20	14
US Bancorp	18	19	23	−
State Bank of India	19	−	25	−
Scotiabank	20	20	21	21
BMO Capital Markets	21	17	19	20
CIBC World Markets	22	25	18	23
ING	23	−	−	19
TD Securities	24	23	16	22
PNC Financial Services	25	−	−	−

出所：トムソンロイター。

毎年発表されている。これはユーザーであるグローバル企業に対する聞き取り調査であり，利便性やコスト，機能性などを材料に人気度をランク付けしたものである。ここでは，明らかに日本勢が見劣りしている（図表6-37）。したがって，この分野の機能強化が日本の銀行の課題である。

プロジェクトファイナンスやシンジケートローンなど，商業銀行業務については，着実に存在感を拡大してきた日本の銀行ではあるが，投資銀行業務に関しては欧米主要銀行の後塵を拝する状況が続いている。図表6-38は，グローバル市場における投資銀行業務の手数料実績をランク付けしたものである。2014年上期においては，日本勢の中では，野村證券が最も高い15位で，メガバンクは17〜19位に留まっている。投資銀行業務は，企業買収（M&A）の助言業務や案

件の紹介，企業買収のための資金調達のアレンジなどが一つの業務であるが，日本の銀行はこの業務が弱い。このほか株式関連業務，債券関連業務が残る投資銀行業務であるが，全体としては低迷が目立つ。

図表6－37　グローバルCMS人気度ランキング

	2013	2012	2011	2010
HSBC	1	1	1	2
Deutsche Bank	2	2	3	-
Citi	3	3	2	1
BoA	4	4	10	10
Standard Chartered	5	6	4	4
Commerzbank	6	7	8	6
JP Morgan	7	5	5	5
RBS	8	8	7	8
Barclays	9	10	6	9
Bank of China	10	13	20	-
三菱UFJフィナンシャル・グループ	11	9	9	7
Wells Fargo	12	11	-	-
BNP Paribas	13	16	14	14
BNY Mellon	14	12	12	12
三井住友フィナンシャルグループ	15	14	13	13
みずほフィナンシャルグループ	16	15	15	15
UniCredit	17	18	16	16
ADCB	18	17	-	-
Societe Generale	19	19	17	17
RZB	20	-	-	18

出所：ユーロマネー。

図表6-38　投資銀行業務手数料ランキング

	2014年上期	2013年	2012年	2011年
JP Morgan	1	1	1	1
BoA	2	2	2	2
Goldman Sachs	3	3	3	4
Morgan Stanley	4	4	4	3
Deutsche Bank	5	6	7	7
Citi	6	5	5	6
Barclays	7	8	8	8
Credit Suisse	8	7	6	5
RBC	9	10	11	11
UBS	10	11	9	9
Wells Fargo	11	9	10	10
HSBC HoldingsPLC	12	12	12	13
BNP Paribas SA	13	13	14	12
Jefferies	14	15	17	17
野村證券	15	14	16	16
RBS	16	17	13	14
みずほフィナンシャルグループ	17	16	15	15
三井住友フィナンシャルグループ	18	18	19	19
三菱UFJフィナンシャル・グループ	19	19	20	24
BMO Capital Markets	20	20	18	20
Credit Agricole	21	22	-	23
Societe Generale	22	24	25	22
Lazard	23	21	21	18
Scotiabank	24	23	24	-
TD Securities	25	25	22	-

出所：ユーロマネー。

第7章

金融規制の基本

―銀行規制は振り子―

1. 銀行はガラス細工

(1) 取り付け騒ぎ

第5章で解説した通り，いつでも引き出せる利便性が預金の付加価値である。しかし，この利便性が銀行の命取りになるケースがある。「取り付け騒ぎ」である。預金者が預金の安全性に疑問をもち，銀行に預金解約に殺到する現象を「取り付け騒ぎ」という。古くはアメリカの1980〜90年代における断続的な金融危機で，銀行やS＆L（貯蓄貸付組合）に預金者が押し寄せ，争って預金の引き出しをした例がある。なお，英語ではこうした現象を「Bank Run」と呼び，銀行に殺到する雰囲気がよくわかる呼称となっている。

日本でも，昭和初期に金融恐慌という状況の中で取り付け騒ぎが発生した。1927年，衆議院予算委員会で当時の片岡直温大蔵大臣が「東京渡辺銀行は破綻しました」との失言を行い，これをきっかけとして金融不安が表面化，経営体質が脆弱と思われる金融機関を中心に預金者が預金引き出しに列をなす騒動が発生した。近年においても，噂話が発端となり噂の対象となった銀行へ人々が殺到する例も存在している。

(2) 預金者の行動心理

こうした取り付け行動は非常に非合理的な行動に見えるが，実は理論上，合理的な預金者の行動の結果なのである。取り付けのメカニズムを説明しよう。

預金者が100人，各人が100万円の預金をA銀行に保有しているとする。したがって，A銀行は1億円の預金を預かっていることになる。7割の人が向こう

2年間は資金の使い道がないため，預金を2年間解約しないつもりである。この状況は銀行も経験則から承知しており，1億円の預金のうち半分の5千万円を1年間の期日の融資に振り向けることにしている。

平常時であれば，向こう1～2年間における預金の引き出しは1億円のうちの3千万円にとどまるであろう。このため，融資に使っていない資金で十分に預金の払出しに応じることができる。

融資した資金は（不良債権にならなければ）1年後には返済されるため，全ての預金者が無事に預金を引き出すことができる。

金融危機で銀行の破綻がニュースをにぎわせる状況ではどうだろう。近隣のC銀行が破綻し，電車の中で「A銀行も危ない」という噂を耳にしたとする。100人中50人が預金を引き出しに殺到する。銀行は手元の余剰資金で払出しを行うことができるため，銀行は破綻しない。しかし，51人が不安を感じて預金を引き出しに行けば，銀行は支払い不能となり破綻する。

このため，金融不安となった場合に，最も合理的な預金者の行動は，他の預金者より早く預金を引き出しに行くというものである。銀行に走る。つまり Bank Run である。したがって，取り付け騒ぎは，不安を感じた場合の預金者の極めて合理的行動なのである。

すべての預金者がパニックに陥ることなく冷静に行動すれば，銀行が資金繰りに窮するリスクもないが，少しでも銀行倒産の懸念が生ずれば他人よりも早く解約することが最も合理的行動となるため，銀行の破綻に直結してしまう。これを「自己実現型の倒産」という。

 (3) 銀行のビジネス特性から求められる政策

貸出の「期限の利益」と預金の「要求払い」というビジネス特性を備えている銀行にとって，預金者による取り付けは命とりである。流動性転換機能という，銀行が有する社会的使命であり付加価値は，この危険性を孕んでいる。預金の取り付けは銀行破綻の連鎖に繋がり，経済活動に不可欠な流動性転換機能が失われ経済の停滞を招く。こうした事態を放置すれば，多大な社会的コストを発生させてしまう危険性が高い。これを防ぐ意味でも銀行の健全性を維持する政策が必要

である。この健全性政策を「プルーデンス政策」という。

2. プルーデンス政策

 (1) 主たるプルーデンス政策

プルーデンス政策は、事前的措置と事後的措置に大別することができる。事前的措置の中核を成すのが自己資本比率規制や当局検査（日本の場合においては金融庁検査、日銀考査、預金保険機構検査）である。また、銀行の業務範囲を制限する他業禁止規定、銀行免許の認可およびその取り消し、新規事業許認可に係る権限などが、監督当局に与えられている。

図表7－1　プルーデンス政策の全体像

	政　　策	根拠法令	政策当事者	目　　的
事前的措置	自己資本比率規制	銀行法	金融庁	財務上の観点からの銀行の健全性確保（過度なリスクテイクの抑制）
	当局検査	銀行法、日本銀行法、預金保険法	金融庁、日本銀行、預金保険機構	銀行の健全かつ適切な業務運営の確保（内部管理・外部監査・市場規律を補強する役割）
	銀行免許・事業許認可	銀行法	金融庁	銀行業としての適格性を判断（預金取扱等に十分な能力と信用を具備）
	業務範囲規制	銀行法	金融庁	本業以外の業務からの損失リスクの遮断
	大口融資規制	銀行法	金融庁	信用リスク集中による銀行財務毀損リスクの軽減
	株式保有制限	銀行等株式保有制限法	金融庁	株式相場が銀行財務に及ぼす影響を抑制するための措置
事後的措置	預金保険	預金保険法	預金保険機構	預金者の保護を通じた金融システム安定性の確保
	LLR (Lender of Last Resort)	日本銀行法	日本銀行	銀行の資金調達に支障を来たす状況における最後の貸し手機能

出所：金融関連法令をもとに筆者作成。

これらのほか，大口融資規制や株式保有制限などの措置が財務上の観点から設けられており，自己資本比率規制などの事前的措置の柱を成す政策では，網羅することが困難な規制が含まれる。事後的措置としては預金保険，中央銀行による最後の貸し手機能（LLR＝レンダー・オブ・ラストリゾート）があげられる。以下，主要なプルーデンス政策について具体的に述べていく。

(2) 預金保険

　取り付けを抑制するための政策として，基本となるのが預金保険である。預金保険は，銀行の破綻など（預金保険では「保険事故」という）の際に，預金の元利金払い戻しを行うことで，預金者の保護および決済システムの保全を行う制度である。預金保険は多くの国で採用されているが，通常，付保額（保険の対象となる預金）には上限額が設けられており，これを上回る預金に関しては保証の対象外となるが，金融危機など緊急時には，政府が預金全額保護を時限的に宣言するケースも少なくない。

　日本の場合，預金保険は政府や銀行により共同で設立された預金保険機構により運営され，保険料はこれに加盟する銀行が預金額に応じ支払いを行っている。預金保険制度が導入され，この信頼性が確保されれば，預金者は人に先んじて預金引出に動かなければならないインセンティブが抑制されるため，取り付けリスクは軽減されることとなる。

　しかし，預金保険は二つの非効率性をもたらす。一つは預金者によるモニタリングの低下である。預金が保護されることを知っていれば，預金者がコストをかけて銀行をモニタリングを行うインセンティブが低下するためである。もう一つは銀行のモラルハザードの増大である。一般企業が大きなリスクのある事業を手掛ければ，銀行借入や社債発行などの資金調達のコストが上昇する。なぜなら，資金の出し手である銀行や投資家は返済リスクの高まりを心配し，高い金利を要求するからである。しかし，銀行は預金保険で守られているため，大きなリスクを取っても低利で預金による調達を続けられる。

(3) 自己資本比率規制

　このモラルハザードに対応する政策が，自己資本比率規制であり，当局による

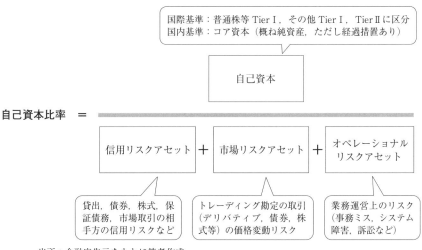

図表7-2 自己資本比率の計算

出所：金融庁告示をもとに筆者作成。

検査である。自己資本比率規制は，銀行が保有するリスク量に応じて確保すべき自己資本の最低水準を定めることで銀行のリスクテイクに制約を課する規制である。また，こうした規制を国際的に統一することで，各国間の規制の差異により，銀行の国際的な競争条件に有利・不利が発生しないための措置（これを「レベル・プレイング・フィールド」という）としても位置付けられる。

　銀行の自己資本比率規制は，国際決済銀行（BISという）内に設置されているバーゼル銀行監督委員会という各国の監督者から構成される組織が合意し，この合意内容に基づき各国の法令やルールに反映されるものである。この国際ルールは，一義的には国際的な活動をする銀行（海外支店を有する銀行であって，海外駐在員事務所のみを有する銀行は除かれる）に適用される。「国際統一基準」という自己資本比率のルールが，「国際基準行」に適用されるのである。また，それ以外の銀行を「国内基準行」といい，「国内基準」が適用される。

　自己資本比率の計算は複雑である。一般の企業であれば，純資産を総資産で割ったものである。しかし，銀行の自己資本比率の分母は，総資産ではなくリスクアセットが使われる。リスクアセットとは，その資産のリスクの大きさを判断しリスクが大きければ高い掛け目（リスクウエイト）を掛け合わされる。例えば，国債のような安全資産であればリスクウエイトは0％，格付けがA格であれば

50％,通常の貸出（BBB格相当）は100％となる。このため,国債を100億円,A格の貸出を100億円という資産構成の総資産は200億円,リスクアセットは50億円（＝100億円×0％＋100億円×50％）と計算される。

　銀行のリスクアセットは,信用リスクアセット,市場リスクアセット,オペレーショナルリスクアセットの三つの要素から構成される。信用リスクとは貸出など貸倒れに関するリスクであり,市場リスクは市場取引（トレーディング）に係る価格変動リスク,オペレーショナルリスクはシステム障害や訴訟などのリスクが対象である。

　自己資本比率の分子は一般事業会社の自己資本とほぼ同じである。ただし,一部負債性の要素も含まれる。

　自己資本比率規制の重要なポイントは,比率が一定水準を割り込んだ時に金融庁が行政措置を発動する点である。これを「早期是正措置」という。早期是正措置は強制力が強く,銀行に増資などを命令するものである。しかし,経営が傾いてからの増資は難しく,措置発動から破綻まで至る例も少なくない。

　自己資本比率規制に関しても問題が少なくない。リスクウエイトの算定が不適

図表7－3　早期是正措置の内容

	国際統一基準行	国内基準行	措置内容
非対象区分（行政措置発動なし）	普通株等TierⅠ比率≧4.5% TierⅠ比率≧6% 総自己資本比率≧8%	コア資本比率≧4%	クリアしているため措置はなし
第一区分	（上記を下回ったうえで） 普通株等TierⅠ比率≧2.25% TierⅠ比率≧3% 総自己資本比率≧4%	（上記を下回ったうえで） コア資本比率≧2%	業務改善命令（資本増強を含む経営改善計画の提出とその実行を命令）
第二区分	（上記を下回ったうえで） 普通株等TierⅠ比率≧1.13% TierⅠ比率≧1.5% 総自己資本比率≧2%	（上記を下回ったうえで） コア資本比率≧1%	業務改善命令（資本増強,配当等の社外流出抑制,資産圧縮,その他リストラ）
第二区分の2	（上記を下回ったうえで） 普通株等TierⅠ比率≧0% TierⅠ比率≧0% 総自己資本比率≧0%	（上記を下回ったうえで） コア資本比率≧0%	資本増強,大幅な業務縮小,合併,事業廃止など
第三区分	0%未満 （債務超過）	0%未満 （債務超過）	業務停止命令（業務の一部ないし全部の停止）

出所：内閣府令,金融庁告示をもとに筆者作成。

切であった場合，たとえば実態よりも低いリスクと見なした場合，自己資本比率が必要以上に上がってしまう場合もある。

　さらには，景気が良いほど自己資本比率が上がり，景気が悪くなると自己資本比率が低下する傾向が強い。なぜなら，リスクウエイトは借り手の財務状況を反映するため景気が悪くなり借り手の経営状況が悪化すればリスクウエイトは上がってしまうからである。このため，景気が悪化すると自己資本比率が下がり，銀行が貸出を増やしにくくなる。銀行からの資金供給が滞ると経済がさらに悪化するという負のサイクルに陥ってしまう。反対に景気が良いと，銀行の自己資本比率が上昇し貸出を積極的に行い景気が過熱するバブルを生んでしまいやすくなる。このような景気のサイクルの増幅効果をプロシクリカリティという。これも，自己資本比率規制の重要な問題点としてあげられる。

(4) 金融検査

　預金者が銀行を監視するインセンティブもノウハウもないため，金融庁など監督当局は「代理モニタリング」を行う立場にある。中でも重要なのが検査である。広い意味での検査は，銀行法第25条に基づき検査権限が与えられている金融庁による立ち入り検査や報告要請によるオフサイト検査，預金保険機構による加盟銀行への預金者名寄せ状況等の検査，日本銀行と各個別銀行との契約による考査などがあるが，銀行業務の停止命令などの権限を有する金融庁による検査が代表的である。

　また，自己資本比率算定に当たってのリスク評価や経営成績に繋がる会計処理上の適切性を，独立した視点から精査を行うことにより，銀行と預金者を含む外部者との間の情報の非対称性の溝を埋める役割を果たしている。監査法人による外部監査は当然だが，外部監査や外部からの自発的な規律付けでは十分に銀行の健全性を確保することができない可能性があるため，これを補強するための位置付けにあるのが，こうした当局の関与である。

　しかし，当局による検査の比重が高まれば高まるほど，当局のモニタリング・コストが増大し，市場によるモニタリング・インセンティブが低下する懸念が生じる。また，過度な当局の介入は，銀行経営陣の当局への依存体質を強め自己責任原則に基づく経営努力が低下する可能性もある。

3. 金融規制の自由化

(1) 自由化前の日本の銀行規制

銀行規制の源流は，大蔵大臣による許可制を定めた1893年の銀行条例まで遡る。1927年になると，先に述べた預金取り付け騒ぎ拡大による昭和金融恐慌などをきっかけに銀行法が制定され，最低資本金厳格化など銀行経営の健全化を促した。この時制定された銀行法は1982年に改正銀行法が登場するまでの期間，現在の銀行制度の礎としての役割を果たした。

戦後になると財閥解体を経て金融の分業主義が形成された。1948年には証券取引法第65条により銀証分離政策が，1952年には長期信用銀行法により銀行の長短分離政策が構築された。

この当時は分業体制を厳格に運営することにより，それぞれの分野に特化したプレーヤーの保護と，護送船団方式と呼ばれた弱い銀行に歩調を合わせる銀行行政が維持された。これは，1974年の大蔵省「三局合意*」にも象徴される。

*三局合意とは，銀行系海外現地法人のプライマリー市場における活動に制約を課した行政指導で，大蔵省銀行局，国際金融局，証券局の合意に基づくもの。1975年から1993年まで存続し，旧証券取引法第65条とともに長期にわたり銀行・証券の業際を仕切ってきた。

(2) 自由化の流れ

しかし，大企業を中心とした企業金融の市場化，金利選好の多様化に，米国における預金金利自由化の流れが加わり，法人・個人を問わず金融ニーズの高度化・多様化を背景に，金融自由化に迫られた。

初期段階における自由化の対象には，預金金利，短期金融市場（無担コール，円建てBA，CP導入など），外為取引（実需原則撤廃など），銀行による証券業務（公共債ディーリングなど），先物取引を含めたデリバティブ業務などが含まれるほか，東京オフショア市場開設やユーロ円取引開始など，インフラ面の整備など幅広い分野が網羅されている。

自由化がもたらすのは，一義的に，経済を支える金融システムの効率性向上である。金融システム効率性向上には，二つの側面がある。銀行業界全体にとって

プラスの側面は，金融機能の多角化による収益機会増加である。国債など公共債のディーリング解禁や外為取引の自由化は「2つのコクサイ化（国際化と国債化）」と呼ばれ，現在に至る海外戦略や証券戦略の基盤となった。銀行のビジネスが信用リスク追求一辺倒から，金利リスクなどの市場性リスクを収益化する事業モデルを含む構造変化をもたらした。

もう一つの側面は，分業体制の消滅による競争激化である。競争は優勝劣敗を促す。長短分離政策からの脱却は，高度経済成長期の産業金融を支えたエリート集団たる長期信用銀行の存在意義を希薄化した。ユーロ円インパクトローンの登場と，デリバティブ取引台頭による金利スワップなどの利用が多くの銀行の長期資金融通を可能とし，長期信用銀行の優位性は損なわれたのである。

預金金利も段階的に自由化され，1979年に譲渡性預金（NCD），1985年に市場金利連動型定期預金（MMC）や大口定期預金など自由金利定期預金の裾野が広がったほか，1994年には普通預金を含め，すべての預金金利が自由化された（図表7-4）。

(3) コングロマリット化へ

主な規制緩和の歴史を図表7-5にまとめたが，この流れから伺えるのが，銀行を中心とする金融コングロマリット化への制度的な追い風である。

1996年，当時の橋本内閣は金融ビッグバン構想を打ち出し，自由化のアクセルが踏まれた。1997年には金融コングロマリットのプラットフォームともいえる「金融持ち株会社」の設立が解禁された。金融持ち株会社のもとでは，銀行はもちろんのこと，証券会社，クレジットカード会社，消費者金融会社，資産運用会社など様々な金融機能が集結可能となった。

また，銀行の業務範囲が拡大し，投資信託，保険，外国債券，仕組債（デリバティブ内蔵の債券），株式などが銀行窓口で買えるようになった。なお，投資信託や保険は銀行が直接，金融商品の生産者（資産運用会社や保険会社）から仕入れて販売できるが，外国債券，仕組債，株式などは証券会社からの代理として仲介している形となっている。

第7章 金融規制の基本　135

図表7-4　初期段階における我が国金融自由化の全体像

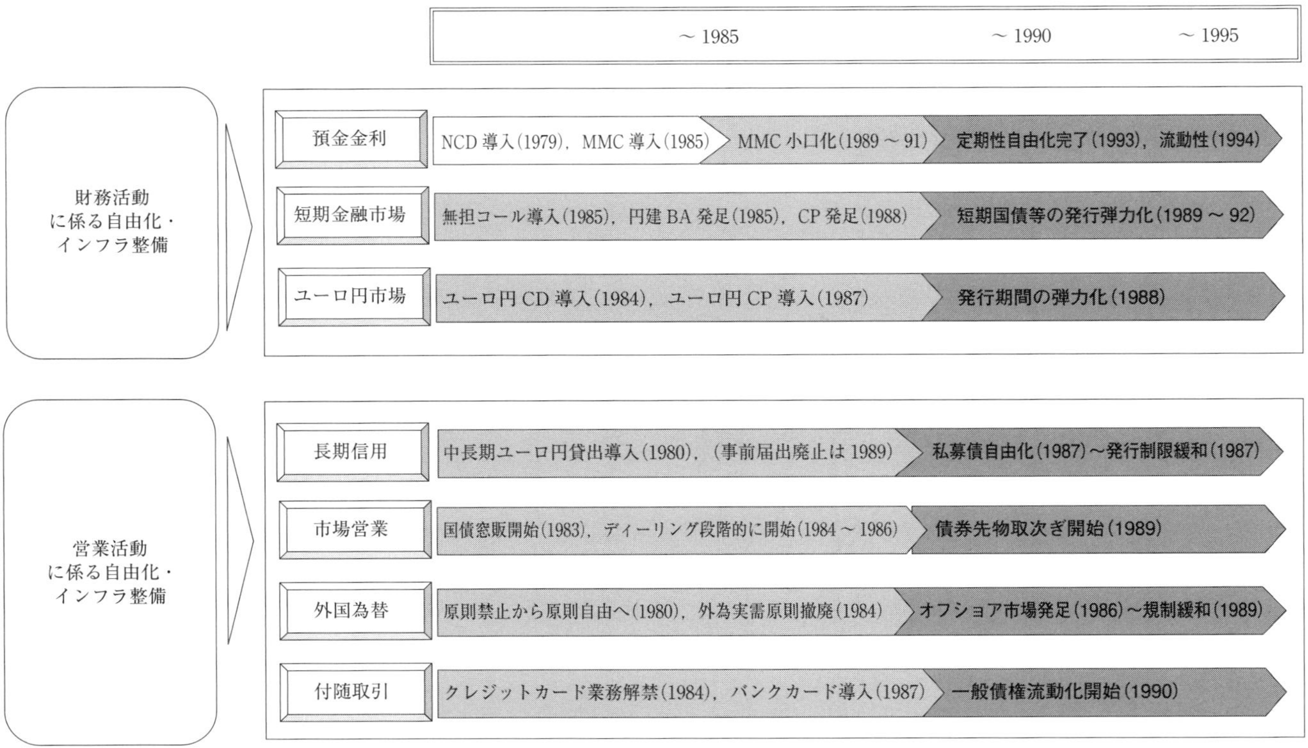

財務活動に係る自由化・インフラ整備

分野	～1985	～1990	～1995
預金金利	NCD導入(1979)、MMC導入(1985)	MMC小口化(1989～91)	定期性自由化完了(1993)、流動性(1994)
短期金融市場	無担コール導入(1985)、円建BA発足(1985)、CP発足(1988)	短期国債等の発行弾力化(1989～92)	
ユーロ円市場	ユーロ円CD導入(1984)、ユーロ円CP導入(1987)	発行期間の弾力化(1988)	

営業活動に係る自由化・インフラ整備

分野	～1985	～1990	～1995
長期信用	中長期ユーロ円貸出導入(1980)、(事前届出廃止は1989)	私募債自由化(1987)～発行制限緩和(1987)	
市場営業	国債窓販開始(1983)、ディーリング段階的に開始(1984～1986)	債券先物取引き開始(1989)	
外国為替	原則禁止から原則自由へ(1980)、外為実需原則撤廃(1984)	オフショア市場発足(1986)～規制緩和(1989)	
付随取引	クレジットカード業務解禁(1984)、バンクカード導入(1987)	一般債権流動化開始(1990)	

出所：筆者作成。

図表 7 － 5　金融規制自由化の歴史

	規制環境	成長戦略
1983	(米国で預金金利自由化完了)	－
1984	日米円ドル委員会（金融自由化・国際化）、先物実需原則撤廃	－
1985	国債等ディーリング解禁	「2つのコクサイ化（国際化と国債化）」証券業務・国際業務へ参入
1986	東京オフショア市場開設（ユーロ円等による融資弾力化）	－
1988	バーゼル合意	－
1989	適債基準緩和（事業会社等の社債発行）	プライマリーマーケットへの銀行ビジネスの拡大
1990	不動産融資総量規制	－
1991	金融制度調査会（保険・証券・銀行の相互参入を方向付け）	－
1992	銀行・証券の子会社通じた相互参入に係る法改正	業態別子会社を通じた証券業界への参入
1993	バーゼル規制導入	－
1994	預金金利自由化の完了	－
1995	証券子会社設立	－
1996	金融ビッグバン構想	－
1997	金融持ち株会社解禁	グループ総合力を充実させた金融コングロマリット化
1998	投資信託の銀行窓口販売解禁	「貯蓄から投資へ」の流れを進める金融商品販売の拡充
1999	銀行による社債発行解禁	－
2001	保険商品（住宅関連の火災保険など一部商品）の銀行窓販	－
2002	保険商品の銀行窓販開始の商品拡大	－
2004	証券仲介（外債・株式等の銀行窓口での仲介）解禁	証券子会社の活用などグループ機能の向上
2005	ペイオフ全面解禁	銀行財務健全化を踏まえ再び成長戦略強化
2007	保険商品の銀行窓販の全面解禁	個人向け金融商品販売のフルライン化
2012	住宅ローン利用者への金融商品販売など規制緩和	顧客への総合的相談機能強化へ

出所：金融庁資料などをもとに筆者作成。

4. 金融規制の展開

 (1) 預金保険と金融危機

　預金保険とその関連法令の歴史は日本の金融危機をなぞるものである。図表7-6に預金保険の歴史をまとめている。右側にある「付保額」というのは，預金者1人当たり一つの銀行にある預金口座の最高保障額である。1971年までは500万円の預金は100万円までしか預金保険でカバーされなかったため，預けた先の銀行が破綻すると400万円が返ってこない危険性が高い状況だった。現在ではこの付保額は1千万円まで引き上げられている。

　この歴史をつぶさに見ると，預金保険が果たした金融危機における役割とその重要性を知ることができる。1995年6月には一部信用組合の破綻があり，銀行に対する不安感の拡大を防ぐため「ペイオフ凍結」の措置が取られた。ペイオフとは，銀行が破綻した際に銀行の資産と負債の内容を精査し，預金者に対し分配を行うものである。預金保険の付保額までは保障されるが，それを超える金額については銀行の資産が不足する場合にカットされることとなる。ペイオフ凍結は，預金者の不安を防ぐ狙いがあった。

　1998年と1999年には大手の銀行を中心に公的資金が投入されたが，この資金は預金保険機構（同機構が管理運営する整理回収機構を含む）が資金供給したものである。その後も，2003年にりそな銀行への多額の公的資金注入が実施された。余談だが，りそな銀行が取り入れた公的資金残高はピークで3兆1,280億円という想像を絶する金額に上ったが，2015年に返済が完了した。

　特に重要な転換点は，1999年3月における公的資金注入であり，預金保険機構の「金融早期健全化勘定」から拠出された。このイベントをきっかけに株価は回復した。2003年5月におけるりそな救済も同様である。りそなへの大規模な公的資金注入は2003年6月に実施されたが，その前後から株価は急騰した。政府による金融システム安定化の行動が，市場の安心感をもたらした証拠である。公的資金を供給する勘定は，すべて預金保険機構に存在しているが，その立てつけは，基本的には預金保険料により賄われるが，銀行の経営的な負担の限界を超える部分は政府が補助することと法令上規定されている。

図表7－6 預金保険の歴史

	イベント	付保額
1956/7	金融制度調査会が発足。預金者保護制度の検討を開始。	NA
70/7	金融制度調査会が預金保険制度の創設を決定。	NA
71/4	預金保険法が公布，施行。	NA
71/7	同法に基づき預金保険機構を創設。	100万円
74/6	保険金支払限度額を引き上げ。	300万円
86/5	預金保険制度を改正。①資金援助方式の導入，②仮払金制度の導入，③保険金支払限度額を増額，④保険料率を引き上げ，⑤労働金庫の預金保険制度への加入，など	1,000万円
95/6	信用組合破綻などを背景に一時的にペイオフ凍結を決定	1,000万円
95/12	金融制度調査会，①2001年4月までペイオフの実施を延期，②破綻処理財源確保のための保険料率（一般・特別保険料率設定）などを決定	1,000万円
	住専処理に6,850億円の公的資金投入を決定。	1,000万円
96/4	一般保険料率を引き上げ。	1,000万円
96/6	預金保険制度を改正：①2001年4月までペイオフの実施を延期，②ペイオフコストを超える資金援助の財源として特別保険料（＝0.036％）を徴収，③破綻信組の受け皿金融機関として整理回収銀行を創設	1,000万円
97/11	北海道拓殖銀行破綻。山一証券破綻。	1,000万円
97/12	預金保険制度を改正：経営が悪化した金融機関を合併する場合に資金を援助する制度を創設（1999年3月廃止）	1,000万円
98/2	預金保険法改正・金融機能安定化緊急措置法成立。金融機関への資本注入を審査する金融危機管理審査委員会を設置，②「特例業務基金」として政府が7兆円の国債を交付，③整理回収銀行に一般金融機関の受け皿銀行機能を付与	1,000万円
98/3	金融危機管理審査委員会，大手行など21行に対して初の公的資金による資本注入（1兆8,156億円）を実施	1,000万円
98/6	金融監督庁が発足	1,000万円
98/10	預金保険法改正・金融機能再生法・金融機能早期健全化法成立，①金融整理管財人業務，特別公的管理業務を追加，②「金融再生勘定（18兆円）」と「金融機能早期健全化勘定（25兆円）」を設置	1,000万円
98/12	金融再生委員会が発足	1,000万円
99/3	金融再生委員会，大手15行に早期健全化勘定から7兆4,592億円の資本を注入	1,000万円
99/9	全国出納長会が，総務省及び大蔵省に対し，ペイオフ解禁に向けた配慮についての要望書を提出	1,000万円
99/10	全国知事会が，総務省及び大蔵省に対し，ペイオフ解禁に向けた配慮についての要望書を提出	1,000万円
99/12	ペイオフについて金融審議会答申。ペイオフ方式よりも資金援助方式による金融機関の破綻処理を優先させる，などの方針を明示。	1,000万円
	政府与党が2002年4月までペイオフ解禁の1年延期を決定	1,000万円
2000/4	信金・信組に対する検査・監督権限を都道府県から金融監督庁へ移管	1,000万円
00/5	「預金保険法等の一部を改正する法律」成立，①2002年3月まで預金を全額保護，②流動性預金は2003年3月まで全額保護，③システミックリスクへの対応，④公金預金等も預金保険の対象とする，など	1,000万円
00/7	金融監督庁と大蔵省金融企画局を統合した金融庁が発足	1,000万円
01/1	金融再生委員会を金融庁に統合	1,000万円
01/3	総務省が「地方公共団体におけるペイオフ解禁への対応方策研究会」とりまとめを作成	1,000万円
02/4	ペイオフ一部解禁（定期性預金のみ）	1,000万円
02/9	竹中金融担当大臣就任	1,000万円
02/10	竹中グループが銀行の脆弱さと体質強化の必要性を指摘	1,000万円
02/11	金融再生プログラム発表	1,000万円
	政府与党が2003年4月から2005年4月までペイオフ解禁の2年延期を決定	1,000万円
03/5	りそな銀行，預金保険法102条1号措置により実質国有化	1,000万円
03/11	足利銀行，預金保険法102条3号措置により国有化	1,000万円
05/4	ペイオフ全面解禁	1,000万円

出所：預金保険機構に基づき筆者作成。

(2) 金融危機後の監督強化

　このような金融危機と並行して、銀行監督の強化が急速に進んだ。1996年、バブル後の負の遺産の処理の反省から、不良債権問題の早期解決や銀行の財務状況の透明性確保などを眼目とした金融関連三法が成立した。これにより、銀行が自らの貸出などの資産内容について責任をもって精査し、必要な引当（貸出の将来的な焦げ付きリスクに対する備えのための準備金）を行う枠組みとなる「自己査定制度」が1997年度から導入された。この時に、本章冒頭で述べた「早期是正措置」が同時に導入されたのである。

　その後、1999年には「金融検査マニュアル」が導入された。このマニュアルは、銀行の自己査定の正確性やリスク管理態勢等の運営状況をチェックする目的実施されてきた金融検査における検査官の指針となるものだが、反対に銀行が自己査定やリスク管理を行う際のバイブル的な役割を果たすこととなる。

　1997年10月以降、大手証券会社や有力銀行の破綻などが相次いだ。これは自己査定制度導入に伴う銀行の財務的負担の増加や、銀行財務の悪化から派生した資金供給能力低下などの懸念が深まり、金融市場が混乱を来たしたことが一つの誘因であるという見方もできる。1998年には金融不安を払拭すべく、現在の金融庁の前身である金融監督庁が、主要銀行を対象に「一斉検査」を実施、金融検査マニュアルの厳格な運用に基づく隠れ不良債権の洗い出しや、引当不足の精査が行われた。このころから、金融検査マニュアルの威力が銀行に浸透し、判断に迷うような融資の実行を留まらせるような意識を、銀行員に植え込み始めた印象がある。

　さらに、2002年には当時の竹中平蔵金融担当大臣指揮のもと、金融再生プログラムが策定された。このプログラムに基づき、主要な銀行への特別検査が実施され踏み込んだチェックが行われた結果、大口の倒産が急増した。

　こうした形で、銀行監督上のモニタリングは、銀行からの報告をベースとしたオフサイトに加え、すでに述べた特別な検査や通常のオンサイトの金融検査の中で、個別取引の詳細な内容まで踏み込んだ精査が行われた。銀行員にとって昔の金融検査は恐ろしい存在であった。過去に実行した貸出が、仮に銀行の自己査定で「正常先」に区分されていても、金融検査の中で「要管理先」や「破たん懸念先」などの不良債権のカテゴリーに査定区分の格下げが行われれば、銀行の決算に影響を与えるばかりか、融資に係った担当者の社内評価への影響を心配する行

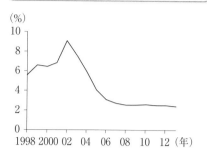

図表7-7 日本の銀行の不良債権比率

出所：全国銀行協会データに基づき筆者作成。

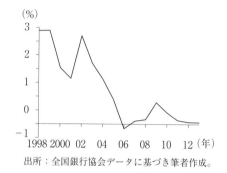

図表7-8 日本の銀行の不良債権損失を貸出で割った比率

出所：全国銀行協会データに基づき筆者作成。

員が出てきてもおかしくはない。

こうした監督の強化は銀行にとっては荒療治だったかもしれないが，そのお蔭もあって銀行の財務状況は飛躍的に改善した。例えば，不良債権比率や不良債権処理損失の低下が著しい（図表7-7，図表7-8）。

5. 金融規制の弁証法的発展

(1) 規制は振り子

金融規制や監督は，歴史的に強化と緩和の繰り返しである。日本において1980年代からの金融自由化が進展したが，金融危機の時点から急激に監督の強化が進んだ。そして今日，行き過ぎた監督強化の見直しが始まっている。

アメリカでも同様である。1999年にGLB法（グラム・リーチ・ブライリー法）が成立し，証券と銀行業務の垣根が取り払われた。自由を謳歌する金融機関は，2008年におけるリーマンショックに至る世界的金融危機を導いた。そして今日，アメリカは世界を巻き込み金融規制強化へと舵を切った。

金融自由化やこれと正反対の規制強化は，歴史的発展段階の一つの過程と考えることができる。ヘーゲル的史観でたとえるなら，規制緩和や自由化は「テーゼ（正）」であり，規制強化は「アンチテーゼ（反）」である。そして，これを超越するのが「ジンテーゼ（合）」といわれる調整過程である。

現状多くの国が直面している状況は，行き過ぎた自由化に対応した，規制強化への流れであると思われる。しかし，日本に関してはやや別の見方をする必要がありそうだ。日本は欧米に先行し，こうしたプロセスを経験している。

　1980年代の金融自由化をテーゼ，金融危機を踏まえた1997年以降の監督強化の時期をアンチテーゼの時期とすれば。まさに現在進みつつある金融検査における貸出等の資産内容チェックを緩和させる動きはジンテーゼの局面入りを示すものではないか。欧米各国がいまだにアンチテーゼの状況にあるが，規制サイクルの中で日本は先行しているのである。

 (2) 厳しい金融監督に慣れた日本の銀行の問題

　金融検査マニュアルは，金融検査などを通じ銀行員の日々の行動や判断基準にもしっかりと定着された。しかし，これこそが銀行の情報生産機能を低下させた。銀行の付加価値ともいえる審査・モニタリング能力は，このマニュアルにより事務フロー化してしまった。金融検査マニュアルの定着化は，自己査定を行う上での格下げリスクを伴わない貸出機会へと貸し手を誘う。この結果，マニュアル上

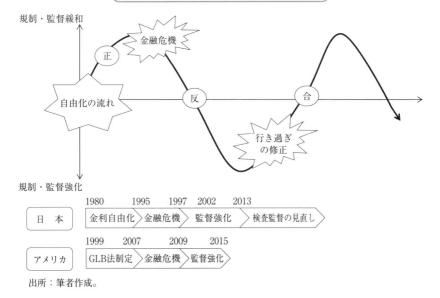

図表7-9　金融規制の展開の概念図

出所：筆者作成。

安全な銀行貸出が行える借り手に，貸し手が集まることとなる。マニュアルに頼りすぎて，取引先を見極める「目利き力」やベテラン銀行員が育んできた現場勘の重要性が失われてしまった。そこに情報の非対称性を克服する付加価値は存在しなくなる。これは「貸出のコモディティ化」といえる。コモディティは誰もが取引できる商品であり，商品の相場は需要と供給で単純に決定される。今日のように預金が100に対して貸出が60とか70の状態では，借り手市場となるのは自明であり，コモディティである貸出の金利は下落を続ける。一方で，マニュアル上，貸しにくい借り手には貸し手は行かなくなる。ここで，借り手と貸し手のニーズのミスマッチが生じる。

2013年9月，金融庁は『平成25事務年度監督方針』を発表し，「金融行政においては，規制だけで対応しようとすると規制の歪みや過剰規制を招き，実体経済にも悪影響を及ぼしかねないことも踏まえ，金融機関の自己規律の向上と監督当局の監督能力の向上を前提に，中長期的に規制コストを低減させつつより質の高い監督行政を目指していく」と謳っている。同時に発表された金融検査の運営などを示した「平成25事務年度 金融モニタリング基本方針」でも「小口の資産査定については，金融機関において，引当等の管理態勢が整備され有効に機能していれば，その判断を極力尊重」とある。これまで締め付けすぎていたため，与信行為の制約を背負った銀行がリスクテイク意欲を減退させていった部分の軌道修正を図ろうとする意図がここから読み取れる。こうした行政のスタンスは，2014年9月発表の「平成26事務年度金融モニタリング基本方針」，そして2015年9月発表の「金融行政方針」でも明確になっている。つまり，日本が行き過ぎた規制厳格化からの調整局面に入ったと考えられる。

ここで必要なのは，失われた二十年で失われた貸出機会の発掘である。他の銀行が取れないリスクを取りに行けば，そこに競争がない。貸出金利の引き下げ競争の場となっている「貸しやすい顧客」ではなく，「貸しにくい顧客」にこそ銀行の付加価値である情報生産機能の真価を問う機会が存在する。

第8章

金融危機の経済学とグローバル規制

―過ぎたるは及ばざるがごとし―

1. 日本の金融危機

 (1) 第1次金融危機

　日本の金融危機とアメリカを震源とする2008年までの世界的金融危機には，相違点と類似点がある。相違点は，日本の危機は間接金融に発火点があったのに対し，世界的金融危機は直接金融が起点となった。まず，日本の金融危機について考察する。

　1997年10月三洋証券，11月に山一證券が破綻し，この連鎖は有力銀行にまで及び北海道拓殖銀行が破綻した。翌週には第二地方銀行である徳陽シティ銀行が破綻した。この経過の中で，銀行同士の資金の貸し借りを行うインターバンク市場が機能不全に陥った。これは互いの銀行が信用できなくなったためである。この空気は預金者にまで広がり，預金を急いで銀行まで払出しに行くケースも出てくるなど，銀行不信が高まった。「タンス預金」が急増したのもこの時期である。

　1998年10月には日本長期信用銀行，12月には日本債券信用銀行が破綻し，それぞれ国有化（金融再生法で規定された特別公的管理）された。ともに債務超過が判明したわけだが，破綻に至ったきっかけは資金繰りの悪化である。

　銀行は自己防衛に走り，預金の確保と貸出の抑制により資金繰りの安定化を図った。また，赤字決算による自己資本の減少により，銀行が業務を継続する上で求められる自己資本比率の維持のため，リスクを削減する過程で貸出金の回収に走った。これが悪名高き「貸し渋り」あるいは「貸しはがし」である。このため，経済活動を支えるための資金が十分調達できない，クレジット・クランチ（信用逼迫）と呼ばれる状況に日本経済は立たされた。

　政府はこうした金融不安を払拭するため，銀行支援に動いた。1998年2月に

は金融機能安定化緊急措置法を時限立法として成立させ，3月には大手銀行など計21行に公的資金1兆8,156億円が注入された。しかし，この金額では銀行健全化には少額すぎるということ，銀行は不良債権を隠しているのではないかということなどが株式市場やメディア等で批判された。同年6月に発足した金融監督庁は7月から主要銀行への立ち入り検査を実施し，不良債権のあぶり出しと十分な引当金の計上を銀行に要請した。これが銀行を恐怖のどん底に陥れた「一斉検査」である。その後，10月には金融再生法ならびに金融早期健全化法が成立し，前者は長期信用銀行2行の破綻処理の根拠法となった。一斉検査の結果等を踏まえて，銀行各行は損失処理を実施し，巨額の損失を計上したが，銀行がこれにより貸出を躊躇することがないように，翌1999年3月に大手15行に対して7兆4,592億円もの公的資金が資本注入された。

(2) 第2次金融危機

しかし，問題はこれで終わらなかった。一斉検査やその後のフォローアップ検査で，厳しく行われた「資産査定」というのは，銀行が借り手を5つの区分——正常先，要注意先，破綻懸念先，実質破綻先，破綻先——に仕分けしたものを検査官が適正かどうかチェックするものである。この時期の検査では，不動産業，建設業，商社，小売業，ノンバンクなどの業種を中心に大手企業の一部が，破綻懸念先と呼ばれる不良債権にふるい落とされた。銀行が破綻懸念先に新規に融資を行うことは，背任行為としての法的責任を負ってしまうため，債権放棄（借金を棒引き），デットエクイティスワップ（債務を株式に交換）などの救済措置を実施し，こうした借り手の財務立て直しを図った。この救済により，その債務者は破綻懸念先から要注意先（実際は要注意先の中の要管理先という区分となる）に格上げされ，新規貸出を行っても問題ない状況とする例が多かった。破綻懸念先になった企業は救済措置がなければ，多くの場合，会社更生法や民事再生法など法的整理に入る。俗にいう破綻である。

銀行は長年の取引関係や，社会的影響を危惧してか，法的整理より救済措置を選択することが少なからずあった。しかし，一度救済を受けた企業であっても，根本的に業績が振るわなかったり，銀行による救済措置が中途半端だったりすると再び支援を仰がざるを得なくなるところが出てくるのであった。これが当時「ゾンビ企業」と揶揄された会社で，何度も銀行に泣きつき支援を受けるような

ところを指す。これでは，いつまでたっても銀行業の健全性は取り戻せない。そこで次の危機からの脱却につながるのである。

(3) 危機からの脱却

2002年9月，当時の小泉首相はアメリカの盟友ブッシュ大統領と会談し，不良債権問題の終結を約束して帰国した。直後に，信認厚い竹中平蔵氏を金融担当大臣に起用し，いわゆる「竹中ショック」がスタートする。竹中氏は，銀行のコーポレートガバナンスの問題と財務上の隠れた問題の完全解決に動き出し，「金融再生プログラム」を10月に発表した。このプログラムは銀行の健全性を確実に回復させ，金融機能を正常化させることが目的である。このプログラム策定のもとで，資産査定の厳格化，自己資本の充実，ガバナンスの強化の3点が新たな銀行行政の主眼に置いた。

特に大手銀行に対して実施された「特別検査」では，銀行によりばらつきがあった大口先の債務者区分を統一した（「横串を入れる」と呼ばれた）ほか，過去に実施した金融支援が適切であったか厳しくチェックされた。

また，みずほフィナンシャルグループが1兆円以上の増資を取引先からのサポートで実施したほか，多くの銀行が公的資金に頼らず自助努力で増資を行った。しかし，一部の銀行では，財務上の課題を積み残したまま2002年度決算を終え，禍根を残した。6月には，りそな銀行は会計上の無形な資産である「繰延税金資産」の計上の適切性が問題視されたことをきっかけに，2兆円近くに及ぶ公的資金を預金保険法に基づき投入された。その後，三菱東京フィナンシャル・グループとUFJホールディングス（銀行としては東京三菱銀行とUFJ銀行）が2005年10月に合併するなど，大銀行の再編も最終局面を迎えるなどして，金融システムの安定化と銀行財務の健全性の回復が無事遂げられた。

2. 世界的金融危機

(1) アメリカ発の金融危機の序章：サブプライム危機

1999年にアメリカでグラム・リーチ・ブライリー法（通称 GLB 法，正式には1999年金融サービス近代化法という）が成立し，商業銀行業務（間接金融を中心とする業務）と投資銀行業務（証券など直接金融を中心とする業務）の兼営が認められた。これによりアメリカの金融市場は，メガ金融グループが先進的な金融手法を競い合う状況となった。

時をほぼ同じくして2000年以降，アメリカの中央銀行組織である FRB が経済立て直しのため利下げによる金融緩和を実施し続けた。2001年には累計10回以上の利下げを経て政策金利は年初の6.5％から年末には2％を切る水準まで引き下げられた。この金融緩和政策は2004年半ばまで続けられ，その後の株などの金融商品や不動産価格などの上昇によるバブル形成の下地を作った。

この低金利政策は，年金や投資信託，ヘッジファンドなどを含む運用者の運用スタンスに影響を及ぼした。安全確実な運用では低い運用利回りしか追求できないため，より高い運用利回りを求めリスクテイクを拡大する。これに拍車をかけたのが「報酬の非対称性」である。ヘッジファンド運用者（ファンドマネジャー）は高い運用利回りが実現すれば成功報酬を受ける。運用に失敗しても，その運用資金の損失はファンドマネジャーではなく運用資金を委ねた顧客が被る。成功すれば報酬は青天井，失敗してもマイナスにはならない。これが「報酬の非対称性」である。2007年に，当時のシカゴ大学教授でその後インド中央銀行総裁となったラグラム・ラジャンはこの危険性を早くから指摘していた。

これら規制環境の変化，緩和的な金融政策，資産運用者のリスク追求などを背景に，アメリカは顕著なバブルの兆しを見せていた。ここで出てくるのが「サブプライム問題」である。サブプライム住宅ローンは，一般的には貧民層向けの（貸し手である銀行にとって）リスクの高い住宅ローンという認識があるが，実際に問題となったのは貧民層というより中間所得層による投機的な住宅投資である。地価上昇を前提に，自宅とは別にセカンドハウスやサードハウスを購入し，その購入資金を金利の高いサブプライム住宅ローンやその次にリスクが高いとされる「オルトAローン」という住宅ローンにより調達した。ここで問題となる

のが，アメリカの住宅ローンの特性である。日本では，住宅ローンを借り入れるときは貸し手である銀行も慎重に審査を行うが，むしろ借り手の方が慎重に判断する傾向がある。なぜなら，返済不能に陥った場合，購入した住宅だけでなくその他の財産も銀行の取り立てにあい最悪「自己破産」に追い込まれるからだ。それに対しアメリカでは，返済不能に陥った場合は購入した住宅さえ手放せば他の財産に累が及ぶことはないのである。日本の住宅ローンのようなローン特性を「リコース（遡及性）」といい，アメリカのようなローンを「ノンリコース（他の財産に遡及されない）」という。これが借り手のモラルハザード（節度のないリスクテイク行動）を呼ぶのである。

さらにこれに拍車をかけたのが冒頭述べた金融手法の開拓である。サブプライム住宅ローンなどは，窓口で資金を貸した銀行がすぐに証券化し，第三者にリスクを移転してしまう。多数の住宅ローンを集めてひとかたまりにしたものを細かく切り刻んで投資家に販売する金融手法である。これを OTD モデル（Originate-To-Distribute，売却を前提にローン実行）という。証券化された ABS（Asset Backed Securities，資産担保証券）はまた別の金融機関が買い取って集めて，さらに再び証券化し，CDO（Collateralized Debt Obligation，債務担保証券）といわれる商品に衣替えして最終的な投資家に販売していた。こうした商品は格付機関から信用力の高い格付けを取得することで，投資家が投資しやすい体裁を整えていた。格付機関が高い格付けを付与した根拠はリスク分散化と大数の法則である。住宅ローンを借りていた A さんと B さんが同時に破綻することはないというロジックである。しかし，フロリダやカリフォルニアなどのローンが多かったため，この地域での住宅価格が下落し始めると，地域分散が働かずに CDO のリスクが急激に高まってしまったのである。

2006 年後半からサブプライム住宅ローンやオルト A の焦げ付きが増え始め，2007 年 8 月にフランスの大手金融機関である BNP パリバの子会社の資産運用会社が苦境に陥るなどして，この問題が露見した。これが世界的金融危機に繋がる序盤のサブプライム危機である。

 (2) リーマンショックでの危機クライマックス

その後一時的に金融市場の不安は和らいだものの，2008 年には大手投資銀行のベアスターンズが資金繰りの危機を迎え，5 月に JP モルガンチェースに救済

買収された．世界的金融危機はその後の9月から10月にクライマックスを迎える．9月15日にアメリカの名門投資銀行で業界第5位のリーマン・ブラザーズが破綻した．金融危機が発生すると商業銀行も経営が厳しくなるが，預金のような安定した資金調達源をもたない投資銀行はたやすく資金繰りの圧迫を受け，破綻の危機に直面してしまう．なぜならば，投資銀行の資金調達は預金保険の対象とならないため，リスクに敏感な金融市場の資金の出し手はたちまちリスクの高い相手方への資金の融通を止めてしまい，中央銀行からのサポートも政治的判断が働かない限り享受できないためである．

　破綻直前のリーマン・ブラザーズのバランスシートを見れば，その資金繰りや財務体力がいかに脆弱であったかが分かる．資産規模は83兆円（6,900億ドル）で自己資本はわずか2.4兆円．資産のうち73兆円は大半が長期のCDOやその他金融商品に投資され，資金調達で長期安定的なものは14兆円にすぎず大半が短期的な市場からの借入であった．このため，いったん金融市場からの資金調達が滞ると，資産を処分して対応することが難しいのである．こういった資金繰り上の問題を「運用・調達の期間ミスマッチ」という．

　リーマンショックは世界の金融市場を震撼させた．世界で株式時価総額は，2008年8月末50兆ドル程度であったが，9月末には42兆ドルと16％も減ってしまった．FRBからの資金を取り入れるパイプを作りたい最大手投資銀行のゴールドマンサックスやモルガンスタンレーなどは銀行持ち株会社へと移行し，同じく有力投資銀行のメリルリンチはバンクオブアメリカに救済買収された．保険会社も苦境に立たされた．最大手のAIGは，CDOなどの返済を保証する業務をCDSと呼ばれるデリバティブ契約を数多く抱え，経営危機に陥ったため，リーマン破綻翌日に政府による緊急融資と8割近くのAIG株式の取得が決定した．リーマン破綻1週間後には三菱UFJフィナンシャル・グループがモルガンスタンレーへの出資を発表，国境を跨いだ救済が実現した．

　ついにアメリカ政府は大型の金融機関救済の予算を決定し，7千億ドルのTARP（Troubled Asset Relief Program，金融安定化のための不良資産買い取りプログラム）を翌10月に決定した．このプログラムは当初，金融機関が抱えるCDOなどの不良資産を買い取る目的で発足したが，より効果的な資金の活用のために，大手金融機関への資本注入に大半が使われた．

3. 金融危機の経済学

 (1) 貸し渋りの経済学

次章「中央銀行と金融政策」で詳しく述べるが，近年の金融政策は金利政策中心の政策から量的緩和と呼ばれる貨幣供給政策に変化している。近年では，日本が2001年から2006年と2013年以降，アメリカが2008年から2014年，欧州中央銀行が2015年から量的金融緩和を行っている。

貨幣乗数のところで説明したが，日本銀行がΔMだけ貨幣量を増やせば，実際に世の中で増加する貨幣量はm倍の$m\Delta M$となる。このmを貨幣乗数という。当然，mが1より大きければ，日本銀行が当初に市中に供給した貨幣量より大きくなる。詳細な説明は後の章に譲るが，貨幣乗数は以下の定式化ができる。

$$m = \frac{1+\alpha}{\alpha+\beta}, \quad ここで \quad \alpha = \frac{現金}{預金}, \quad \beta = \frac{準備預金}{預金}$$

準備預金とは，銀行が預金を顧客から預かったときに法律に基づき一定割合を日本銀行に預けることが求められるものである。準備預金は日本銀行の当座預金に入れられる。ここで一定割合，すなわちβのことを預金準備率という。

1997年の金融危機の時期には，有力銀行の破綻が相次ぎ，銀行に対する信用が低下した。このため，預金者は銀行からお金を引き出し現金のまま保有するという，いわゆるタンス預金が増加した。タンス預金が増加すると，αが上昇する。βは1より小さいので，分子は，分母の$\alpha+\beta$より大きくなる。

$$1+\alpha > \alpha+\beta$$

タンス預金増加により$\Delta\alpha$だけαが増加したとすると分子と分母の増加率は，

分子：$\Delta\alpha/(1+\alpha)$

分母：$\Delta\alpha/(\alpha+\beta)$

となり，$1+\alpha > \alpha+\beta$であるため，分子の増え方$\{\Delta\alpha/(1+\alpha)\}$<分母の増え方$\{\Delta\alpha/(\alpha+\beta)\}$となる。

したがって貨幣乗数mは低下する。タンス預金の増加はm低下をもたらす。金融危機時は，タンス預金の増加による貨幣乗数の低下をもたらすとともに，貸し渋りによるさらなる乗数の低下をもたらした。上記のmの定義では，銀行が日本銀行に準備預金として供出する資金以外を，全て貸出に回すことが前提とさ

れているが，当時の銀行は預金の流出リスクを心配し，手元に置いておく資金を確保するため，安心して融資を行えない状況にあった。これに加えて，不良債権処理による赤字決算により，自己資本が目減りしてしまい，銀行が守らなければならない「自己資本比率」を維持するため，融資に躊躇するようになった。これが貸し渋りである。貸し渋りを式で示すと以下の通りとなる。

$$m = \frac{1+\alpha}{\alpha+\beta+r}, \quad ここで，\quad r = \frac{貸出に回さない預金}{預金}$$

預金流出のリスクと自己資本比率の逼迫は，r を上昇させ，m をさらに低下させたのである。資金の巡りは悪くなり，資金繰りを気にしながらの経営は投資意欲を減退させた。これが，金融危機のもたらす実物経済への影響である。

(2) 行政による対応の経済学的意義

① 情報の非対称性

銀行機能の一つは，借り手の情報の非対称性を解消し資金を貸し出すことであることは説明した。しかし，銀行以外の第三者が銀行を評価するときに，銀行が行っている貸出についての（債務者に関する）情報の非対称性は解消されない。これは銀行が債務者の情報を第三者に与えられない守秘義務があると同時に，銀行が行っている膨大な貸出を精査することができないためである。

このため，ひとたび金融危機が発生し銀行に対する不安感が増幅されると，銀行の預金者，銀行が発行した社債の保有者，株主が感じる銀行の財務内容を中心とした経営情報に関する情報の非対称性に対する意識は高まる。これが不安心理につながると，預金の流出や株価の暴落に繋がり，こうした事象がまた不安感を煽るという負の連鎖に至る。

その点で，日本の金融危機における金融監督者の行動は適切であったと評価できる。1998年に実施した金融監督庁による一斉検査，2002年から2003年にかけての特別検査は，それぞれ銀行の財務内容について，個別の貸出の中身も含め金融当局が厳しく精査を行ったことは，預金者や市場が抱える情報の非対称性を源とする不安を払拭するものであった。

金融監督者が預金者に代わり銀行を監視する「代理モニタリング」は平時においても重要であるが，金融危機のような有事においては，情報の非対称性によるエージェンシーコストの削減に大きく貢献するため，経済学的にも高い意義が評

価できる。

② TBTFとモラルハザード

日本でもアメリカでも実施された金融機関の救済は，常に社会的な批判の対象となる。TBTF（Too-Big-To-Fail，大きすぎてつぶせない）の問題は簡単ではない。大手の銀行がTBTFをあてにした経営をすると，リスクの拡大にも無神経かつ無節操になる。モラルハザードがTBTFの一番の論拠である。

では，つぶしてしまえばいいではないか。しかし，過去の歴史を考えるとそう簡単ではないことが分かる。

図表8-1は，1997年以降2003年までの金融危機に際して投入された公的資金の金額と，それ以降回収された額の全体像である。債権の買い取りは，破綻金融機関からの不良債権および株式等の買い取り，健全銀行からの不良債権の買い取りである。旧日本債券信用銀行および旧日本長期信用銀行の貸出資産を引き継い

図表8-1　日本の金融危機と公的負担（2015年6月末）

(単位：10億円)

	内　容	買取り・贈与・注入額	回収累計	回収超過額
①債権買い取り		11,729.8	10,927.1	−802.7
・破綻金融機関からの資産買い取り	・破綻金融機関が抱える健全資産，不良債権の買い取りと回収	6,537.5	7,725.0	
・日債銀・長銀からの株式買い取り		2,939.7	1,721.3	
・新生・あおぞら瑕疵担保・損失補てん	・健全金融機関からの不良債権買い取りと回収	1,799.4	672.5	
・足利資産買い取り		99.9	117.5	
・健全銀行からの資産買い取り		353.3	690.8	
②金銭贈与	・破綻金融機関を他の金融機関に吸収してもらう際に，不良債権の引き当て不足などを金銭贈与により資金援助	18,610.8	0.0	−18,610.8
③資本増強額		12,380.9	13,561.1	1,180.2
・安定化法	・健全金融機関への資本増強	1,815.6	1,652.6	
・健全化法		8,605.3	9,686.1	
・預保法		1,960.0	2,222.4	
総合計		42,721.5	24,488.2	−18,233.3

出所：預金保険機構年報に基づき筆者作成。

だ，あおぞら銀行と新生銀行が行使した「瑕疵担保特約（引き継ぎ後3年以内に2割以上の劣化をした場合に政府に買い戻させる権利）」が主な回収不足額の原因であることがわかる。

次に金銭贈与である。これは，破綻金融機関の一部ないし全部を引き受ける金融機関が受け取る。破綻した金融機関の債務超過額を補てんする資金援助である。これは回収不能であるため，全額が回収不足額となっている。

最後に資本増強額である。これはよく「公的資金注入」という形で報道される類の支援である。ほとんどの注入形態が，議決権をもたない「優先株式」という形で政府（実際の取得者は預金保険機構等）が引き受ける。ただ，2003年のりそな銀行への資本注入は一部普通株式が投入された。

このうち，大手銀行の公的資金の返済状況を示したのが図表8-2である。返済額は注入額（返済元本）を大幅に超過し，利益率は16％を超えている。

この状況は何を示しているのか。銀行は，つぶした方が公的負担は大きいということである。つぶさずに健全銀行（つまり債務超過ではない）として公的資金を注入すると，黒字になって戻ってくるのである。銀行は情報の非対称性の塊のような存在である。こうした存在が破綻して，事業を引き継ぐための精査をされると保守的な見積もりにより，「金銭贈与」や「瑕疵担保特約」などを通じて公的負担が膨れる傾向が強い。

つまり，社会からの批判を受けながらも，銀行を生かしたまま金融システムの

図表8-2　主たる公的資金注入と返済額（2015年5月末）

（単位：10億円）

	返済元本	返済額	利益率
みずほフィナンシャルグループ	1,949.0	2,047.2	5.04%
三菱ＵＦＪフィナンシャル・グループ	1,600.0	2,055.5	28.47%
三井住友フィナンシャルグループ	1,301.0	1,741.4	33.85%
りそなホールディングス	2,817.1	2,910.4	3.31%
三井住友トラスト・ホールディングス	532.3	767.4	44.19%
新生銀行	120.0	154.0	28.37%
あおぞら銀行	53.9	71.2	32.03%
合　計	8,373.2	9,747.2	16.41%

出所：預金保険機構年報に基づき筆者作成。

安定化を図った方が国民経済的には良いということである。TBTFを否定するのではなく，これに伴うモラルハザードをいかに解消するかが政策のポイントである。

4. 金融危機の類型化

（1）危機は4段階を経て解決される

我が国は金融危機に直面し様々な対応を講じたが，多くの場合海外の政策当局や市場から厳しい批判を受けた。何らかの形で金融不安が表面化する可能性が出てきた場合，多くの場合は，問題の過小評価から始まり，市場からの厳しい反応を経由しながら，根本的な政策対応に帰着する傾向が強いというのが，過去の日本の歴史ならびに，今次欧州情勢を観察した結果の印象である。この経緯を踏まえ，危機の対応を以下の4つのフェーズに類型化した。

第1フェーズ：初期段階の対症療法
① **本フェーズの特徴**
危機の初期段階では，政策コストの極小化への政治的動機や銀行救済に対する国民からの批判への配慮など，政治的ポピュリズムから，問題への本質的対応が遅れるとともに，事態の過小評価に陥る。同時に銀行サイドも，レピュテーショナル・リスクへの配慮や公的資金注入に伴う政府による経営介入への抵抗感から，財務健全性に係る自己評価が過大となる傾向がある。したがって，このフェーズでは，根本的な問題解消はもとより顕在化した問題への対応すら不十分となる。

② **日本のケース**
日本の金融危機においては，1997〜98年がこのフェーズであると位置づけられる。1997年後半は，三洋証券，山一證券，北海道拓殖銀行の相次ぐ破綻が発生し，年末越えの資金調達がタイトとなるなど，金融不安が高まった。市場は銀行の資本不足を懸念し，株価は急落した。これに対し，政府は金融危機安定化法（略称）を成立させ，銀行への資本注入の枠組みを整えた。しかし，必ずしも厳格な資産査定が実施されたとはいえない状況で各行が資本注入の申請を行ったほ

図表 8－3　金融危機の類型化

局面	市場の反応	日本における事象	アメリカ発金融危機における事象	ユーロ危機における事象
I 表面的問題顕在化と初期的対症療法	短期的かつ小幅の回復もあるものの「Too-Late・Too-Small」との認識を共有	①住専処理と自己査定（95-97 年）②資産の質に係る問題を提起③山一證券、拓銀が破綻（97 年 11 月）④佐々波委員会が小型資本注入（98 年 3 月）	①サブプライム住宅ローン問題浮上（06-07 年）②大手ベアスターンズの経営危機（08 年）③アメリカ大手保険 AIG に緊急融資（08 年 9 月）	①ベルギー最大手フォルティスを救済（08 年 10 月）②イギリスが 500 億ポンドの公的資金決定③アイスランドが銀行国有化（同上）④スイスが UBS 救済の基金拠出（同上）
II 市場の催促に促された対応と評価、本格的回復局面へ	政策対応を評価、本格的回復局面へ	①一斉検査（98 年 7 月）②債権放棄等の私的整理（98-99 年）③引当・償却の厳格化（99 年 1 月）④柳澤委員会が本格的資本注入（99 年 3 月）	①リーマンブラザーズが破綻（08 年 9 月）②バンクオブアメリカがメリルリンチ救済（同上）③アメリカが 7,000 億ドルの公的資金決定（同 10 月）	①ギリシャ財政危機で IMF と EU が支援（10 年 6 月）②欧州周縁国問題が本格化（同上）③ヨーロッパ主要銀行のストレステスト（同 7 月）④アイルランドが EU の基金に支援要請（同 11 月）
III 本質的かつ構造的問題の露呈と混乱	根源的問題を認識、本質的な対応を迫る	①大口問題先の私的整理の再発（01 年）②救済企業の破綻（01-02 年）③小泉・ブッシュ会談で約束（02 年 9 月）④竹中ショック	①クライスラーが破綻（09 年 4 月）②G20 ロンドンサミットで規制強化合意（同上）③GM が破綻（同 6 月）④FRB が大手銀行のストレステスト結果発表	①ギリシャ財政危機再燃（11 年）②ギリシャ公的債務の 50％の免除決定（同 10 月）③スペインへの EU 支援決定（12 年 6 月）④ヨーロッパの主要銀行のストレステスト定例化
IV 問題の最終的解消	痛みは伴うも、抜本的な問題処理効果を高く評価	①金融再生プログラム②特別検査で債務者対応方法も精査③査定・税効果・資本を徹底チェック④増資、救済、整理	①シティグループが公的資金完済（10 年 3 月）②ドッドフランク金融改革法成立（10 年 7 月）③国際金融規制バーゼル III 合意（10 年 12 月）	①ユーロ主要銀行の資産査定（14 年後半）②欧州中央銀行が統一した銀行監督（同 11 月）③資本不足の洗い出しを実施（同上）④銀行問題落ち着くもギリシャ問題再燃（15 年）

出所：筆者作成。

か，申請金額の多い銀行は風評リスクにさらされるとの懸念から，結果的に大手銀行各行にほぼ1千億円程度の均一な注入額に留まった。このため，一時的には株価が回復したものの，形式的な公的資金注入では市場の信認は得られず，株価は下落を続けることとなった。

第2フェーズ：市場からの圧力とより根本的な対症療法
① 本フェーズの特徴
初期段階における対応の不十分さを背景に，市場の政策対応への不信感が鮮明となる。より抜本的な政策対応を催促する形で，様々な市場価格が下落する。この状況では，銀行間の資金融通が不全に陥るほか，預金流出などにより，銀行の資金繰りが逼迫する。流動性不安および自己資本比率低下の懸念などから銀行の資産圧縮が進み，貸し渋りに代表されるクレジット・クランチが発生することで，追加的な政府の危機対応が余儀なくされる。この局面では，市場の懸念払拭のため，資産査定の厳格化，引当水準の引き上げ，これらに伴い不足する自己資本の充実が促される。これによりすでに顕在化したリスクへのより包括的な政策対応が実施され，市場から一定の評価が得られる。

② 日本のケース
1998年3月における1.8兆円の公的資金注入では不十分との見方が市場で共有され，銀行のアセットクオリティへの不安が募った。こうした状況を背景に，当時の金融監督庁（現・金融庁）は，同年7月以降，大手銀行の一斉検査に着手し，貸出等の資産の厳格な査定をオンサイト（銀行に出向いての検査）にて徹底して行うこととした。この間，日本長期信用銀行や日本債券信用銀行などの相次ぐ破綻を横目に，破綻銀行の処理や銀行の資産状況の透明性向上を企図した金融再生法，銀行への公的資金注入を可能とする金融早期健全化法などが国会で成立し，厳格な不良債権処理と銀行の資本基盤再構築のための枠組みが整えられた。「破綻懸念先」への引当率75%などを明示した上で，1999年3月に大規模な公的資金注入を実施し，市場からは一定の評価を得るに至った。

第3フェーズ：構造的問題の顕現化
① 本フェーズの特徴
第1および第2フェーズでは，資産査定の厳格化などを通じ，顕在化した問題

への対応が適切に行われたものの、こうした問題が発生した構造的問題に対処するには至らない。このため、これまでと同様の問題が発生し、問題の根本が解決されていない状況が露呈される。市場は繰り返される問題の発生に、従来以上に不安感を増幅させ、政策対応の不十分さへの不満が、様々な市場価格の下落により表現される。この段階では、市場ばかりでなく、諸外国からも問題解消に向けた政治的な取組みを求められるなど、強い圧力にさらされる。

② 日本のケース

1999年の公的資金注入により銀行問題は解消されたと思われたものの、そのわずか2年後の2001年にマイカルが破綻し、銀行問題への政策対応に綻びが見られるようになる。これ以降、過剰設備やこれに伴う過剰債務を抱えた大企業の財務状況の悪化が次々に表面化することとなった。取引銀行に対し金融支援を求めた多くの企業が、1998～99年において債権放棄等の私的整理を通じて再建途上にあり、これらは俗に「ゾンビ企業」と揶揄された。こういったミクロでの問題の発露が、日本全体の構造調整の不十分さを露見させ、より抜本的な解決を市場が求めることとなった。

第4フェーズ：構造的問題への果断な対応
① 本フェーズの特徴

第2フェーズまでで実施された、顕在化した問題への「対症療法」では、再び同様の問題が浮上しかねないとの認識が市場や諸外国で共有化される。政府はこれを受け、政策的なコストや短期的な経済の痛みを覚悟しながら、構造改革への政治的な決意を固め、より抜本的な政策対応が実施される。これにより、問題の根源となる構造要因が取り除かれ、市場からの信認が回復する。

② 日本のケース

2002年9月、米国での小泉・ブッシュ会談において、日本は不良債権問題の抜本処理を約し、小泉首相が帰国後即座に任用した竹中金融担当大臣（当時）の下、「金融再生プログラム」が実行された。1998年における一斉検査では、全体的な資産査定の厳格化が求められるに留まったが、2002年以降の「特別検査」では、大口融資先にターゲットを絞り、金融支援の方法などの銀行の対応方法まで金融庁の精査が及んだ。これにより、銀行は中途半端な不良債権処理の対応で

は済まされなくなり，大口問題先の抜本処理が加速した。この時，多くの銀行が公的資金に依存せずに増資を行ったが，（預金保険法第102条の適用を受け）りそな銀行には多額の公的資金投入が実施された。この事案により，抜本的な構造改革（＝バランスシート調整）とこれを支えるセーフティネット（公的資金によるサポート）が確認され，市場の信認が回復した。

(2) 4つのフェーズを踏まえて

こうしたフェーズごとのイベントフローと，それに対する市場の反応は，銀行株価指数と対比すると分かりやすい。図表8-4は1997年以降の東証銀行業株価指数の推移に主なイベントの流れを対比させたものである。

1998年3月に実施された公的資金注入は，ある程度の安心感と金融市場安定化への期待感から，銀行株価の回復を促したものの，この傾向は長続きしなかった。市場の銀行の資産内容に対する不安感は根強く，株価は下落の一途をたどり，政府は金融検査の強化に乗り出すこととなった。この結果，銀行の損失が膨らむとの懸念が広がり，株価の下落は続いた。その後，日本長期信用銀行などの破綻により金融不安は最高潮となり，政府は厳格な検査，引当の充実，公的資金を活用した資本の充実の3点セットを実行し，市場は安定を取り戻した。

しかし，2001年のマイカル破綻やこれに続く数々の大口融資先の私的整理により，市場の不信感は再び高まりを見せた。株価はその後も軟調に推移し，構造問題への対処を暗黙のうちに政府に促す形となった。危機感を抱いた小泉政権は，竹中氏に金融セクターの構造改革を付託し銀行システムを荒療治で構造改革させる強硬路線に移行した。この結果，ハードランディングも辞さない政府の方針が株式市場を不安に陥れ，銀行国有化懸念が市場に広がった。これにより，銀行株価は軒並み下落した。しかし，徹底した金融庁による銀行検査と，これに伴う損失計上，そして損失をカバーするための増資などが矢継ぎ早に示された。これによりゾンビ企業の再発を抑止する見通しが得られたほか，りそな救済を通じて金融システムに対するセーフティネットの充実が市場に伝わり，銀行株価は急速に回復局面へと転じた。つまり，痛みを伴う構造改革がなければ危機からの真の脱却は困難なのである。これを株価は明確に表している。

158 第Ⅰ部 金融のしくみ

図表8-4 金融危機の類型化と株価

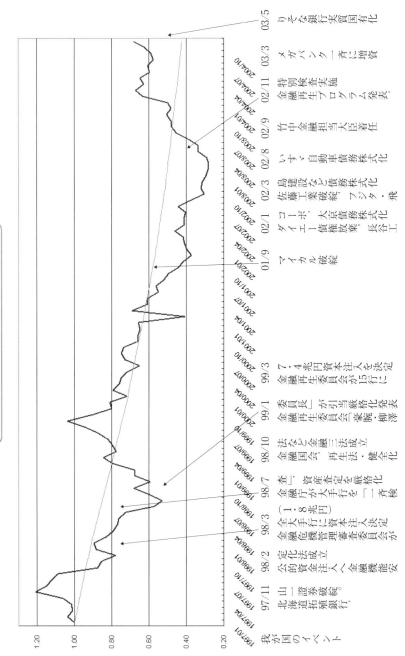

出所：ブルームバーグデータに基づき筆者作成。

(3) ヨーロッパ情勢への適用

　欧州の情勢は，2014年11月に主要な銀行に対する監督権限を各国の当局から欧州中央銀行（ECB）に移管し，その移管前において日本と同様に厳格な銀行の資産内容の精査を実施した。銀行の検査や増資はまずまず合格といえるが，これは4類型の第2フェーズまでの状況にすぎないと評価する。理由はギリシャである。

　ギリシャに対する債権の一部免除や断続的な金融支援策は，我が国におけるゾンビ企業への債権放棄と金融支援に酷似している。債権放棄などの金融支援は，短期的には借り手の財政状態を緩和させるが，財務や事業の本質的な問題の治癒にはつながらないため，時間の経過とともに，追加的な金融支援の要請が断続的に出された。ギリシャにしても，緊縮財政の中での経済立て直しは難しく，ゾンビ企業と同じ経路をたどることは想像に難くない。

　そもそも，異なる生産性，異なる文化・風土，異なるインフレ率を前提としながら，単一の通貨，単一の金融政策で経済を運営していくことの無理が，ギリシャなどのソブリン問題を観察するにつけ再認識させられる。共通通貨ユーロの存続を確実なものとしたいのであれば，国家主権の心臓部である財政の完全統合までも視野に入れる必要がある。ECBへの銀行監督権限の統一化やその前段階における厳格な査定は，銀行システムに対する本質的な解決策といえようが，残念ながらギリシャなどのソブリン問題はいまだ道半ばである。

5.　グローバル金融規制の強化

(1) グローバル金融規制の流れを鳥瞰する

　金融規制の流れは，グローバル化と規制目的の多様化の二つの動きが重要である。図表8-5は，金融規制の流れの全体像を鳥瞰したものである。

　第一のポイントは，規制のグローバル化である。1980年頃までは，金融規制はあくまでも各国の国内のルールでしかなかった。規制の目的も各国の金融機関の健全性を維持，監視するためのものであった。しかし，1985年にアメリカが厳しい自己資本比率のルールを導入した頃から状況が変わる。

図表8−5　グローバル金融規制の流れ

	国内規制中心 (〜1980年)	グローバル規制へ転換 (1990〜2008年)	グローバル規制の深化 (2009年〜)
背景	国内における 信用創造機能の安定化	レベル・プレイング・フィールド 金融国際化への対応	リーマンショックによる 国際的負の連鎖への反省
目的	個別預金取扱金融機関 の健全性の確保	各国の銀行健全性規制 の標準化・高度化	規制範囲の拡大・厳格化 金融システムの安定化
監督	各国当局	各国当局, バーゼル委(BCBS)	各国当局, BCBS, FSB, IAIS, IOSCO
手法	各国内独自の 自己資本比率規制	BIS規制 (自己資本比率規制)	BIS規制(資本・流動性) G-SIFIs規制(資本ほか)

個別金融機関の健全性確保(ミクロプルーデンス)

マクロプルーデンス

注：BCBS＝Basel Committee for Banking Supervision(銀行監督), FSB＝Financial Stability Board(金融監督全体の統括組織), IAIS＝International Association of Insurance Supervisors(保険監督), IOSCO＝International Organization of Securities Commissions(証券監督)
出所：筆者作成。

　日本の銀行が海外において積極的に貸出を増やしているのを見ながら，アメリカは厳しい規制を要求されている自国の銀行が競争上不利な状況に立たされたと感じたものと見られる。1986年にアメリカとイギリスは国際的な自己資本比率規制の必要性を訴える共同提案を行い，その後国際的な議論の場に移った。これが「バーゼル」というスイスの中堅都市が世界的に有名になり始めたきっかけとなった。国際的な金融規制を話し合う場としてバーゼル銀行規制監督委員会（現在のバーゼル銀行監督委員会）が選ばれたからだ。

　バーゼルに所在する国際決済銀行（BIS＝Bank for International Settlement）の本部内にこの委員会が立ち上げられたのは1975年であるが，発足当初は各国の金融当局者が意見交換する「サロン」のような組織であった。しかし，アメリカなどの共同提案から，この組織が権威をもつようになった。1987年に「自己資本の測定と基準に関する国際的統一化への提言」が同委員会から出され，1988

年に国際的に統一された自己資本比率規制が合意された。これが「バーゼル合意」で、その後「バーゼルⅠ」と呼ばれるグローバル規制となる。図で描かれている「レベル・プレイング・フィールド」とは、国際的な競争条件を一致させるということであり、同一の国際ルールを設定することで銀行間の規制上の理由から来る競争力の優劣を排除する目的があった。

　この規制グローバル化の流れがさらに加速したのが、2009年4月にロンドンで行われたG20サミットであった。2008年9月のリーマンショックの反省から、金融システムの安定化を図るためにグローバルな規制の枠組みを見直す必要性が重要な議題であった。この会合で、グローバルな金融安定化を図る最高機関として金融安定理事会（FSB = Financial Stability Board）が組織された。サロン的な金融安定化フォーラム（FSF = Financial Stability Forum）がこの前身であるが、G20サミットに対する最高諮問機関として権威づけされた。FSBの傘下に、銀行、保険、証券などの国際的監督組織がつく形となっている。これがグローバル金融規制の強化に向かう大号砲となり、次節で説明する「バーゼルⅢ」を始めとする規制強化の流れが作られた。

　もう一つの流れが、規制目的の多様化である。この図表の底辺に書かれているミクロプルーデンスとマクロプルーデンスである。プルーデンス政策は、金融機関の健全性を維持するための政策である。このうち、ミクロプルーデンスは従来から取り組んできた個別金融機関の健全性を維持するための施策である。しかし、リーマン・ブラザーズという個別金融機関の破綻が、世界の金融市場ばかりでなく世界経済に大きな影響をもたらした経験を踏まえ、金融システム全体の安定性を確保する政策の必要性に焦点が当てられるようになった。

 (2) グローバル規制の全体像

グローバル金融規制をミクロおよびマクロプルーデンスに分けて説明する。

① ミクロプルーデンス

　銀行業界に対する「バーゼルⅢ」という大きな規制の枠組みの変更、保険業界に対する史上初めての国際統一自己資本比率基準となる「国際保険資本基準（ICS = Insurance Capital Standard）」などがミクロプルーデンスに該当する。なお、バーゼルⅢはすでに内容が固められたため次節で詳しく説明するが、ICSに関して

は細部が決まっていないため，ここで簡単に説明する。

　保険業界に対する規制・監督は世界全体として緩かった。アメリカでは州単位でしか保険の監督が存在せず，質の整った保険監督の体制が国際的にはおろか国によっては国内においてもルーズな部分が目立った。このため，保険監督者国際機構（IAIS = International Association of Insurance Supervisors）が，国際的に活動する保険会社（IAIG = Internationally Active Insurance Group）に共通のガバナンスやリスク管理の枠組みを設けることを決めた。2011年に合意され2012年に改定された保険監督上の原則（ICP = Insurance Core Principles）に基づき，ComFrame（Common Framework for the Supervision of IAIG）と呼ばれる枠組みがそれである。

　IAIG の選定は，定量的基準のフィルターを通した上で，各国監督者により組成される「監督カレッジ」という国際組織により最終的決定される。定量的フィルターは以下の二つが基準として用いられる。ICS は2016年に内容が確定され，2019年に施行される。

1) 国際性基準：①保険料収入の10％以上が母国以外，②三つ以上の国で保険料を稼いでいる。
2) 規模基準：①資産規模が500億ドル以上，②保険料収入が100億ドル以上

② マクロプルーデンス

　FSB は，個別の金融機関が金融市場全体に及ぼす重大な影響（システミック・リスク）を予防ないしは影響度の低減を図るマクロプルーデンス政策を G20 から付託されている。これに向けての重要かつ具体的な施策が「グローバルな金融システムに重要な影響を及ぼす金融機関（G-SIFIs）」を特定し，こうした巨大金融機関が市場に与える影響を排除するための条件設定である。

　FSB は2011年10月に「金融機関の実効的な破綻処理の枠組みの主要な特性」を発表し，G-SIFIs のような巨大金融機関が TBTF によるモラルハザードを来さない仕組みと納税者のお金を投入しないための政策の枠組みが示された。具体的には G-SIFIs が「破綻しにくくするための仕組み」と「市場に影響を及ぼさない破綻の仕組み」の2点である。

　G-SIFIs は業態別に分かれている。銀行についてはバーゼルが G-SIBs（Global Systemically Important Banks），保険は IAIS が G-SIIs（Global Systemically Important Insurers）の認定を行うための方法論を定め，個社名を列挙したリスト

を公表している。また，銀行にも保険にも属さない金融機関についてもNBNI (Non-Bank Non-Insurance)-SIFIs として認定するための方法論が策定されている。ちなみに日本からはメガバンク3社がG-SIBに指定，日本の保険会社はG-SIIsに入らなかった。

「破綻しにくくするための仕組み」として，G-SIFIsに追加的な自己資本比率の上積み（「資本サーチャージ」）が課せられた。具体的な上積み水準に関しては図表8-6をご覧いただきたい。次節で詳しく述べるが，最も重視される「普通株等TierⅠ比率」は通常の銀行で7％であるが，三菱UFJで+1.5％の8.5％，みずほおよび三井住友は+1％の8％が充足すべき水準である。

次に「市場に影響を及ぼさない破綻の仕組み」についてである。リーマン・ブラザーズのように影響力のある金融機関が破綻するとマクロ経済に多大な影響を及ぼす。これが銀行の特徴である「負の外部性」である。こうした事態を防ぐために，公的資金投入による救済が行われる。これをベイルアウト（Bail-out）という。このため，影響力のある金融機関の経営者は，TBTFのモラルハザードを抱えながらリスクテイクに励む。こうした負の外部性を公的資金のような外部からのサポートではなく，自己解決させる仕組み作りが，この方策である。具体的には，銀行の抱える損失処理を，株主や債権者など内部のステークホルダーに負担させる仕組みである。つまり，負の外部性の「内部化」である。これを，ベイルアウトに対応した言葉として，俗に「ベイルイン」と呼ぶ。経営危機が起き

図表8－6　G-SIBsのリスト（2014年11月現在）

バケット	資本サーチャージ	金融機関名
5	3.5%	なし
4	2.5%	HSBC, JP Morgan Chase
3	2.0%	Barclays, BNP Paribas, Citi, Deutsche
2	1.5%	三菱UFJフィナンシャル・グループ，Bank of America, Credit Suisse, Goldman Sachs, Morgan Stanley, Royal Bank of Scotland
1	1.0%	みずほフィナンシャルグループ，三井住友フィナンシャルグループ，中国銀行，中国農業銀行，中国工商銀行，BNY Mellon, BBVA, BPCE, Credit Agricole,Nordea, Santander, Societe Generale,Standard Chartered, Unicredit, State Street, UBS, Wells Fargo

出所：FSBリリースをもとに筆者作成。

たときに、秩序だった破綻処理を行える体制を整備することにより、経営者のモラルハザードを抑制することが狙いである。

破綻した場合の損失を納税者ではなく内部で吸収できる条件を定量化するために、FSB は総損失吸収能力（TLAC = Total Loss Absorbing Capacity）という概念を作った。一義的には株主資本がここに含まれる。このほか、持ち株会社が発行した社債などがこの定義に含まれることとなっている。求められる水準はリスクアセットの 16〜20％以上、総資産の 6％以上である。

ちなみに、日本ではどういった法令上の手続きを踏むのか。日本では預金保険法第 126 条が新設され、金融システムに重大な影響を及ぼす事態における対応について、銀行、保険、証券まで対象範囲が拡大された。同条は、「我が国の金融市場その他の金融システムの著しい混乱が生ずるおそれがある場合に、金融危機対応会議の議を経て、内閣総理大臣が、金融機関に対して、その財務状況等に照らし、法 126 条の 2 第 1 項 1 号又は 2 号に定める措置を講じる」ものとされている。この認定を「特定認定」という。このうち「特定 1 号措置」は、債務超過でないことを前提に、資本注入や資金援助が受けられるものとなっている。一方、「特定 2 号措置」はベイルイン事由となる。ベイルイン事由になると、デリバティブや短期金融市場取引などの保全を行えるとともに、デリバティブ契約の早期解約条項の発動停止を命じることができる。つまり、特定認定された金融機関の経営リスクが、金融システムに伝播する危険性を排除できる枠組みを整えたわけである。その上で、上記の TLAC で定義されたような資本や債券により破綻時の損失を吸収させる制度設計となっている。

6. バーゼルⅢの導入

(1) 各国規制に影響するバーゼルの考え方

バーゼル銀行監督委員会が各国の銀行経営に大きな影響を及ぼすルールメーカーとなった点を明らかにした。このルールメーカーには、日本からは金融庁と日本銀行から参加し、過去の国際合意に至る過程においても日本の監督者の意見が結論に大きく影響することも少なくなかった。

ここでは、最も重要な規制の変化であるバーゼルⅢについて述べよう。その前

に，バーゼルⅠからバーゼルⅡ，そしてバーゼルⅢに至るバーゼルの考え方や哲学について触れておこう。

図表8－7　国際決済銀行本部と筆者

バーゼルⅠは，非常に原始的な自己資本比率の計算方法に基づいていた。非常に信用力が高い会社に貸出を行っても，返済が疑わしい会社に貸出を行っても，リスクウエイト（自己資本比率の分母であるリスクアセットを計算するためのリスクの掛け目）は一律100％であった。これを高度化しようとしたのがバーゼルⅡである。リスクウエイト算定に当たっては，簡易な標準的手法と銀行が独自のモデルで計測する内部格付手法がある。これにより，リスクの度合いに応じてリスクウエイトが変わる仕組みが導入された。この時のバーゼルの対応は冷静でかつ寛容であった。ある意味で銀行経営者に対する信頼を前提に，「性善説」に立った規制変更であったといえよう。その証拠に，バーゼルⅡ導入によって平均的な銀行の自己資本比率が下がらないように調整されていた。

しかし，バーゼルⅡが導入されたのち，世界的な金融危機が発生しバーゼルⅢが策定された。危機を招いた銀行経営者を信用するわけもなく，「性悪説」に立ったルール設計となった。このため，従来は自己資本比率のみが財務的な規制要件であったが，バーゼルⅢからは以下に掲げるような数多くの財務的な制約を課しているのである。

（2）バーゼルⅢの骨子

バーゼルⅢの財務的な規制は，三つの柱をもっている。一つは，銀行の自己資本比率規制の質的量的な充実，二つ目は，レバレッジ比率（自己資本の総資産に対する比率）の導入，三つ目は安定的な流動性調達比率の導入である。三分野にわたる規制の中では，自己資本比率規制がやはり最も重要である。

① **自己資本比率規制**

では，バーゼルⅢの自己資本比率規制とはいかなるものか。それは，自己資本の質と量の充実であり，また「リスクアセット」の計算方法の変更（リスクアセットがより大きくなる）である。自己資本の中で普通株式等ティア1資本，あるいはコア・ティア1資本ともいわれる「狭義の中核的自己資本」を重視することとなった。普通株式等ティア1資本は株主資本のうち優先株式は除かれる。したがって，普通株式により調達した資本，利益の蓄積による内部留保が基本となる。これに，いくつかの調整が加わる。株式などの保有有価証券の含み損益（評価差額という）については税率を控除した上でこの資本に反映される。一方でバランスシートの資産に計上されている無形資産など，銀行が破綻した時に価値を失うような性格の資産はあらかじめ資本から控除される。極めて厳しい規制である。

　この普通株式等ティア1資本に含まれない優先株式等は「狭義以外の中核的自己資本（その他ティア1資本）」となり，普通株式等ティア1資本とその他ティア1資本の合計が中核的自己資本である「ティア1資本」となる。さらに，劣後債と言われる預金等の債務よりも先に損失を吸収できる債務も資本に加えることができるが，これが補完的自己資本「ティア2」といわれるものである。

　バーゼルⅢにおいて要求される最低自己資本比率は，普通株式等ティア1は4.5％，ティア1が6％，自己資本全体で8％がミニマムとなる。しかし，このミニマムの水準に加算される要素が二つある。一つが「資本保全バッファー」といわれるもので，上記3つの必要最低限の水準に2.5％が上乗せされる。この上乗せ分が充足されないと，配当や役員賞与がフルには支払えなくなる。もう一つのバッファーは，景気が過熱するときに導入される可能性のあるカウンターシクリカル・バッファーで，最大で2.5％の上乗せとなる。これは景気やバブルの状況によって水準が異なる。

　こうした規制の変化は影響が大きいと見られたため，激変緩和措置として段階的に導入されることとなった。この様子を図示したのが図表8-8である。

② レバレッジ比率規制

　次にレバレッジ比率規制である。自己資本比率の分母がリスクに応じたリスクアセットの合計額であったのに対し，レバレッジ比率はリスクには関係なく総資産を用いる。まさに原始的な自己資本比率規制への先祖返りである。

　そもそもこの財務規制が導入された背景は，リスクウエイトへの不信感である。リーマンショックのなか多額の損失を発生させたCDOなど証券化商品は格付け

図表8－8　バーゼルⅢの自己資本比率規制の導入プロセス

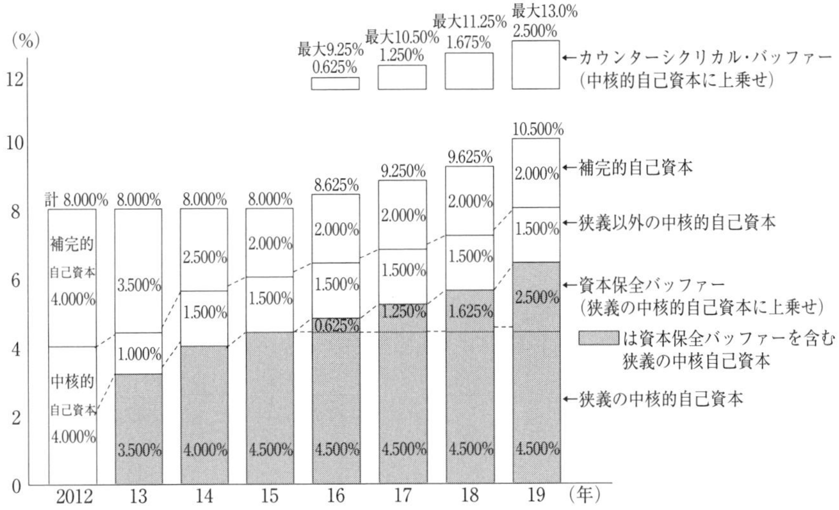

出所：バーゼル銀行監督委員会文書に基づき筆者作成。

が最上級（AAA格）のものが多く，リスクウエイトは20％とかなり低かった。このため，リスクウエイトが不適切な水準であっても，レバレッジ比率によって縛っておけば大丈夫ということである。レバレッジ規制は2018年より導入され，ティア1資本を総資産の3％以上もつべきとされている。レバレッジ比率の逆数は，レバレッジ倍率である。なお，アメリカでは，2010年に成立した「ドッド・フランク金融規制改革法」のもと総資産が500億ドル以上の銀行を対象にバーゼルⅢ以上に厳しいレバレッジ比率を要求している。具体的には，レバレッジ比率を銀行で6％以上，持ち株会社連結は5％以上とする決定をした。将来的にバーゼルの3％という水準も引き上げられる可能性はある。

③　流動性比率規制

流動性比率規制は，流動性カバレッジ比率（LCR = Liquidity Coverage Ratio）と安定調達比率（NSFR = Net Stable Funding Ratio）から構成される。ともに金融市場が混乱した時の調達の安定性に備えるものである。

LCRは，30日間資金調達ができない状況においても十分な支払能力を得られるよう処分が容易な流動資産を保有する義務である。所要比率は，2015年に60

図表8－9　バーゼルⅢの流動性規制の算定式

$$\text{LCR} = \frac{\text{質の高い流動資産～現金，中央銀行預金，ソブリン（高流動性），国債（自国通貨），株式，社債}}{\text{30日間超のキャッシュアウトフロー～預金流出，負債性調達}}$$

$$\text{NSFR} = \frac{\text{安定調達額～TierⅠ＆Ⅱ，優先株，流動性預金，1年超定期預金}}{\text{要求調達額～ソブリン，有価証券全般(株式や国債を含む)，貸出}}$$

出所：バーゼル銀行監督委員会文書に基づき筆者作成。

％，その後10％ずつ上がり，2019年に100％となる。図表8-9の通り，分子には処分により現金が確保しやすい資産が含まれている。

NSFRは，銀行が継続的に保有する貸出等の資産に対し，安定的な調達源が確保されているかを測る指標である。分子に含まれる安定的な調達とは，自己資本や長期負債である。この規制も100％以上を維持することが求められる。

日本の銀行に関しては，潤沢で余りある預金による安定的な調達ができており，諸外国の銀行に比べればこれらの流動性比率の達成は困難ではないと思われるが，ヨーロッパの銀行は預金を上回る貸出の状況であり，本格的な導入までに調達構造の変化が求められよう。

参考までに図表8-10でバーゼルⅢの財務規制のまとめをしておく。

図表8－10　バーゼルⅢの財務規制のまとめ

主要規制項目	自己資本	レバレッジ	流動性
規制対象	コアTierⅠ比率(X) TierⅠ比率(Y) 自己資本比率(Z)	レバレッジ比率	短期資金繰り指標＝LCR (Liquidity Coverage Ratio) 長期資金繰り指標＝NSFR (Net Stable Funding Ratio)
充足基準	X≧4.5％, Y≧6.0％, Z≧8.0％ (資本保全バッファー含め，各，7％, 8.5％, 10.5％)	3％以上	それぞれ100％以上
規制導入時期	2013年1月から導入済み	2018年1月より本格導入	LCRは2015年1月段階的導入 NSFRは2018年1月本格導入
経過期間	2019年1月までは移行期間	2013年1月より試行期間	LCRは2019年1月本格導入

出所：バーゼル銀行監督委員会文書に基づき筆者作成。

第9章

中央銀行と金融政策

―矢は放たれた―

1. 中央銀行の役割

 (1) 中央銀行の使命

　中央銀行の主な役割は，貨幣の発行，資金の決済，金融秩序の維持である。日本銀行法においては，「我が国の中央銀行として，銀行券を発行するとともに，通貨及び金融の調節を行うこと」および「銀行その他の金融機関の間で行われる資金決済の円滑の確保を図り，もって信用秩序の維持に資すること」と役割が規定されている。

　金融緩和的な政策は，金利引き下げや貨幣供給の増加による消費や投資の刺激あるいは金融システムの安定化を狙いとして行われる。一方，金融引き締め的な政策は，物価上昇の抑制や過熱した景気の緩和を目的として行われる。

 (2) 金融政策の目的

① **物価の安定**

　日本銀行の金融政策の目的は，物価の安定を図ることである。物価の安定は，経済が安定的かつ持続的成長を遂げていく上で不可欠な基盤であり，日本銀行はこれを通じて国民経済の健全な発展に貢献するという役割を担っている（日本銀行法第1条第1項，第2条）。

　過去はインフレーションの抑制が物価安定の主たる政策目的であった。しかし，近年ではデフレーションからの脱却が命題となっている。デフレは家計の名目的な所得水準が維持される限りにおいては，実質的な購買力が高まるので良いことのように感じてしまう。しかし，デフレは物価下落を人々に予想させることによ

り，消費を先送りさせる作用がある。消費の先送りは経済活動を停滞させ，所得水準を減少させる。したがって，期待インフレ率をプラスに転ずることが現在の我が国における「物価の安定」の政策目標となる。

② 金融システムの安定

日本銀行は，決済システムの円滑かつ安定的な運行の確保を通じて，金融システムの安定（信用秩序の維持）に貢献することを求められている（日本銀行法第1条第2項）。日本銀行は，金融機関に対する決済サービスの提供や「最後の貸し手」機能の適切な発揮等を通じて，この目的を達成する。

金融危機などの状況においては，金融機関への資金融通を行うことで資金繰りの悪化による金融機関の破綻を防ぐなどの方策がとられる。1998年までの金融危機では，銀行をはじめとする主要金融機関の資金繰りが不安定化し，貸し渋りなどの経済的な打撃を与えた。日銀が積極的に資金供給することでこのリスクの低減を図った。また，平時においても，銀行と「考査約定」を結び，金融庁による金融検査とは別に銀行の健全性をモニタリングしている。

③ その他の目的

一般的に中央銀行は政府からの独立性を維持しながら，必要に応じ政府と政策的協調を行う立場にあるべきである。国によっては，雇用の安定と適切な経済成長の維持を中央銀行の金融政策の目的として，政府と協力することがある。

2. 伝統的金融政策手段

 (1) 預金準備率操作

法定準備率を引き下げれば，銀行が貸出に回せる資金が増える。このため，金融緩和のための手段としては，準備率の引き下げがある。逆に，金融引き締めの際には準備率の引き上げが行われる。準備率の操作による信用乗数効果については，第5章を参照されたい。

(2) 基準割引率および基準貸付利率操作

　日本銀行が短期金利をコントロールする際には，昔は公定歩合と呼ばれる日銀が民間銀行に貸し出す際の金利を用いて公定歩合操作と呼んでいた。しかし，2006年8月に政策手段の名称変更が行われ，「基準割引率および基準貸付利率」へと改称された。この操作対象となる金利は，一般的に政策金利と呼ばれる。

　日本銀行が短期金利をコントロールする際に，操作対象を無担保コール翌日物金利を基準金利（目安）としていた。このため，日本銀行が金融機関に直接資金を貸し出す際の基準金利に，銀行の預貸金の金利の目安となる政策金利としての意味合いが薄れた。なお，公定歩合はロンバート型貸出制度（補完貸付制度）適用金利であるため，実質的にコールレートを誘導する際の上限金利となっている。

 (3) オープン・マーケット・オペレーション

　日本語では公開市場操作である。国債の売買を日本銀行が行うことにより，市中に流通させる貨幣量を調節する手法である。「買いオペ」は，市場から国債を買い上げることによって購入代金に充てる貨幣を発行し市中にマネーを流通させる。「売りオペ」は，日銀が保有する国債を市場に売却することで，市場から現金を吸い上げる操作である。前者は金融緩和，後者は金融引き締めを目的とする。

3. 非伝統的金融政策手法

 (1) ゼロ金利政策

　政策金利をゼロに誘導することで，経済全体の実質金利を引き下げ，投資を刺激しようとするものである。1999年2月にゼロ金利政策がスタートし，2006年に解除された。しかし，貨幣と債券の収益率が双方ゼロのため「投機的需要」としての貨幣需要が高まり，投資が刺激されない，これが後に説明するいわゆる「流動性の罠」にはまっている。

　欧州ではマイナス金利政策も登場している。欧州中央銀行（ECB）が2014年6月に導入を決定，ユーロ圏の市中銀行がECBに預入する預金金利をマイナス

にするもの。銀行は ECB に余剰資金を預けると金利を取られる（手数料のような感覚）ため，銀行貸出に資金が回ることを目的とする。

(2) 量的緩和政策

　量的緩和政策はその英語である Quantitative Easing を略して「QE」と呼ばれることが多い。中央銀行が当座預金の積み上げ目標を明示し，国債買い取りなどによりマネーの流通量を増加させる政策である。日本では 2001 年にこの政策が採用され，2004 年に 35 兆円の積み上げ目標まで引き上げられた。

　米国 FRB（連邦準備制度理事会）も，2008 年から「QE1（1 兆 7250 億ドル供給）」，2010 年から「QE2（同 6000 億ドル）」と呼ばれる量的緩和を実施した。

(3) 質的緩和政策

　中央銀行が安全債券である国債以外の「リスク資産」を購入することで，経済の活動を金融面から刺激する政策。具体的に日本では REIT（不動産投資信託証券）や株式（通常は個別の株式ではなく ETF と呼ばれる株価指数に連動した証券）を購入。米国でも抵当証券（モーゲージ）などの購入が行われた。

(4) インフレターゲティング

　物価上昇率を中央銀行の政策目標とする。日本では，コアコア CPI といわれるエネルギー関連を除いた消費者物価指数を 2％まで引き上げる目標が 2013 年に示された。元来，インフレ鎮静化を目的として採用された考え方であるが，日本を始め多くの国では現在のデフレ環境からの脱却を目指すものである。

4. 金融政策の信頼性

 (1) 時間的不整合の問題

　中央銀行が金融政策を行う場合には，市場あるいは世間一般とのコミュニケーションが重要である。金融政策に取り組む過程で，時間の経過とともに当初の政策的目標設定と異なる政策的動機が生じることがある。この場合，中央銀行の政策的信頼性（クレディビリティという）が低下してしまう。これを「時間的不整合」という。つまり時間の経過とともに，政策の目的が変化してしまうことである。

　例えば，インフレーションが発生している中で物価の安定と失業率低下の二つを政策目標としていたとする。ただし，物価の安定には金融引き締め気味の政策が必要であり，失業率低下には緩和気味の政策が必要である。このようなジレンマの中で，中央銀行が物価安定を金融政策の目標に掲げたとする。人々のインフレ期待は低下し，物価が安定するかもしれない。しかし，その時に失業率を低下させるべく金融緩和を行ったとする。これがインフレーションを生んで結局金融政策に対する信頼性は低下するに違いない。これがクレディビリティの低下である。

　昔は，ルーブル合意やプラザ合意を始めとする国際合意があったため，各国の中央銀行の金融政策はこうした合意の制約を受けた。これを「ノミナルアンカー」という。この場合は，中央銀行の行動が客観的に分かりやすくなるため，クレディビリティの低下は避けられる。

　クレディビリティを向上させる施策の一つが，インフレターゲティングである。ノミナルアンカーとはいえないが，具体的なインフレ目標を明示することで，中央銀行の行動を期待しやすくなる。これが金融政策の有効性を高める。

(2) テイラー・ルール

時間的不整合のマイナス効果を抑制する考え方で,「テイラー・ルール」がある。テイラー・ルールは経済学者ジョン・テイラーが提唱したもので,中央銀行がコントロールする短期金利の金利運営の目途とされている。定義式は簡単である。

◇短期金利目標＝長期平均実質金利＋インフレ率＋0.5×GDPギャップ＋0.5×（インフレ率－目標インフレ率）

長期平均実質金利がベースとなり,これにインフレ率が加わることで名目金利となる。需要不足によりGDPギャップがマイナス,つまりデフレギャップの場合は金利を下げる方向に作用する。最後の項はインフレ率とその目標値のギャップであり,インフレ率が目標以下なら金利を下げる方向に働く。

5. アベノミクスについて

 (1) アベノミクスと金融政策の目標

アベノミクスは,金融政策,財政政策,成長戦略の3本の柱から構成されるが,日本銀行による金融政策は第2次安倍政権発足後から最も注目された。デフレ脱却を政権の重要な眼目とするなか,金融政策の目標として掲げられたのが,消費者物価指数2%上昇である。この目標達成に向けて「異次元緩和」と呼ばれる金融緩和政策がとられた。内容としては,国債の積極的買入れによるマネタリーベースの大幅増加,株式（ETF）や不動産投資信託（J-REIT）などリスク資産の買入れ,成長融資を手掛ける銀行への低金利貸し付けなどがある。

こうした異次元緩和の第一の狙いとして,「ポートフォーリオ・リバランシング効果」がある。積極的な国債の買い入れにより,銀行が抱える安全資産である国債を吐き出させ,貸出にシフトさせる流れを促すことを目的としたものだ。

第二には「時間軸効果」あるいは「コミットメント効果」である。超低金利状況が長期化するという期待を市場に抱かせることを目的とする。

このほか,暗黙のうちには円高是正や,資産価格（株や不動産の価格）の上昇期待を経済全体にもたせることで,景気の浮揚効果を狙うものが考えられる。

図表9－1　日本のマネー指標推移

出所：日本銀行データに基づき筆者作成。

　資産効果とは，緩和による株式市場や地価上昇により，消費者の保有資産の価値を引き上げ，マインドを明るくすることも含めて，消費を喚起するものである。経営不振企業の保有不動産の含み益を増加させるような，バランスシートを改善させる効果もあるため，消費者ばかりでなく企業に直接あるいは間接的にプラスの働き掛けをする。

　実際，2012年暮れ以降の株式相場の上昇により，消費が活性化したほか，雇用環境の大幅な改善にもつながるなど資産効果が景気浮揚につながった。

(2) IS-LM 分析による評価

　経済学では，IS-LM 分析という伝統的な市場の均衡を分析する手法がある。金利水準（i）を縦軸，所得あるいは国内総生産（Y）を横軸として，財市場の均衡の軌跡を表す「IS 曲線」と，貨幣市場の均衡の軌跡を表す「LM 曲線」を描いたものがこの分析の基礎である。財市場の均衡は投資＝貯蓄となる。この点で所得水準が決定される。貯蓄と投資が一致する所得水準（Y）と金利水準（i）の組み合わせの集合が IS 曲線である。

　取引動機と予備的動機に基づく貨幣需要を L_1 とし，投機的動機に基づく貨幣需要を L_2 とする。前者は所得水準，後者は金利水準に影響されるので，$L_1 = L_1(Y)$，$L_2 = L_2(i)$ となる。したがって，貨幣需要の総額は $L = L(i, Y) = L_1(Y) +$

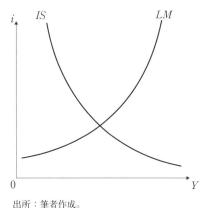

図表9-2 IS-LM曲線

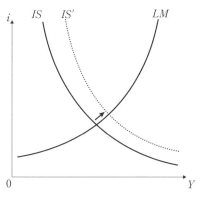

図表9-3 財政支出とIS-LM曲線シフト

出所：筆者作成。

$L_2(i)$ となる。L_1 は所得（Y）が増加するほど増加，L_2 は金利（i）が上昇するほど減少するため，それぞれの関数の傾きである微分係数は $\frac{\partial L}{\partial Y}>0$, $\frac{\partial L}{\partial i}<0$ となる。この貨幣需要は物価の水準を無視しているので，物価水準をPとして時の名目貨幣需要$P\cdot L(i,Y)$と貨幣供給Mと一致するところで貨幣市場は均衡する。貨幣需要と貨幣供給が一致すると金利水準の組み合わせがLM曲線である。したがって，財市場と貨幣市場が同時に成り立つ条件がIS曲線とLM曲線の交点である（図表9-2）。

では，それぞれの曲線の動きに応じた均衡点（所得と金利の組み合わせ）について考えてみよう。アベノミクス第2の矢である財政支出増加は，IS曲線を右シフトさせる。詳しい説明は省くが，政府支出増加により同一金利水準における所得水準が増えるからである（図表9-3）。

アベノミクス第1の矢である緩和的な金融政策により，日本銀行は貨幣供給量を増加させる。これによりLM曲線は右シフトすることとなる（図表9-4）。所得が変わらないと仮定して，増加された貨幣供給量と貨幣需要が一致するためには，金利が低下する必要があるためである。なぜなら，貨幣需要のうち「投機的需要」により債券ではなく現金で保有する需要は金利の低下によって増加するからである。増加した供給に見合う貨幣需要を導くには金利低下が必要である。

アベノミクスの第1の矢によるLM曲線のシフトと，第2の矢によるLM曲線のシフトを合成してみよう。この政策効果を$IS\cdot LM$曲線の合成で示せば，

図表 9 － 4　貨幣供給増加と IS-LM のシフト

出所：筆者作成。

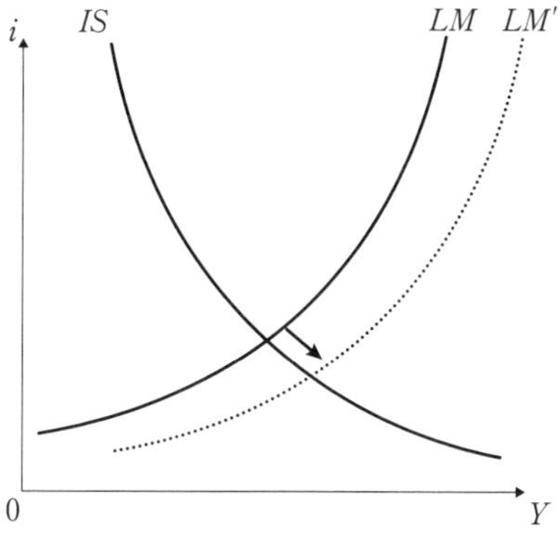

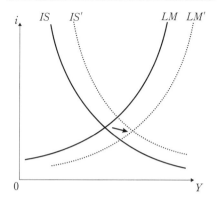

図表 9 － 5　アベノミクス第 1・2 の矢の合成

出所：筆者作成。

図表 9 － 6　流動性の罠と貨幣需要

出所：筆者作成。

図表 9 － 7　流動性の罠と LM 曲線

出所：筆者作成。

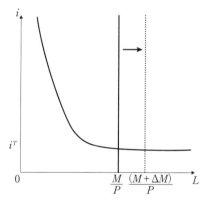

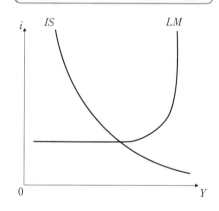

金利水準を維持しながら所得水準を引き上げる効果がある（図表 9-5）。

反対意見もある。流動性の罠を前提にした見解である。貨幣需要のうち投機的動機に基づく貨幣需要は，金利水準によって増減する。金利水準を下げれば債券を買うより現金で保有する需要が増えるため，貨幣需要が増加する。しかし，金利が相当程度低い水準にある場合，金利水準の変化が貨幣需要に影響しなくなる。つまり，貨幣で持っても債券で持っても大差がないため貨幣重要が無限大となってしまう。これが流動性の罠である。

貨幣需要の曲線は，ある一定水準の金利水準，例えば1％以下になると，図表9-6のように横軸と平行になってしまう。このため，貨幣供給を増加させて金利を低下させるような金融政策（貨幣供給を示す直線を右シフトさせる政策）を行おうとしても，金利が下がらなくなる。つまり金融政策が利かなくなるわけである。したがって，LM曲線も一定水準以下の金利からは下がらなくなり，図表9-7のように水平になってしまう。そうなると，LM曲線が右シフトしても所得水準は変化しなくなるという指摘である。

　もう一つの論点が，デフレによる人々の行動への影響である。デフレ経済が長引くと，物価下落は一層のデフレ期待を形成する。これが，貨幣保有のニーズを高める。これをマンデル―トービン効果という。デフレ期待は貨幣需要を高めLM曲線は左にシフトし，所得を減少させる圧力が働くのである。

第10章 国際金融

―ミセス・ワタナベは躍動する―

1. 国際収支

 (1) 国際収支とは

　収支というのは，受取りと支払いのネット（差額）を示す。1年間の収入であるお給料の受取りが200万円で，支出である消費が300万円であれば，収支は100万円の赤字である。国際収支は，ある国が海外との取引の結果として支払いと受け取りを行った結果の帳尻を示している。

　国際収支は，経常収支，資本収支，外貨準備増減，誤差脱漏の主要4項目から構成されている。

　経常収支は，貿易収支（輸出－輸入），サービス収支（サービス授受による金銭の受取り－支払い），第一次所得収支（対外投資から発生する利息や配当金の受取り－海外からの国内投資に伴う利息や配当金の支払い），第二次所得収支（寄付や贈与，援助など対価を伴わない資金の授受）から構成される。

　資本収支は，居住者と非居住者の間で行われた資産・負債の授受を計上するもので，投資収支とその他資本収支から構成される。

　外貨準備増減は，日銀や政府が保有する外貨の残高の増減を指し，誤差脱漏は上記合計がプラスマイナスして国際収支が均衡しない場合の調整項目である。

◇経常収支
A. 貿易・サービス収支
　①定義：貿易収支及びサービス収支の合計。
　②貿易収支：財貨（物）の輸出入の収支を示す。国内居住者と外国人（非居住者）との間のモノ（財貨）の取引（輸出入）を計上する。
　③サービス収支：サービス取引の収支を示す。例えば，輸送（国際貨物，旅

客運賃の受取・支払)，旅行（訪日外国人旅行者・日本人海外旅行者の宿泊費，飲食費等の受取・支払)，金融（証券売買等に係る手数料等の受取・支払)，知的財産権等使用料（特許権，著作権等の使用料の受取・支払）が含まれる。

B. 第一次所得収支
　①定義：対外金融債権・債務から生じる利子・配当金等の収支。
　②直接投資収益：親会社・子会社の間の配当金・利子等の受取・支払をいう。
　③証券投資収益：株式配当金及び債券利子の受取・支払をいう。
　④その他投資収益：貸付・借入，預金等に係る利子の受取・支払をいう。

C. 第二次所得収支
　①定義：居住者と非居住者との間の対価を伴わない資産の提供に係る収支状況。寄付，贈与の受払等を計上。

◇資本収支
　①定義：居住者と非居仕者の間で行われた資産・負債の授受を計上。
　②投資収支：直接投資に係るものは，経営への支配を目的とした投資（原則出資比率10％以上）から海外からの直接投資を差し引いたもの。間接投資は，貸出，証券発行などに伴う資金流入額から流出額を差し引いたもの。
　③その他資本収支：資本移転（固定資産の取得・処分にかかる資金の移転等)，その他の資産の動きを計上する。

◇外貨準備増減
　①定義：外貨準備とは，日銀や政府が保有する外貨残高。日銀の為替介入による増減や，政府が保有する外債の利子の受取，円安による政府保有通貨の価値増加などによって増減。外貨準備は対外純資産とよく間違うので注意。

 (2) 国際収支の見方

為替介入を行わず，円安や外債利息の受け取りをゼロとするならば，基本的に

経常収支と資本収支の合計はゼロとなる。つまり，経常収支の赤字分は資本収支の黒字により補完され，その逆も可なりということである。簡単な例を取り上げよう。例えば，経常収支が貿易収支によりのみ構成されている状況を考える。輸出により稼いだ資金を一家の収入，輸入により購入したものに費やしたお金を支出とすれば，輸出以上に輸入が増えると，その家計は赤字になる。赤字になれば，お金を借金などにより用立てなければならない。

資本収支は海外から流入する投資資金と流出する投資資金の差額であるため，流入が勝った場合は海外からの借金に見立てることができる。家計の赤字を借金で賄う構図と同じである。したがって，経常収支の黒字ないし赤字は，資本収支で原則的に賄われることとなる。

では，経常収支は黒字であるほうがいいのか。確かに日本企業の国際競争力が高く，結果として貿易黒字が増える一方，海外でのビジネスの果実を国内に還流させることにより所得収支が増えれば，国としての力が高まっていくイメージはある。しかし，逆に国際競争力がなくても経常収支を黒字にする方法は，不況にすることである。不況になれば，輸入が細っていくため，貿易収支が改善することとなる。それは国民経済的に必ずしも良いことではない。

また，貿易不均衡が過去において，日米や日欧の政治的摩擦に繋がってきた歴史もある。

(3) 貿易黒字を説明する

まず，アブソープション・アプローチにより貿易黒字を説明しよう。国内支出（内需）を上回る産出量（国内総生産）は，外需（輸出が輸入を上回る金額，純輸出という）で吸収される。定式化すると以下の通りである。

a) Y(産出量) $= C$(消費) $+ I$(投資) $+ G$(政府支出) $+ Ex$(輸出) $- Im$(輸入)
b) $C + I + G \equiv A$ として A を内需と呼ぶ。英語ではアブソープションという。
c) $Ex - Im = Y - A$ となり，A を上回る国内総生産は外需で吸収される。

次に，総需要と総供給から考える IS バランスアプローチから貿易黒字を説明しよう。貿易黒字を過剰貯蓄と過少政府支出から説明するモデルである。

a) 総需要 $Y = C + I + G + (Ex - Im)$，総供給 $Y = C + S$(貯蓄) $+ T$(税)
b) 両者は一致するので，$(Ex - Im) = (S - I) + (T - G)$
c) つまり，経常収支黒字 = 民間部門の貯蓄超過 + 政府部門の黒字となる。

日本の経常黒字は貯蓄超過が原因だという指摘がこれからなされた。80年代から90年代前半にかけて，アメリカは財政赤字と経常赤字の「双子の赤字」を抱えていた。これもこのアプローチから説明できるが，このためアメリカが日本に公共投資を行うよう圧力をかける場面もあった。

(4) 我が国の国際収支の軌跡

図表10-1は国際収支の推移である。日本は恒常的に経常収支の大幅な黒字が

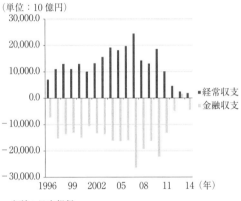

図表10－1　日本の国際収支の推移

出所：日本銀行。

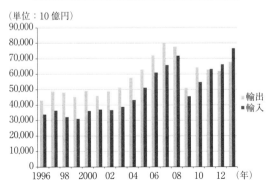

図表10－2　日本の貿易収支の推移

出所：日本銀行。

続き，その片側として資本収支の赤字が常態化していた。しかし，ここ数年で両者が急速に萎んできたのが分かる。

経常収支の中身をみてみよう。2011年から急激に輸入が増え，輸出の増加を上回ったため，貿易収支が赤字に転落したのがわかる。

これは2011年3月の東日本大震災をきっかけとして，沖縄電力を除く日本全国の電力会社の原子力発電が操業を停止したために，代替電源として火力発電が急増したことが背景にある。特に液化天然ガス（LNG）の調達コストが大きく，エネルギー資源の輸入が急拡大したことが一つの理由である。

加えて，アベノミクスによる景気回復と2014年4月の消費税引き上げ前の駆け込み消費の影響として，輸入品が増えたことも一因である。

 (5) 資本収支と対外純資産

資本収支の構成要素の変化を図表10-3からみてみると，特に目立った傾向は見出せず，ランダムな変化にみえる。ただし，2013年をみてみると証券投資の黒字幅が急増しているのが確認できる。これはアベノミクスに期待した海外投資家が，日本株投資を大幅に増やした結果とみることができる。

もう一つ重要な視点は，対外純資産である。国際収支というのはお金の流れで

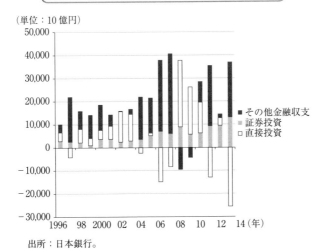

図表10-3 日本の資本収支の内訳の推移

出所：日本銀行。

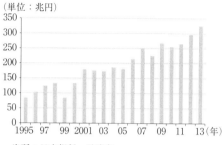

図表 10 − 4　日本の対外純資産

出所：日本銀行，財務省。

「フロー」の部分であるが，対外資産や対外負債，その差額の対外純資産は「ストック」の概念である。

　経常収支の黒字は，対外資産を増加させ，結果として純資産である外貨の持ち分を増やすことになる。2013年末で325兆円を超過しており，近年における経常収支の悪化が日本の「対外純資産大国」の地位を揺るがすレベルではないことがわかる（図表10-4）。

2.　為替レート

（1）為替レートとは

　近年においては，個人が外貨預金や外国為替証拠金取引（通称FX取引）を通じて為替リスクを取りながら，為替の変化に伴う利益を追求する取引が増えている。1ドル100円の時に1ドル買って，120円になったときに売却すれば20円の利益が得られる。もちろん，思惑と逆方向に行き1ドル90円となれば10円の損となる。FX取引とは，こうした外国為替の売買による利益を少ない資金で行う取引である。通常は取引額の1割程度の証拠金を差し出すことにより，手持ち資金の10倍の取引が可能となる（2011年以降，規制上の倍率は25倍が上限となった）。個人の外国為替の売買が活発となったことで，個人の取引が為替相場に影響した場合などは，海外から「ミセス・ワタナベが動いた」などと表現された。

　為替レートとは，異なる通貨の間の取引価格である。1ドルを買うのに100円

支払わなければならないときは、1ドル＝100円が為替レートとなる。この状況で、逆に1円を買うときに何ドル必要かというと、1を100で割ればいいので1円＝0.01ドルとなる。我々は日本国内で為替レートを見る機会が多いので、1ドル当たり120円とか1ユーロ当たり140円とかなどといった表記に馴染んでいるが、海外に旅行に行って両替をしようとすると、多くの場合が1円当たり0.00833ドルとか1円当たり0.00744ユーロといった表示を目にする。非常に分かりにくいが、為替レートは両サイドから見ることができるので、「海外の通貨を買うには、いくらお金（自国の通貨）が必要か」という考え方をするため、こういう表記になってしまう。

このため、ニュース等で「1ドル100円から1ドル120円へ円安が進んだ」と聞けば、為替レートに馴染みのない人は、100円から120円に値上がりしたのに安くなるとはどういうことだ、と首をかしげるのも無理はない。これは、1ドルの値段が100円から120円に値上がりしたということなので、「ドル高が進んだ」という表現に変えれば納得しやすい。反対に、「1円0.01000ドルから1円0.00833ドルへ円安が進んだ」という表現を使えば同様に理解しやすいかもしれない。

為替レートは他の国の通貨で測った通貨の値段であるが、二つの通貨の交換比率という見方もできる。ここで「名目為替レート」と「実質為替レート」という二つの概念が出てくる。我々が馴染んでいるのは名目為替レートであり、1ドル100円などの表現はすべて名目為替レートである。

一方で、モノの値段の交換比率を踏まえたものが、実質為替レートである。片方の国で物価が上昇した場合に、名目為替レートが変わらなければ、もう片方の国から来た旅行者は余計なコストを払わなければ同じものが買えなくなる。これを為替レートに反映したものである。

◇実質為替レート＝名目為替レート×物価水準比率

通常は過去の一時点をスタートラインとして、二つの国の物価上昇率の比率を当てはめて計算される。

 (2) 固定相場制と変動相場制

為替レートの制度には固定相場制と変動相場制がある。為替レートを1ドル

100円などに固定してしまうのが固定相場制で，市場の取引の結果決定されるものが変動相場制である。

そもそも為替レートの歴史を遡ると，金や銀などの貴金属を媒介として決められていた。最も簡単な計算方法は，金貨や銀貨に含まれる各金属の含有量をもとに通貨間の交換比率を決めるやり方である。江戸時代末期には，日本の通貨（当時の両や分など）とアメリカのドルとの交換比率が暫定的に決められた。正式な開国のきっかけとなった日米和親条約締結（1854年）とその後の日米通商修好条約（1858年）の経過の中で，銀の含有量をもとに1ドルと一分銀3枚を等価交換するものさしとして日米の合意に至った。

近年1944年に国際復興開発銀行（IBRD）と国際通貨基金（IMF）が設立され，自由貿易や資本移動の促進を目的に金1オンス＝35ドルと定め，常にドルと金は交換可能とされた（ブレトン・ウッズ体制）。ここにドルを国際通貨（基軸）とするIMF体制が確立された。しかしドルの大量流失に伴い，1973年に先進各国は変動相場制へと移行した。

(3) 購買力平価説

マクドナルドのハンバーガーが日本で1個100円，アメリカで1個1ドルとする。日本で買ったハンバーガーをアメリカで売ることを考えると，ハンバーガーの交換比率は1：100なので，為替レートが1ドル100円であれば，アメリカでも日本でも同じ価格でハンバーガーを食べられることになる。

これは世界的な一物一価，つまり一つのモノの値段は世界のどこに行っても変わらないという発想に立っている。これが購買力平価説である。英語のPurchasing Power Parityを略してPPPと呼ぶことがある。

ただ，カネの移動は世界的な決済システムを通じて瞬時に行うことができるが，モノの移動には阻害要因がある。商品によっては輸送手段が限られる場合もあれば，消費が可能となる期間（賞味期限など）も影響するだろうし，自国の産業の保護政策による貿易障壁（関税など）が障害となることもある。このため，短期的に購買力平価が安定的に成立するのは難しい。このため，これが完全に成り立つには少なくとも自由貿易が前提となる。

購買力平価による為替レートの算定方法を示すと，以下のようになる。

$$日本円の購買力平価レート = \frac{日本での価格（円）}{海外での価格（現地通貨）}$$

あるいは，

$$購買力平価レート = 基準時点の為替レート \times \frac{日本の物価指数}{海外の物価指数}$$

交易条件について説明しよう。交易条件＝輸出価格／輸入価格である。通常は，輸出物価指数と輸入物価指数の比で表される。これは貿易による実質的な所得の改善を示す指標である。交易条件が上昇するほど，輸出量と輸入量が同水準であっても，輸出に伴う所得の増加が見込める。別の言い方をすれば，一定の輸出量に対して，より多くの輸入量を確保することができる。購買力平価は，交易条件が均衡する水準である。

（4）通貨高（通貨安）の効果と近隣窮乏化政策

アベノミクスの隠れた狙いの一つは，「円高の是正」であった。かつて円高不況といわれる状況が続いたが，自国の通貨の価値が上昇するとメリットもデメリットもある。

本来であれば，自国の通貨の価値が高くなるのはいいことである。なぜなら，円高になれば，海外の商品をより多く購入することができるからである。貧しい国の通貨は安くなる傾向があるが，こうした通貨価値が低い国の人々は購買力が低くなってしまい，物質的に豊かな生活を営むことが厳しくなる。

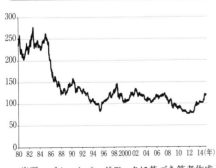

図表10−5 為替レートの推移(円／ドル)

出所：ブルームバーグデータに基づき筆者作成。

図表10−6 為替レートの推移(円／ユーロ)

出所：ブルームバーグデータに基づき筆者作成。

ここでメリットとデメリットを整理しよう。通貨価値が上昇する（円高になる）と，海外旅行に行きやすくなり，海外でより低いコストで買い物ができることになる。海外からの輸入品も円ベースの価格が下がり，国内でも輸入品を購入しやすくなる。資源小国である日本は，エネルギー資源を始め，様々な商品の材料を輸入に依存している場合が多い。このため，輸入された完成品の価格が下がるばかりでなく，国内で生産される製品の価格も下がる。家計の所得が変わらなければ，家計の購買力は上昇する。また，日本企業が海外の企業を買収することも廉価なコストで可能となる。海外の金融商品も，一定の日本円で投資する場合の現地通貨ベースでの投資額が増える。

しかし副作用も大きい。日本から輸出する製品の価格が上昇し，海外で売れ行きが減少する。つまり，海外での価格競争力が低下する。企業が海外で稼いだ儲けも，日本に還流させる場合に日本円での価値が減少する。企業は，生産拠点を海外に移して，輸出による価格競争力の低下を防ぐ行動に出る。国内の雇用は失われ，失業率が高まる。これが円高不況の主な背景である。

かつて，輸出競争力を高めるため，自国の通貨価値を切り下げる政策に出る国々があった。通貨価値を下げることにより，輸出を増加させ，国内の所得を増やそうとしたのである。これを近隣窮乏化政策と呼ぶ。自国の通貨を安くすれば他国の通貨価値が上昇し，他国の貿易赤字が増加する。つまり自国通貨を安くして輸出を増やす政策は近隣国にとってマイナスの効果をもたらす。

(5) 決定理論

為替レートがどういったメカニズムで決まるかという点については，様々な理論が提起されてきた。しかし，株価や債券価格が理論通りには決まらないと同様に，為替レートも市場での取引により決定されるため，理論に沿って決定されることは必ずしもない。もし，為替レートを的確に予想できるモデルが秘密裏に開発できれば，秘密兵器となり，FXトレードで大儲けできるだろう。ここでは，主な理論の枠組みを説明したい。

① フローアプローチ

フローアプローチとは，財やサービスの輸出入の数量で為替レートが決まるという理論である。この前提としては，輸入と輸出が金額ベースで一致するという

前提に立っている。つまり，ある国の輸出数量 $Q(Ex)$ にその国での価格 $P(Ex)$ を乗じた金額と，他国からの輸入数量 $Q(Im)$ と価格 $P(Im)$ に為替レート FX を掛け合わせたもの（その国の通貨に引き直した金額）が一致するところで為替レートが決定されるという簡単な発想である。

◇ $Q(Ex) \times P(Ex) = Q(Im) \times P(Im) \times FX$

しかし，現実として貿易黒字や赤字があるわけであり，資本収支などを勘案しなければならないため，この理論の前提は現実性がない。

② アセットアプローチ

アセットアプローチは，短期的な為替レートの動きが金融資産の取引により決定されるという発想で組み立てられている。フローアプローチがモノにのみ基づくのに対し，アセットアプローチはカネのみに基づくものである。

お金を預金で運用すると仮定した時に，円の預金の収益率は預金金利になる。一方で，円のお金をドル預金に投資した場合の収益率は，ドル預金の金利とドルの値上がり率になる。この収益率が違えば，裁定取引が働き当然お金はおトクな方に流れていくはずである。このため，双方の収益率が一致するところで為替レートが決まるというのがこの理論を簡単に解説した仕組みとなる。

◇円建（名目）利子率＝ドル建（名目）利子率＋（予想）為替レート変化率，という関係である。これを「金利平価」という。

確かに，現状の為替レートの市場をみても，例えばアメリカが利上げするとドルの為替レートが上昇（円安）になるなど，金利の動きに為替レートが敏感に反応する傾向が強い。

前出の購買力平価説は，モノの値段が一致するところで為替レートが決まるというものであるが，アセットアプローチはカネの値段，つまり金融資産の収益率で決まるという理論である。モノは輸送手段などの制約があるため，為替レートで値段が調整されるには時間がかかるが，金融市場は常にリアルタイムで世界に通じているため，短期的な為替レートの動きを説明する場合は，このモデルの実用性が高い。

第Ⅱ部
金融の理論

第11章

金融数学・統計学の基礎

―応用の前の準備運動―

1. 基本的概念の整理

 (1) 金利（利子率）

本書冒頭で金利計算に単利と複利があると説明した。元本を P，金利を r とした場合の n 年後の元本と利息の合計 X（元利金という）は以下の計算になる。

◇単利： $X=(1+nr)P$，　利息額 $=(1+nr)P-P=nrP$

◇複利： $X=(1+r)^n P$，　利息額 $=(1+r)^n P-P=\{(1+r)^n-1\}P$

単利の計算のほうが簡単に見えるが，複利計算に慣れることが，金融の応用に向かう前提条件である。また，利息額ではなく，X と P の関係が重要である。

 (2) リスク

簡単な言葉ほど正確な意味を語るのは難しい。リスクは一般的には危険を指す言葉である。しかし，特に金融の世界では，必ずしも危険を意味するものではない。より簡潔な言葉で表現すれば「不確実性」である。つまり，どうなるかわからないということである。

例えば，100％の確率で台風が直撃し甚大な被害が確実視されている状況は危険である。しかし，100％の確率であれば確実な状況であり，金融の世界で表現されるところのリスクはない。分かりにくいと思うので，資産を株に投資する例を当てはめよう。

もしも，100億円で株式を購入し，その株式が確実に90億円に下落することが分かっているとする。10億円の損失になることが確実視される状況である。

ここにはリスクがない。一方で，50％の確率で110億円になり50％の確率で90億円になる状況ではどうであろう。ここには不確実性が存在するのである。確実に10億円損をする状況にリスクがなく，10億円損するかもしれないが逆に10億円得するかもしれない状況にリスクがあるというのは，感覚的には納得しにくいかもしれない。損得の「ふらつき」がリスクであると考えればよい。

この「ふらつき」のことを金融市場ではボラティリティ（Volatility, 変動性）と表現する。詳しくは後の統計学の基礎で説明するが，標準偏差や分散で表現されるのが一般的である。

(3) 収益率

投資を行った時の果実の割合を収益率という。果実とは投資から生まれるお金の流れでキャッシュフローという。最も簡単な例を，株式投資を使って考えよう。株式を保有すると年1回から4回の頻度で配当金を受け取る。これは株式投資からの一つの果実である。株式を売却した時にその株式投資が完了するが，その株式を取得した時の価格と売却した時の価格の差額が売却益（売却価格＞取得価格のとき）あるいは売却損（売却価格＜取得価格のとき）になる。この差額も投資の果実である。

100円で株式を購入し，保有期間1年間で10円の配当金をもらい，その後120円で売却できたとする。儲けは配当金の10円と売却益20円の計30円である。投資の世界では配当金や債券の利息（利子，金利）など保有中に受け取る果実を「インカムゲイン」という。売却により実現する売却益を「キャピタルゲイン」，売却損を「キャピタルロス」という。

これを一般式で書くと，

$$\Diamond 収益率 = \frac{インカムゲイン}{投資額} + \frac{キャピタルゲイン}{投資額}$$

と表現できる。

これは投資期間全体の収益率を計算したものであるが，通常は年率つまり1年当たりの収益率を複利計算で算定する。これは，数学的基礎の節で説明する。

(4) 機会損失

　複数の選択肢から一つを選ぶ。その選択を行うことで，他の選択をあきらめるわけだが，仮に他の選択をした場合に得られる利益のことを機会損失と呼ぶ。英語ではオポチュニティコスト（Opportunity Cost）という言い方があるだけだが，日本語では機会損失のほか，機会費用，機会コスト，逸失利益など様々な表現をすることがあるが，基本的には同じ概念である。

　例えば，高校で部活動を一生懸命やるか，帰宅部に入部して勉強に専念するかという選択がある。部活動を選択すれば，勉強に専念してテストで高い得点を取る機会を逃すことになるかもしれないし，部活動を放棄し勉強に専念した場合は部活動を通じて得られる運動能力や友情の深まりなどを逸する可能性がある。有力高校野球児が大学進学を選択するか，プロ野球入りを選択するか悩む場合があるが，大学に4年間通ったがために，その間プロ野球選手として年俸1億円をあきらめることの機会損失は4億円となる。

　金融では投資判断で用いられる。1億円を現金で保有した場合は利息が付かないが，利率1％の銀行預金に預けていれば百万円の利息をもらえたはずである。現金保有によりこれを放棄したことになるので，百万円が機会損失になる。

　この機会損失の考え方は，後述する投資やプロジェクトの判断においても使われる。ここでは簡単な例で説明しよう。リスクの説明で，不確実性がリスク，確実性はリスクがないと表現したが，リスクがない状況を「リスクフリー」という。また，リスクのない資産をリスクフリー資産あるいは「安全資産」という。このリスクフリーの資産の収益率が「リスクフリーレート」と呼ばれる。これこそが「機会損失」を考える上で重要なポイントである。

　1億円を自由に使えるとする。国債に投資すると確実に3百万円が投資した1億円とともに受け取れるとする。つまり3％（3百万円÷1億円）が確実に見込めるわけである。これはリスクフリーレートである。ここであるビジネスに投資しないかと誘われる。結果的にそのビジネスに投資をして1億6百万円を手に入れたとする。収益率は6％（6百万円÷1億円）という結果となった。この場合，安全確実な3％を捨てて，リスクを取って6％の収益率を獲得できたので，3％の超過収益率を享受できた。しかし，その投資が結果として1億2百万円で戻ってきたとするとどうだろう。2百万円の収益を手に入れられたが，収益率は2％（2百万円÷1億円）に留まったので，わざわざリスクを取ることなく安全確実な国

債に投資していれば3％の収益率を楽しめたはずである。つまり，リスクフリーレートを1％下回る投資結果となった。「安全な選択をすれば良かった」という思いこそが機会損失で，国債投資の安全確実な3％という収益率こそが投資の機会損失なのである。

このように，リスクフリーな投資とリスクのある投資は常に比較対象となる。

2. 数学的基礎

(1) 金利の基本計算

この節では金融でよく使う数学的基本を解説する。慣れておくと便利である。

① 複利計算

元本を P，金利を r とした場合の n 年後の元本と利息の合計 X（元利金という）は $X=(1+r)^n P$ というのはすでに説明した。これを実際の数字を置いて見てみよう。エクセルで計算するときは，セルに次の式を入れればよい。

◇入力する式⇒　　= 元本の入ったセル ＊ （1 ＋ 金利の入ったセル）＾ 年数の入ったセル

図表11－1　100円の複利計算結果

	A	B	C	D	E	F	G	H	I	J	K
1	金利(年利) 年数	1%	2%	3%	4%	5%	6%	7%	8%	9%	10%
2	1	101.000	102.000	103.000	104.000	105.000	106.000	107.000	108.000	109.000	110.000
3	2	102.010	104.040	106.090	108.160	110.250	112.360	114.490	116.640	118.810	121.000
4	3	103.030	106.121	109.273	112.486	115.763	119.102	122.504	125.971	129.503	133.100
5	4	104.060	108.243	112.551	116.986	121.551	126.248	131.080	136.049	141.158	146.410
6	5	105.101	110.408	115.927	121.665	127.628	133.823	140.255	146.933	153.862	161.051
7	6	106.152	112.616	119.405	126.532	134.010	141.852	150.073	158.687	167.710	177.156
8	7	107.214	114.869	122.987	131.593	140.710	150.363	160.578	171.382	182.804	194.872
9	8	108.286	117.166	126.677	136.857	147.746	159.385	171.819	185.093	199.256	214.359
10	9	109.369	119.509	130.477	142.331	155.133	168.948	183.846	199.900	217.189	235.795
11	10	110.462	121.899	134.392	148.024	162.889	179.085	196.715	215.892	236.736	259.374

＋100＊(1+B$1)^$B2 と入力して表全体にコピーペーストすればよい

出所：筆者作成。

「*」のマークは掛け算の時に使う。「^」はキャロットと呼ばれるマークで「べき乗（何乗ということ）」を計算するときに使う。図表 11-1 にあるように，表を作るときは $ (ドルマーク) をうまく使えば簡単に作表できる。

② 複雑な複利計算

この部分の説明はやや複雑なので，数学が不得意な人は読み飛ばしても差支えない。ただ，債券についてより深く学びたい人は知っておくと便利である。

元本を P，金利を年利 r，n 年後の元本と利息の合計 X とする。さらに 1 年間に k 回利息が付くとする。k が 2 ならば，年 2 回ということで半年複利という。また 4 であれば 3 か月ごとに利息が付くので 3 か月複利という。

ここで年複数回利息が付く複利計算を考える。1 回あたりの利率は $\frac{r}{k}$ である。年利 4% で半年複利であれば 4% を 2 で割って 2% となる。これを一般式に直すと以下のようになる。年 1 回の計算では n 乗だったのが，年 k 回になると kn 乗になることに注意したい。

$$X = P \times \left(1 + \frac{r}{k}\right)^{kn}$$

さらに，k が無限大になったらどうなるか？高校の数学の授業で習った「ネイピア数」である e を思い出されたい。その公式は $\lim_{k \to \infty}\left(1 + \frac{1}{k}\right)^k = e$ である。e は 2.71828… で無理数である。なお，ネイピア数は自然対数の底（てい）である。常用対数は $\log_{10} X$ と表現され，自然対数は $\ln X$ と表現されたのを思い出すかもしれない。このネイピア数を使うと複雑な式が簡単になる。

$$X = \lim_{k \to \infty} P \times \left(1 + \frac{r}{k}\right)^{kn} = \lim_{k \to \infty} P \times \left(1 + \frac{1}{\frac{k}{r}}\right)^{\frac{k}{r} \times rn} = P \lim_{k \to \infty}\left(1 + \frac{1}{k/r}\right)^{k/r \times rn} = P e^{rn}$$

この計算を「連続複利」計算という。なぜ連続複利というややこしい計算をしたかというと，ネイピア数が数学的に便利だからである。e^x は何回微分しても e^x のままであり，e^{ax} を x について微分すると ae^{ax} と簡単である。

(2) 永遠に続く数列

① 数列の基礎

数列といえば等差数列と等比数列が浮かぶだろう。1，3，5，7…となれば初項が1，公差が2の数列でn番目の項は$x_n=1+2(n-1)$で表される。2，10，50，250…は，初項が2，公比が5の数列でn番目の項は$x_n=2\times5^{n-1}$である。

金融でよく使うのは等比数列である。なぜなら，上記の複利計算でn年間の複利計算そのものがPを初項，$(1+r)$を公比とする等比数列だからである。

② 等比数列の和

等比数列$x_n=ax^{n-1}$の合計Snは，以下の形で書ける。

$Sn=a+ax+ax^2+ax^3+\cdots+ax^{n-1}$，この両辺に$x$を掛けると

$xSn=ax+ax^2+ax^3+\cdots+ax^{n-1}+ax^n$となる。この二つの式の差を取ると，

$(1-x)Sn=a-ax^n$，となり，これを変形してSnを導く。

$Sn=a\left(\dfrac{1+x^n}{1-x}\right)$

③ 無限等比級数

等比数列が無限に続くことを無限等比級数という。この無限等比級数こそがこの節で最も重要なポイントであり，金融論や経済学を学ぶ上で大変役に立つ。

等比数列$x_n=ax^{n-1}$の合計Snは，$Sn=a\left(\dfrac{1+x^n}{1-x}\right)$となることを導いた。これと同じように無限等比級数の和について以下のように求めよう。

$S=\lim\limits_{n\to\infty}Sn=a+ax+ax^2+ax^3+\cdots+ax^\infty$，$x$の絶対値が1以上になると，$ax^\infty$の値は無限に大きな数になるので$S=\infty$となる。これを発散という。

しかし$-1<x<1$であればax^∞の値はゼロになる。したがって，収束する。

$S=\lim\limits_{n\to\infty}Sn=a+ax+ax^2+ax^3+\cdots+ax^\infty$，この両辺にxを掛けても

$xS=ax+ax^2+ax^3+\cdots+ax^\infty$となる。この二つの式の差を取ると，

$(1-x)S=a$，となり，これを変形すると無限等比級数の和が導かれる。

$S=\dfrac{a}{1-x}$，　ただし$-1<x<1$

④ 無限等比級数の活用

株式や債券の理論などで無限等比級数が非常に役に立つが，その前に金融政策や銀行の貨幣供給の説明で出てきた「信用乗数」の計算で活用できる。

最初の預金がD，法定準備率をrとすると，貸出に回せる比率は$1-r$となる。最初の預金が貸出に回りそれが経済活動を通じて預金$(1-r)D$となって戻ってくる。これが再び貸出となるのが$(1-r)D$に$1-r$を掛けたものである。これが再び預金になって戻ってくる。これが無限に繰り返される。$0 < 1-r < 1$なので，

供給される貨幣の総和 $M = (1-r)D + (1-r)^2 D + \cdots = \dfrac{(1-r)D}{1-(1-r)} = \dfrac{(1-r)D}{r}$ と

なる。最初の預金の$\dfrac{1}{r}$倍のお金が出回る。これが信用乗数（貨幣乗数）である。

3. 統計学的基礎

(1) 統計の基本

次に金融で登場する統計学の入門を説明する。統計学は記述統計学と推定統計学に大別される。記述統計学は，無数に存在するデータ（標本）の分析を行い，その傾向や性質などを知るための計数を算出するものである。標本を代表する数値を記述統計量あるいは要約統計量という。一方で推定統計学は，限られた標本をもとに母集団の特性を推定する手法である。

① 代表値

データの標本を代表する値を代表値とする。今どきの若者といったときに，言葉遣いや服装，髪型など若者を代表するような人物を芸能人に見つけることがあるが，代表値も同様である。代表値には，平均，モード，メジアンなどがある。金融では平均をよく用いる。

◇平均（算術平均）μ（ミューと読む）：　$\mu = (x_1 + x_2 + \cdots + x_n)/n = \Sigma_1^n x_i$

◇モード：　最も頻度が高く登場するデータ

◇メジアン：　データを小さい順または大きい順に並べた場合の中央の値

② 散布度

データのばらつきを表す統計量を散布度という。リスクの説明で収益率の「ふらつき」がリスクであると解説したが，散布度とはこのふらつきを示す統計量である。範囲，平均偏差，標準偏差，分散，変動係数などがある。この中で，標準偏差，分散，変動係数が金融では最もよく登場する。

◇範囲：最大値と最小値の差
◇平均偏差：平均値と各データの差の絶対値の平均 $= \dfrac{1}{n}\Sigma_0^n|x_i-\mu|$
◇標準偏差 σ（シグマと読む）：分散の平方根　$\sigma=\sqrt{\sigma^2}$
◇分散 σ^2：標本分散　$\sigma^2=\Sigma_1^n(x_i-\mu)^2/n$
◇変動係数：　標準偏差を平均で割ってばらつきの程度を示したもの $=\sigma/\mu$

(2) 正規分布

標本集団が，その平均値を境として左右対称に同じ程度にばらついているデータ分布の状況をいう。自然界や経済事象のデータを無限に集めると正規分布に近づくものが多いといわれている。学校の入試などでよく使われる偏差値*も，成績データが正規分布に従っているという前提で計算されたものだ。

*ある生徒の点数を x，平均値 μ，標準偏差 σ の偏差値 $=\dfrac{x-\mu}{\sigma}\times 10+50$

正規分布を前提にデータ x が，$\mu-\sigma<x<\mu+\sigma$ の範囲に入る確率は68.27%，$\mu-2\sigma<x<\mu+2\sigma$ の範囲に入る確率は95.45%である。なお，正規分布は「確率密度関数」という関数で表され，その関数は以下の複雑な式となる。

図表11－2　正規分布

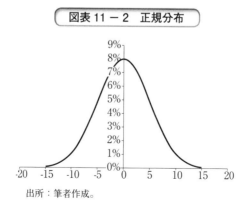

出所：筆者作成。

$$f(x) = \frac{1}{\sqrt{2\pi\sigma^2}} e^{-\frac{(x-\mu)^2}{2\sigma^2}}$$

例えば，図表 11-2 は平均 0，標準偏差 5 の正規分布である。この関数の積分値すなわち面積は 100％になる。

 (3) 相関性と線形回帰

2つのデータの関係に何らかの関連性が見出されることを相関性があるという。お母さんの機嫌の良さとお父さんの帰宅時間に関係性が見出されれば，相関性があるといえる。気温 25℃でビールの売り上げが 100 本，以降気温が 1 度上がるごとにビールの販売が 10 本づつ増えるとする。このようなデータについては以下の関係があるといえる。

◇ビールの売り上げ = 100 + 10 ×（気温 − 25℃）

このような関係性を，線形の正の相関性があるという。

標本集団同士の因果関係をみつけて，ある標本（従属変数という）が他の標本（独立変数という）により，どの程度かつどのように説明されるのかを分析する方法を「回帰分析」という。上記の例でいえば，ビールの売れ行きが従属変数，気温が独立変数となる。また，この例のように一次関数により回帰できるものを線形回帰という。

また，2つの線形的な関係性を表したものが「相関係数」である。相関係数が1であれば完全な正の相関性があるといい，−1であれば完全な負の相関性があるという。相関係数は −1 と 1 の間の値を取り，−1 か 1 に近いほど高い相関性があると判断でき，0 に近いほど相関性がないあるいは低いと考えられる。

相関係数 r は以下の式で求められる。なお，r^2 は決定係数と呼ばれる。決定係数は 0 から 1 の間の値を取る。

◇相関係数 $r = \dfrac{\sigma_{xy}}{\sigma_x \sigma_y}$，ここで σ_x は標本集団 x（例えば気温）の標準偏差，σ_y は標本集団 y（例えばビール売れ行き）の標準偏差を指し，σ_{xy} は両者の共分散を指す。共分散は標本集団と各データの差を掛け合わせたものである。

共分散 $\sigma_{xy} = \Sigma_1^n (x_i - \mu_x)(y_i - \mu_y)/n$

図表 11-3 は，日本とアメリカの 10 年満期の国債の金利（利回り）を過去 30

> 図表11-3　日本国債とアメリカ国債の10年物金利（過去30年，週次データ）の散布図

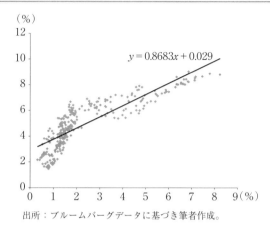

出所：ブルームバーグデータに基づき筆者作成。

年間の週次データに基づきプロットしたものである。両者の金利水準に極めて密接な関係性があるのを，印象としてもつことができるのではないか。

このグラフ上に $y=0.8683x+0.029$ という式と線が示されているが，この線と式が回帰分析を行った場合の「回帰式」と呼ばれ，関係性を表す推定式である。

なお，この回帰分析は「最小自乗法」という手法を用いている。最小自乗法とは，回帰式が推定する値と実際のデータとの乖離を自乗して全て足し上げた値が最小となるように回帰式を決定する方法である。

(4) エクセルの活用

最後にエクセルシートを使った計算方法を図表11-4に示す。実際に数字を使って練習してみると意外と簡単に算出することが分かるだろう。

図表11－4　統計のエクセル活用法（記述統計量，相関指標の算出）

	A	B	C	D	E	F	G	H
1								
2		Xのデータ	Yのデータ					
3	3月1日	10.0	3.0			エクセルでの計算方法		
4	3月2日	15.0	3.3					
5	3月3日	12.5	1.3					
6	3月4日	15.0	0.8					
7	3月5日	16.3	2.5			Xのデータについて	Yのデータについて	
8	3月6日	17.5	8.5		平均	=AVERAGE(B3:B30)	=AVERAGE(C3:C30)	
9	3月7日	18.8	5.6		標準偏差	=STDEV.P(B3:B30)	=STDEV.P(C3:C30)	
10	3月8日	20.0	7.3		分散	=VAR.P(B3:B31)	=VAR.P(C3:C31)	
11	3月9日	21.3	8.9					
12	3月10日	22.5	10.0					
13	3月11日	23.8	11.2			XとYのデータの相関性について		
14	3月12日	25.0	12.3		共分散	=COVARIANCE.P(B3:B30,C3:C30)		
15	3月13日	26.3	9.5		相関係数	=CORREL(B3:B30,C3:C30)		
16	3月14日	27.5	7.0					
17	3月15日	28.8	11.2					
18	3月16日	30.0	15.0					
19	3月17日	31.3	17.5					
20	3月18日	32.5	19.2					
21	3月19日	33.8	20.9					
22	3月20日	35.0	21.5					
23	3月21日	36.3	22.7					
24	3月22日	37.5	23.8					
25	3月23日	38.8	25.0					
26	3月24日	40.0	26.1					
27	3月25日	41.3	27.3					
28	3月26日	42.5	28.4					
29	3月27日	43.8	29.6					
30	3月28日	45.0	30.7					

出所：筆者作成。

4. 現在価値と将来価値

(1) 今の1,000円と3年後の1,000円は価値が違う

手元に1,000円ある。これを3年後の1,000円と比較しよう。もし，1,000円を年利1％の預金にすれば3年後に1,030円，年利10％なら1,331円になる。

◇1,000円を金利10％で複利運用→　1年後　$1,000 \times (1+10\%) = 1,100$
　　　　　　　　　　　→　2年後　$1,000 \times (1+10\%) \times (1+10\%) = 1,210$
　　　　　　　　　　　→　3年後　$1,000 \times (1+10\%) \times (1+10\%) \times (1+10\%) = 1,331$

つまり，同じ1,000円でも今日の1,000円と明日の1,000円は微妙に価値が違う。金利が高く期間が長くなれば，その差は拡大するのである。今の価値を「現在価値」，将来のある時点の価値を「将来価値」という。当たり前のようだが，実は金融を学ぶ上ではとても大切な概念である。

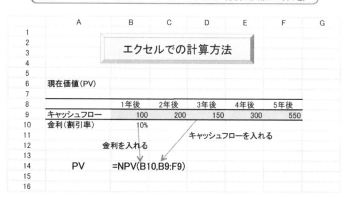

図表11－5　統計のエクセル活用法（現在価値の算定）

出所：筆者作成。

 (2) 現在価値と将来価値の関係

先程の例で，1,000円が現在価値であるとすると，金利10%で3年後の将来価値は1,331円である。これを一般化すると，以下のようになる。

現在価値 = PV，将来価値 = FV，金利 = r%，n 年後を前提とすると，

$FV = PV \times (1+r)^n$

この式を PV について解くと，将来価値から現在価値が求められる。

$PV = \dfrac{FV}{(1+r)^n}$，ここで出てくる $\dfrac{1}{(1+r)^n}$ が「現在価値割引係数」という。

少し応用問題を解いてみよう。以下のように毎年お金を受け取れるとする。この将来受け取れるお金の現在価値はいくらになるのか。

◇1年後1,100円，2年後121円，3年後13,310円を受け取る。金利は10%。

$PV = \dfrac{1100}{(1+10\%)} + \dfrac{121}{(1+10\%)^2} + \dfrac{13310}{(1+10\%)^3} = 1,000 + 100 + 10,000 = 11,100$

◇n 年後のキャッシュフローを CFn として，金利 r% で現在価値を出す。
（これを「現在価値に割引く」という）

$PV = \dfrac{CF_1}{(1+r)} + \dfrac{CF_2}{(1+r)^2} + \dfrac{CF_3}{(1+r)^3} + \cdots + \dfrac{CF_n}{(1+r)^n} = \Sigma_1^n \dfrac{CF_i}{(1+r)^i}$

この考え方が，次に出てくる債券や株式の価値の計算にも用いられる。さらに，第16章で学ぶプロジェクトを実施すべきかどうかの判断にも活用される。この

ように将来のキャッシュフローを現在価値に割り引く手法をDCF法(ディスカウンテッド・キャッシュフロー法)という。

(3) NPVという考え方

きょう800万円払うと，1年後に200万円，2年後に150万円，3年後に300万円，4年後に550万円受け取れる投資の勧誘を受けたとする。この投資を行うべきか。1年後から4年後までの受取額の合計は1,200万円になる。おいしい話に聞こえる。安全資産利回りが現在のようにゼロに近ければよい話かもしれない。しかし，安全資産利回りが20％であればどうであろう。

こうした判断を行うときに便利なツールがNPV (Net Present Value, 正味現在価値) である。現在価値により将来のキャッシュフローを現在の価値に引き直す方法を学んだ。これを一歩先に進め応用したのがNPVである。考え方はDCF法そのものである。これまでの内容と異なるのは，当初支払う金額を現時点の支払いとしてマイナスのキャッシュフローとして認識する点だけである。

先程の投資の例を使って考えよう。預金金利が10％と20％の例で考える。

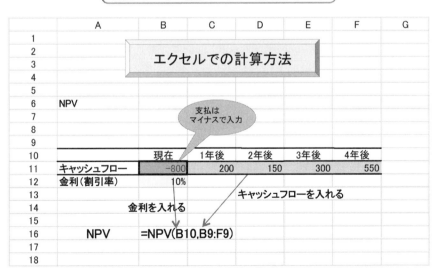

図表11－6　統計のエクセル活用法（NPV）

出所：筆者作成。

【預金金利10%の場合】

・$NPV = -800 + \dfrac{200}{(1+10\%)} + \dfrac{150}{(1+10\%)^2} + \dfrac{300}{(1+10\%)^3} + \dfrac{550}{(1+10\%)^4} = 97.1$

【預金金利20%の場合】

・$NPV = -800 + \dfrac{200}{(1+20\%)} + \dfrac{150}{(1+20\%)^2} + \dfrac{300}{(1+20\%)^3} + \dfrac{550}{(1+20\%)^4} = -75.3$

預金金利10%で預金した場合と今回の投資を比べると，NPVは97.1という結果が出ている。これは預金するより現在の価値で97万1千円お得であるということだ。一方，預金金利20%の場合はNPVが−75.3とある。つまり，預金より75万3千円損であるということである。この場合は預金したほうがいい。

この10%とか20%という金利は「割引率」とも呼ばれるが，経済学的にいうのであれば「機会コスト」と考えることができる。機会コスト（機会損失）は，他の機会をあきらめてその決定を行うことのコストであるが，この投資の判断においては，預金しないことのコストと考えることができる。ここでは預金金利を用いているが，実際はこのキャッシュフローのリスクに応じてより高い割引率を適用すべきであろう。

(4) IRR（内部収益率）

先程の投資の利回りは何%なのか。複利計算でこの利回りを導いたものがIRR（Internal Rate of Return，内部収益率）という。考え方は，将来のキャッシュフローの現在価値と，当初支払う金額が釣り合わせるのがIRRであるということである。これは単純に「投資額＝将来キャッシュフローの現在価値」の方程式を解けばよい。

◇利回り（IRR）をrとした方程式：$800 + \dfrac{200}{1+r} + \dfrac{150}{(1+r)^2} + \dfrac{300}{(1+r)^3} + \dfrac{550}{(1+r)^4}$

単純に解けばよいといわれても，4次方程式なので手計算は厄介である。そこでエクセルを使ってみよう。この投資のキャッシュフローを図表11-7のように入力する。その上でセル（B14）に以下のような計算式を入力すれだけでよい。そうすると14.95%と勝手に計算してくれる。

つまり，この投資の利回りは14.95%である。改めて預金金利と比べてみよう。10%の預金金利であれば14.95%の投資が有利である。20%であれば，預金の方

第11章 金融数学・統計学の基礎　207

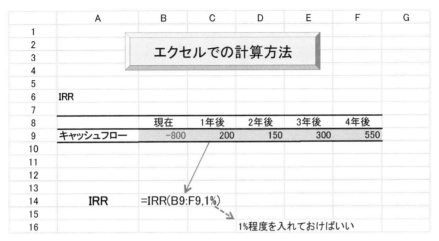

図表11－7　統計のエクセル活用法（IRR）

出所：筆者作成。

が有利である。結論はNPVで調べたものと同じである。

最後にNPVとIRRの一般式を示しておく。

$$\diamond NPV = -CF_0 + \frac{CF_1}{(1+r)} + \frac{CF_2}{(1+r)^2} + \frac{CF_3}{(1+r)^3} + \cdots + \frac{CF_n}{(1+r)^n} = -CF_0 + \Sigma_1^n \frac{CF_i}{(1+r)^i}$$

$$\diamond CF_0 = \frac{CF_1}{(1+r)} + \frac{CF_2}{(1+r)^2} + \frac{CF_3}{(1+r)^3} + \cdots + \frac{CF_n}{(1+r)^n} = \Sigma_1^n \frac{CF_i}{(1+r)^i} \quad (r \text{ が IRR})$$

※NPV＝0の式を解いたものがIRRということにも気づくだろう。

第12章

債券の資産価値と金利期間構造

――金利上昇リスクを理解するために――

1. 債券の基礎知識

 (1) 性　　質

① 発行条件

債券とは，会社などが資金調達するために資金提供者である投資家に発行する有価証券である。債券は，発行時点において支払い条件などの詳細を取り決めている。これらの条件を「発行条件」と呼び，発行要項という契約内容に詳しく記載されている。

債券の一番の特徴は，償還（元本が返済されることを償還という）されること，そして定期的に定額の利息が支払われることである。ただし，例外的には利率や償還額が変動するもの，償還期限がない債券もある。

② 調達構造からの特徴

債券を発行する主体を「発行体」という。国や地方公共団体が発行体となる公共債（国は国債，地方公共団体は地方債），企業が発行体となる社債がある。

社債は，企業の資金調達構造上で重要な特徴がある。第1章でバランスシートを学んだが，資金調達源を表す右側（貸方）には負債と資本がある。社債は負債の特徴である償還額の制約がある。会社の業績がいかに好調であっても，償還額は業績に連動して増えることはない。株式は業績に応じて配当の増加や資本すなわち「純資産価値」の増加を通じて株主価値を高める。一方，会社の業績が思わしくなく破綻してしまう場合には社債が有利になる。会社の財産を処分して生じた資金は，株主に分配される前に社債保有者など債権者に渡る。

③ 流動性

次に貸出との違いである流動性の問題である。流動性という言葉は,「お金」を示すものとして使われる場合もあるが, 有価証券などの金融商品の流動性といった場合は売買の容易さを指す。国債や発行規模の大きい社債などは, 債券市場で活発に取引されているため売買が容易である。つまり流動性が高い。このため, 満期以前に途中で売却して資金を回収することも可能である。一方, 貸出は市場が存在しないほか, 民法上の制約*もあり満期前での資金化は難しい。

　　*債務者の承諾のない債権譲渡は第三者への対抗ができない（民法第467条）。

(2) 債券の種類

① 利付債と割引債

通常の債券は定められた利率に従って利子が支払われる。これを利付債という。これに対し, 利子が支払われない代わりに, 額面（償還価格）よりも低い価格で発行される債券を割引債という。

100円の額面に5％の利率の1年満期の債券は5円の利子を生む。95円で発行された債券が100円で償還されると, 5円の償還差益と呼ばれる利得を生じる。したがって, 利子という形で投資の対価を得るのか, 償還差益（キャピタルゲイン）で得るのかの差である。

代表的な割引債は, 割引短期国債である。6カ月と1年満期があり, 定期的に発行されている。これらは利率がないため, ゼロクーポン債とも呼ばれる。

② 償還の方法

債券の償還時期や償還額などの方法はあらかじめ債券の発行要項で定められている。ただし, 償還期日の前に償還が行われることがある。一つは発行体か投資家に償還を要求できる権利が与えられている場合がある。投資家側にこの権利が与えられている場合は「プット条項（オプション）」, 発行体側に与えられている場合は「コール条項（オプション）」という。

もう一つは, コール条項はついていないが発行体が早期の返済を行いたい場合, 投資家に対して合意を求めた上で行う場合もある。この場合, 社債権者の合意を得る手続きとして社債権者集会の開催を経て実施される必要がある。

③ 株式への転換

社債の場合は，株式への転換やあらかじめ決められた価格での株式取得が「おまけ」として付与されているものがある。第5章でも説明したためここでは簡単に述べるが，この権利が付与された社債は新株予約権付社債で2種類ある。新株予約権付社債は，新株予約権という一定の価格で株式を購入する権利がある。新株予約権は債券本体から切り離されて取引することも可能である。切り離された新株予約権をワラント（Warrant），残った債券部分をエクスワラント（Ex-Warrant）あるいはポンカス債と俗称されている。もう一種類である転換社債型新株予約権付社債は，定められた価格で社債を株式と交換することが可能である。通常の新株予約権付社債は，株式を取得するのに新たに資金を払い込む必要があるが，転換社債型は代金の代りに社債を充当することができる。

④ その他の多様な商品性

図表12-1にある通り，発行あるいは償還される際の通貨や，株価や物価に連動した債券など，多彩な商品が開発されている。また，ハイイールド債のように一般の社債よりはリスクが高いが，利率も高い債券も存在している。

こうした多様な債券は，残念ながら日本での取引は少なく，アメリカで活発に取引されている。アメリカで新しいアイデアをもった企業家が資金調達する際に，実績がなくても直接市場から資金調達が可能な背景には，こうしたハイイールド債が市場で受け入れられている点もある。

(3) デフォルト

債券が支払い不能となる事態を「デフォルト（Default, 債務不履行）」という。利子や元本の支払いが滞った場合はデフォルトとなるが，デフォルトに陥る前に債券保有者と協議を行い利払いや元本削減など条件変更に応じるようなケースもある。それはデフォルトが市場全体に与える影響が大きいからである。

多くの貸出や債券の契約・要項には「クロス・デフォルト条項」が盛り込まれている。その発行体が返済義務を負う貸出や債券の一部でもデフォルトが発生した場合，他の貸出や債券が一斉にデフォルトとなる取り決めである。

また，デリバティブのところで説明するが，CDS（クレジット・デフォルト・スワップ）という保険契約のような取引にもデフォルトは影響する。この契約額

図表 12 − 1 　債券の特色

発行体	国，地方公共団体，公的機関，企業
償還期日	あらかじめ決められているが，「永久債」という償還されないものもある。
利率（金利）	一定の利率（定額の利子支払い）がほとんどであるが，変動利付債（市場金利などに連動して定期的に見直される）やステップアップ債（途中の期日で金利が引き上げられる）やステップダウン債（同様に金利が引き下げられる）もある。
発行価格	償還される価格と発行価格が債券の額面（元本）と同じだが，額面を下回る価格で発行されるもの，逆に上回るものもある。利率がゼロの「ゼロクーポン債」もあり，これら恒常的に額面を下回る価格で発行されるものを「割引債」という。
募　集	広く募集される公募債と特定の投資家に募集される私募債がある。
優先順位	通常の債券は借入など他の債務と弁済順位が同等（パリパスという）であるが，他の債務より支払いが後順位となる「劣後債」もある。
オプション（償還）	おまけのような権利（オプション）のついていない債券を「プレインバニラ債」という。満期前に償還できるオプションを「期限前償還権」といい，投資家側にこの権利があるときは「プットオプション」，発行体側にあるときは「コールオプション」という。
オプション（転換）	債券を株式に転換できる権利が付いているものを転換型新株予約権付社債という。債券そのものが株式に転換されるのではなく，一定価格で株式を購入できる権利が債券に付いているものを新株予約権付社債という。
通　貨	通常の債券は同一通貨で発行と償還が行われるが，異なる通貨で発行と償還が行われるものもある。これを「デュアル・カレンシー債」という。
仕組債	利率や償還額が「ベンチマーク」と呼ばれる指標に連動するものを仕組債という。物価水準に連動する物価連動債のほか，株価平均に連動するものなどがある。

出所：筆者作成。

が1億円とすると,その発行体が一部の債務でデフォルトを来した場合に,1億円がCDSの引受先から契約者に支払われる。このデリバティブ契約は,存在する債務よりはるかに大きい金額に膨らんでいることもあり,金融市場に与える影響は債券の損失に留まらない。

デフォルトとなった場合,債権者に弁済が行われる。支払われる順番を「弁済順位」という。弁済が優先されるものと劣後されるものとが存在している。日本では一般的に「労働債務」と呼ばれる給与の未払い部分の弁済が最優先される。その後に一般債務の弁済が進む。通常の貸出や債券などは,「パリパス条項 (Pari Passu, ラテン語で足並みをそろえるの意味)」が設けられていて,支払い順位が同一であることが約束されている。返済能力がこのパリパスに該当する債務全体に届かない場合は,債権額に応じて按分される(プロラタという)。

これらに劣後するのが劣後債権者である。劣後債や劣後ローンと呼ばれるもので,一般の債権者の弁済が終わった後に残余があれば,ようやく弁済に与れる。いうまでもなく,弁済順位の最下位は株主である。

(4) 債券利回りの種類

最後に債券の利回りの種類について解説する。ただし,以下に紹介する利回りはいずれも単利の考え方のものなので,参考程度に見ておいて頂きたい。債券の価格形成を行う上で重要なのは,「複利」である。

① 応募者利回り:新規発行された債券を償還期限まで所有した場合の利回り

- 応募者利回り $= \dfrac{利率 + (償還価格 - 発行価格)}{期間} \times \dfrac{100}{発行価格}$

② 直利:投資元本に対し毎年いくらの利息収入があるかを見るラフな計算

- 直利 $= \dfrac{利率}{購入価格} \times 100$

③ 最終利回り:既発債を購入し償還まで所有した場合の利回り

- 最終利回り $= \dfrac{利率 + (償還価格 - 購入価格)}{期間} \times \dfrac{100}{購入価格}$

④ 所有期間利回り:既発債を購入し途中まで所有した場合の利回り

- 所有期間利回り $= \dfrac{利率 + (売却価格 - 購入価格)}{期間} \times \dfrac{100}{購入価格}$

2. 債券の価格形成

(1) 金利と債券の価値

　金利が上昇すると債券の価格はどうなるか。感覚的には，金利が上がると利子が増えるイメージがあるため価格が上昇する気がするかもしれない。正解は，下落である。これが債券の分かりにくさの要因である。

　極端な例を考えよう。利率1％の3年物国債を100万円もっているとする。3年間で受け取る利子は3万円（100万円×1％×3年）である。数分後に金利が急騰し3年物の金利が10％になったとする。新たに発行される3年物国債の利率は10％である。この新しい国債を100万円分買えば，3年間での利子受け取りは30万円となる。明らかにこの新しい国債の方が有利である。利率1％の国債を売却しようとするなら，価格を大幅に下げなければならない。少なくとも受け取り利子の差額の27万円は値下がりを覚悟すべきである。金利上昇は「今保有している」債券の価値を下げるのである。

(2) 債券価格の計算

① 計算の基礎

　債券の利子の受け取りや元本の償還は，前章で学んだキャッシュフローと考えることができる。債券の価値は，将来のキャッシュフローの今の価値と考えることができる。つまり，元利金の受け取りのキャッシュフローの現在価値が債券の価値なのである。

　既発債で額面100円の国債がある。利率5％，満期まで残存期間3年とする。現在新規で発行される国債3年債の利回りが，10％と3％の場合を考えよう。債券のキャッシュフローは1年目5（100×5％），2年目5，3年目105である。

　【10％のケース】債券価格＝キャッシュフローの現在価値 P

$$= \frac{100 \times 5\%}{1+10\%} + \frac{100 \times 5\%}{(1+10\%)^2} + \frac{100 \times 5\% + 100}{(1+10\%)^3} = 87.5$$

　【3％のケース】債券価格＝キャッシュフローの現在価値 P

$$= \frac{100 \times 5\%}{1+3\%} + \frac{100 \times 5\%}{(1+3\%)^2} + \frac{100 \times 5\% + 100}{(1+3\%)^3} = 105.6$$

市場金利が10％の場合は債券価格が87.5に下落，3％の場合は債券価格が105.6に上昇するのが理解できたと思う。毎年5％の利率がもたらすキャッシュフローは変わらないので，計算上変わるのは分母の割引率だけである。

この関係を一般化しよう。額面 F，利率 c，期間 n 年，市場価格 P とする。

$$\diamond P = \frac{Fc}{1+r} + \frac{Fc}{(1+r)^2} + \cdots + \frac{Fc+F}{(1+r)^n}, \quad F=100 \text{ であれば,}$$

$$P = \frac{100c}{1+r} + \frac{100c}{(1+r)^2} + \cdots + \frac{100c+100}{(1+r)^n}$$

債券価格をパーセンテージで表現するため，両辺を額面（100）で割ってみる。

$$\diamond \frac{P}{100} = \frac{c}{1+r} + \frac{c}{(1+r)^2} + \cdots + \frac{1+c}{(1+r)^n}$$

② 債券価格算定上の注意

この計算を行う上で最も重要なのは，どの「市場金利」を使うかである。用いるべき金利は以下の要素を充たしているものである。

 a）同等の流動性
 b）同等の償還リスク
 c）同等の（残存）期間

流動性の低い，つまりは売買しにくい換金しにくい債券に対し，流動性の高い債券の市場金利を使うと，その債券の価格を過大に見積もることになる。

償還リスクとは信用リスク，すなわちデフォルトリスクである。明日にも潰れそうな社債の価格を算定する際に，国債のような信用力の高い債券の利回りを用いると，過大評価につながる。

金利は期間に応じて水準が異なる。残存期間が20年の債券を残存1年の債券の金利で評価すると過大評価につながる。それぞれの設例は，債券価格を過大評価するケースのみを取り上げたが，その反対の場合も同様である。

3. 債券の利回り

(1) 債券利回りの構成要素

債券の金利水準は，様々なリスク要素により構成される。最もシンプルなのが超短期の国債である。信用力のある政府が発行する国債は，デフォルトリスクが低いという意味で安全性が高い。しかし，償還まで長期を要する場合は，途中で金利水準が変わった場合に債券価格が変動するため，価格変動リスクがある。こうしたリスクが少ないのが超短期の国債や財務省証券と呼ばれるものである。これがリスクフリーレートであり，あらゆる債券のベースとなる。

これに信用リスクが加味される。デフォルトの可能性が高ければ，より高い利回りがないと買い手がつかなくなる。信用リスクの高さによって金利が上乗せされる部分を信用リスクプレミアムあるいはクレジット・スプレッドという。

さらに期間のリスクが上乗せされる。期間が長いことによる金利の上乗せ部分を長短金利スプレッドという。この長短金利スプレッドは，さらに三つの要素からなる。一つは，長期になればデフォルトの可能性が増えるということ。二つ目は，長期になれば金利の変化にさらされる時間も長くなり価格変動リスクが増えるということ。三つ目が換金性である。現金はいつでも消費に用いることができるため便利である。短期のものであれば即座に換金できるが，長期であれば換金までの期間がかかる。この利便性の欠如がプレミアムとなる。これを流動性プレミアムという。

◇債券利回り＝リスクフリーレート＋クレジット・スプレッド＋長短金利スプレッド

(2) 流動性選好説と流動性プレミアム

現金化できる容易性が流動性であるが，流動性の高い資産に比べ低い資産のほうが，利便性が低い。この利便性の欠如により，流動性の低い資産は金利を支払ってその埋め合わせをする必要がある。これを「流動性選好」という。現金と債券であれば，債券のほうが明らかに流動性は低い。そのため，現金には金利が付かないが，債券には付く。

債券同士であっても，流動性の低い資産は余計に金利を払わねばならない。こ

図表12-2 国債のイールドカーブ（2015年2月末）

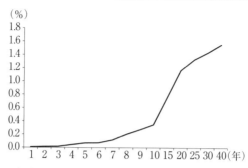

出所：財務省データに基づき筆者作成。

の利回り差を流動性プレミアムという。通常の市場環境では，長期金利は短期金利より高い。この一部はこの流動性プレミアムで説明できる。これを流動性プレミアム仮説という。横軸に債券の満期をとり，縦軸に利回りをとった利回り曲線（イールドカーブ）が右上がりの曲線になるということである。

(3) 金利の期間構造と純粋期待理論

① イールドカーブの形状

債券利回りと期間との関係を表した図表12-2のようなグラフをイールドカーブということは説明したが，この金利と期間との対応関係を金利の期間構造，英語でターム・ストラクチャー（Term Structure）という。

長期金利が短期金利よりも高くなる傾向は，流動性プレミアムが一つの要因であることを示した。しかし，この仮説だけでは「逆イールド」の説明がつかない。逆イールドとは，短期金利が長期金利を上回る現象である。この時，イールドカーブは図表12-2のような右肩上がりにはならず，右肩下がりとなる。

図表12-3はバブル経済の絶頂期といわれた1989年12月末における国債利回りのイールドカーブである。1年物の金利は6.2％を超え，8年～20年の金利は5.6％を下回っていた。このような現象を含め，「純粋期待仮説」に基づいて金利の期間構造を説明しよう。

② 純粋期待仮説

図表12−3　国債のイールドカーブ（1989年12月末）

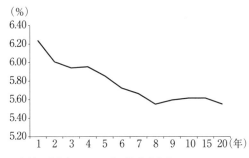

出所：財務省データに基づき筆者作成。

　この仮説のもとでは，投資家が将来にわたる短期金利の動きについて合理的な期待をもつものとしている。説明しやすくするため，短期金利を1年物の国債金利とする。1年物の金利が，1年後にどうなって，2年後にどうなるかについて市場が期待する $n-1$ 年後の1年物金利水準を r_n，現在の n 年物の長期金利の水準を y_n として考えよう。

　100円を1年物国債で運用すると1年後 $(1+r_1)100$ となる。これを再び1年物国債で運用すると，$(1+r_1)(1+r_2)100$ となって戻ってくる。これを n 年後まで繰り返すと，n 年後に戻ってくる投資額 V_n は，$V_n = (1+r_1)\cdots(1+r_{n-1})(1+r_n)100$ となる。一方，長期国債に投資すると n 年後の投資は $V_n = (1+y_n)^n 100$ となって返ってくる。

　投資家は短期国債の乗り換えを続ける投資方法と，長期国債に投資して保有を続ける方法の二つを選択できる。どちらかの投資がより有利であれば，どちらかの選択肢に資金が偏ってしまうため，究極的にはいずれの選択を行っても同等の運用が可能となるところで落ち着くはずである（「裁定条件」という）。

　したがって，以下が成り立つ。

　　$V_n = (1+r_1)\cdots(1+r_{n-1})(1+r_n)100 = (1+y_n)^n 100$，

つまり $(1+r_1)\cdots(1+r_{n-1})(1+r_n) = (1+y_n)^n$

そうなると，以下の関係が成り立つことになる。

　1年物金利　$1+y_1 = 1+r_1$

　2年物金利　$(1+y_2)^2 = (1+r_1)(1+r_2)$

　　　　$\vdots$

n 年物金利　　$(1+y_n)^n = (1+r_1)(1+r_2)\cdots(1+r_n)$

③　短期金利予想とイールドカーブ

純粋期待仮説に基づき，逆イールド現象について説明しよう。市場が金利の継続的な低下を予想したとする。そうなると，$r_1<r_2<\cdots r_{n-1}<r_n$ となる。$(1+r_1)>(1+r_2)$ なので，$(1+y_2)^2 = (1+r_1)(1+r_2)<(1+r_1)^2$ になる。$(1+y_2)^2<(1+r_1)^2$ ということは，$y_2<r_1$ であるため，$y_1=r_1$ から $y_2<y_1$ となる。

つまり長い期間の金利 y_2 はより短い期間の金利 y_1 より低くなるのである。これを各期間に当てはめていくと，$y_1>y_2>y_3\cdots>y_n$ となることが確認できるだろう。つまり期間が長いほど低金利となる逆イールドである。

4.　債券のリスク

(1)　長期債の方がリスクは高い

債券の残存期間が長いほど，金利変動のリスクを受けやすい。利率1％の債券100万円を保有しているとして期間が3年の場合と10年の場合を考えよう。3年物金利が1％から10％に上昇したとする。新たに3年債を購入すれば受取利子は30万円（100万円×1％×3年）に対して，現状保有する債券の利子は3万円にすぎない。27万円の機会損失である。10年の場合はどうか。同様に1％の10年物金利が10％に上昇したとする。新規購入すれば受取利子は100万円（100万円×10％×10年）に対して，現状保有の債券の利子合計は10万円である。90万円の機会損失である。つまり，長期債の方が損失リスクが大きい。

(2)　デュレーション

デュレーションとは，債券に投資された資金の平均回収期間であり，金利変動のリスクを考える上で大変重要な指標である。平均回収期間というのは，利子の受け取りと元本の受け取りを一連のキャッシュフローと考えて，それらのキャッシュフローが D 年後にまとまってもらえると仮定した場合の D 年である。言葉で説明するより数字で説明したほうがいいだろう。

家族の平均年齢を計算するのと似ている。父が50歳，母が50歳，自分が20歳，双子の妹が10歳とする。50歳の人が2人，10歳が2人，20歳が1人である。$(50 \times 2 + 10 \times 2 + 20 \times 1) \div (2 + 2 + 1) = 28$ 歳。

債券のキャッシュフローが，1年が30，2年が30，3年が130とする。家族でいえば，年数が年齢，キャッシュフローが人数である。$(1 \times 30 + 2 \times 30 + 3 \times 130) \div (30 + 30 + 130) = 2.36$ 年。

割引債のように途中のキャッシュフローがゼロで3年目に元本100が償還となると，平均回収期間は $(3 \times 100) \div 100 = 3$ 年となり，満期と同じになる。

しかし，これには時間の価値が入っていない。そこでそれぞれを現在価値に引き直すとどうなるか。期間3年，利率5％，現在の価値が100とする。市場金利は5％である。この場合，キャッシュフローは5，5，105となる。

1年目の現在価値は $5/1.05$，2年目が $5/1.05^2$，3年目が $105/1.05^3$ である。これを先ほどの要領で平均残存期間を算定する。

$$\left(1年 \times \frac{5}{1.05} + 2年 \times \frac{5}{1.05^2} + 3年 \times \frac{105}{1.05^3}\right) \div \left(\frac{5}{1.05} + \frac{5}{1.05^2} + \frac{105}{1.05^3}\right) = \frac{285.94}{100} = 2.85 となる。$$

これを一般化しよう。利率 c％，額面100，価格 P，期間 n 年で市場金利 r とする。

◇デュレーション $D = \left(1 \times \dfrac{c}{1+r} + 2 \times \dfrac{c}{(1+r)^2} + \cdots + n \times \dfrac{100+c}{(1+r)^n}\right) / P$

デュレーションの分母はキャッシュフローの現在価値だが，債券キャッシュフローの現在価値が債券価格であるので，上記の計算では直接 P を用いている。

(3) 債券価格変動とデュレーション

市場金利が変化した場合の債券価格の影響について，簡単な微分を使って考えてみよう。微分は，微細な変化の影響を導くのに便利である。債券価格 P が金利 r の微細な変化にどう影響されるかを考える。

先程の例で考えよう。債券の利率（クーポン）c と年限 n が決まっているので，債券価格 P を動かす変数は市場金利 r だけである。

$$P = \frac{c}{1+r} + \frac{c}{(1+r)^2} + \cdots + \frac{100+c}{(1+r)^n} = c(1+r)^{-1} + c(1+r)^{-2} + \cdots + c(1+r)^{-n}$$

後半の式は微分しやすく表示を変えただけである（$\frac{1}{x} = x^{-1}$ と書ける）c は定数なので，P を r で微分する。

$$\frac{dP}{dr} = -c(1+r)^{-2} - 2c(1+r)^{-3} - \cdots - n(c+100)(1+r)^{-n-1}$$

$$= -\left\{1 \times \frac{c}{(1+r)^2} + 2 \times \frac{c}{(1+r)^3} + \cdots + n \times \frac{100+c}{(1+r)^{n+1}}\right\}$$

これが，市場金利 r が1単位上昇した場合の債券価格 P の変化である。全体の符号がマイナスなので，市場金利が上がると債券価格が下がるというこれまでの説明と整合的である。

この結果は何かと似てないか。デュレーションの式と比べてみよう。

$$D = \left(1 \times \frac{c}{1+r} + 2 \times \frac{c}{(1+r)^2} + \cdots + n \times \frac{100+c}{(1+r)^n}\right)/P$$

$$\frac{dP}{dr} = -\left\{1 \times \frac{c}{(1+r)^2} + 2 \times \frac{c}{(1+r)^3} + \cdots + n \times \frac{100+c}{(1+r)^{n+1}}\right\}$$

デュレーションを $(1+r)$ で割って符号をマイナスにすると

$$-\frac{D}{1+r} = -\left\{1 \times \frac{c}{(1+r)^2} + 2 \times \frac{c}{(1+r)^3} + \cdots + n \times \frac{100+c}{(1+r)^{n+1}}\right\}/P = \frac{dP}{dr}/P = \frac{dP/P}{dr}$$

となる。

$\frac{dP}{dr}$ は金利が上昇した時の債券価格の<u>変化</u>であるが，$\frac{dP/P}{dr}$ は金利上昇した時の債券価格の<u>変化率</u>である。デュレーション D を $(1+r)$ で割った $\frac{D}{1+r}$ を「修正デュレーション」という。

つまり修正デュレーションにマイナスの符号をつけたものが金利上昇に対する債券価格の変化率である。

このようにデュレーションというフレーズは，「平均回収期間」という捉え方と，金利に対する「債券価格感応度」あるいは平たくいえば「金利変動リスク」という意味合いがある。当初平均回収期間で求められたデュレーション D を区別して「マコーレーデュレーション」という。

あくまでも金利リスクを語る上で重要なのは，修正デュレーションである。

(4) コンベクシティ

債券のリスクを学ぶ上では,デュレーションまで理解できれば基本的には十分である。したがって,この項目は読み飛ばして頂いてもいい。

しかし,実務的には,債券価格の変化とデュレーションの関係は線形ではない。同じデュレーションの債券でも,キャッシュフローの分布によって価格変動のリスクが異なるのである。これを補完するものがコンベクシティ(Convexity,凸性)という概念である。

市場金利が変化した場合の債券価格の変化は,テイラー展開により,

$$\Delta P = \frac{dP}{dr}\Delta r + \frac{1}{2}\frac{d^2y}{dx^2}\Delta r^2 + \frac{1}{6}\frac{d^3y}{dx^3}\Delta r^3\cdots \fallingdotseq \frac{dP}{dr}\Delta r + \frac{1}{2}\frac{d^2y}{dx^2}\Delta r^2$$

この一項目の $\frac{dP}{dr}$ がデュレーション部分であり, $\frac{d^2y}{dx^2}$ コンベクシティである。

つまり,債券価格の変化を正確に計測するためにはデュレーションに加え,コンベクシティを用いた方が良いということである。

 (5) 銀行の国債保有とリスク

銀行は預金を預かって貸出に転ずることで資産転換機能を働かせ,信用創造を行うことが使命であるが,今世紀に入ってから貸出需要が低迷し,銀行が100の

図表12－4 全期間の金利が1%上昇した場合の大手銀行の保有債券の評価損試算

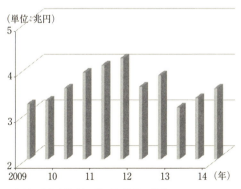

出所:各銀行資料に基づき筆者が試算。

預金を預かっても 60〜70 程度しか貸出に回せなくなってきている。そこで余剰資金を国債などの債券投資で吸収させているのである。

　そこで，大手銀行の保有債券の平均残存期間および保有残高をベースに金利リスクを試算した。試算の前提としては，全期間の金利が一律 1％上昇する，いわゆるイールドカーブのパラレルシフトという状況を仮定した。その上で，銀行の保有債券においてどの程度の損失が発生するかを試算した。図表 12-4 は 2009 年からの半期ごとの試算結果の推移である。2012 年に 4 兆円に上る金額となったが，その後減少し足元では再び増加している。

　バーゼル銀行監督委員会は，銀行が抱える国債を含む金利リスクを自己資本比率規制に反映させる厳格化の方針を検討している。そうなると，銀行が債券運用によりこれまで取ってきた金利リスクが取りにくくなる。余剰資金を運用する機会がますます狭くなる可能性が出てこよう。

第13章

株式の資産価値と株式市場

―不確実だから面白い―

1. 株式投資の理由

 (1) 収益の追求~純投資

　多くの場合、株式投資は収益の獲得を目的としたものである。国債等の安全資産への投資では収益率は限られている。株式は満期がなく、価格も変動性が一般的に激しい。このためリスクを承知の上で、高い収益率を狙って株式投資が通常行われている。このような投資収益を目的とした投資を「純投資」という。

　株式投資による収益は、配当収入や売却益のような金銭的なものが基本であるが、株主優待などのように非金銭的なものもある。航空会社などは株主優待チケットの配布を行っているし、食品メーカーなどは自社製品を株主に向けて送っている例も数多くある。

　株式市場の参加者の全体像を表したものが図表13-1である。株式投資を行う参加者は、機関投資家と個人投資家に大別される。機関投資家とは、投資を行う主体が会社組織であり、投資そのものを業としている会社もあれば、本業に付随して投資が行われている場合もある。第2章で紹介した「資産運用会社」はまさに投資そのものを本業とするもので、年金や投資信託からの運用を受託、あるいは投資信託そのものを運営している場合もある。保険会社は、個人顧客などからの保険料収入を運用し将来の保険金支払いに備えている。また、近年、生命保険会社が変額年金などの貯蓄性の高い商品を個人に販売して、この資金を資産運用会社のように運用している場合もある。

　これらに共通するのは、機関投資家が運用する資金は究極的には個人のものであるという点だ。個人は年金の掛け金を支払うことで、将来の年金受給資格を得る。年金を預かる年金基金は自主的に運用する場合もあるが、多くは資産運用を

図表 13 − 1　株式市場の参加者

出所：筆者作成。

専門とする会社に運用を委託している。投資信託も同様である。個人顧客が銀行や証券会社の窓口で投資信託を購入する。この資金を投資信託運用会社が株式等に投資を行い，その果実を投資信託所有者に配分するのである。

最近では，個人投資家の中にも株式等の投資を個人的な職業としているケースも見受けられる。インターネットを通じたネットトレーダーなどが一般的な例である。あるいは，金銭的な収益を目的とする純投資ではなく，株主優待を主な目的とする個人投資家も存在している。ディズニーリゾートの熱狂的なファンで，こうした優待制度を目的として同リゾートを運営するオリエンタルランド社の株式を購入するケースなどが一例である。

 (2) 議決権の獲得〜政策投資，戦略投資

純投資ではなく，株式のもう一つの性格である「議決権」の獲得を目的とする投資もある。こうした投資を政策投資あるいは戦略投資という。この投資目的はさらに二通りある。一つは企業買収のように，企業のビジネスに魅力を感じるなどして，子会社や関連会社にすることを目的とした投資である。これを戦略投資（ストラテジック・インベストメント）といい，純投資（フィナンシャル・インベストメント）と区別している。

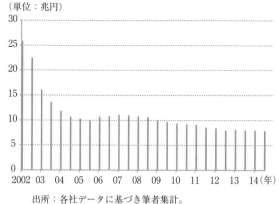

図表 13 − 2　大手銀行の保有株式残高（取得原価ベース）

出所：各社データに基づき筆者集計。

　もう一つのタイプが，株式の持ち合いである。会社同士が株式を互いに保有することにより，敵対的な買収の防御を行うこともあれば，株主総会を会社の経営陣の意向に沿って円滑に運営するための暗然たる目的がある。これを政策投資という。この株式持ち合いの主役が銀行である。銀行は取引先企業との関係を良好に維持することを目的として，取引先企業の要望に応じて株式を取得する。図表13-2 は大手銀行の保有株式残高の推移である。株式保有残高は合計で 25 兆円以上あったが，2002〜2003 年における金融危機で大幅に削減され，今日では 8 兆円程度となっている。暗然たる目的である株主総会の円滑な運営は，一般株主が本来経営陣に対して有する株主権を薄めてしまうものである。企業の統治（コーポレート・ガバナンス）の観点からは非常に不健全な投資と指摘されても仕方がないだろう。

　第 2 次安倍政権は 2015 年，「コーポレートガバナンス・コード」をまとめ，その中で東京証券取引所に株式を上場している企業は，政策保有株式の目的について公表し，説明責任を求められることとなった。

　なお，同じ銀行でも「信託銀行」は信託勘定を通じて年金資金の運用を行っているが，これら信託勘定で行う投資は銀行勘定における政策投資とは異なり，純投資である。

2. 純投資

(1) グロース投資〜夢を買う

　機関投資家の運用方法には複数のアプローチが存在している。企業の成長性に賭ける「グロース投資」，割安な株に投資する「バリュー投資」，高い配当が魅力である株に投資する「高配当投資」などの伝統的な投資方法のほか，ヘッジファンドのように様々な投資手法を駆使して株式市場の好調不調によらず高い収益を目指す投資スタイルもある。

　この中でグロース投資とは，企業の将来における成長性に基づき業績の伸びが期待できる企業に投資する手法である。投資を行うに当たっては，「SWOT」分析が基本となる。SWOT分析は株式投資だけではなく，企業分析を行う手法として便利なツールであるため，詳しく説明しよう。

　SWOTのSは強み（Strength），Wは弱み（Weakness），Oは機会（Opportunity），Tは脅威（Threat）である。

◇強み（Strength）：企業の業界内における，あるいは世界的な競争力の分析が基本となる。競争力の評価の中では，特許などにより裏打ちされた技術力や市場での占有率の高さが主な分析対象となる。
◇弱み（Weakness）：魅力的な企業でも，弱みは必ずある。投資を判断するときに将来的な業績のマイナス材料を見極めておく必要がある。ただし，現在存在している弱みが経営陣交代などのイベントにより画期的に解消することもあるため，必ずしも投資判断のマイナス材料ということではない。
◇機会（Opportunity）：現時点では実現していなくとも，ビジネスの拡大可能性などによる業績の「伸びしろ」を分析する，グロース投資では最も重要な要素となる。規制緩和や他社との提携など，様々な事象の変化による業績への貢献について，その発生可能性とともに評価する。
◇脅威（Threat）：現時点では浮上していないが，業績や経営にマイナス影響するような市場ないしは業界内の事象を分析するものである。

　図表13-3は，銀行担当アナリストであった筆者のキャリアを活かしたＳＷＯ

図表13-3　三菱UFJフィナンシャル・グループのSWOT分析

【S】 ○豊富な人材 ○海外市場における専門性の高さ ○国内外における稠密なネットワーク ○信用力に裏打ちされた預金吸収力の高さ ○高い自己資本比率に代表される健全性 ○多彩なグループ会社による充実した金融機能	【W】 ○資本に対する収益性の相対的な劣位 ○利ざやの縮小傾向 ○リスクに対する保守性 ○海外貸出を支える外貨調達の課題
【O】 ○海外の銀行の買収によるフランチャイズ拡大 ○規制緩和による新たな分野の開拓 ○国内経済のデフレ解消による貸出需要増加	【T】 ○国内における過当競争の激化 ○海外グループ会社が直面する海外市場の混乱 ○国内大口貸出先の経営不振

出所：筆者作成。

T分析の結果である。分析対象は，我が国を代表する金融グループである三菱UFJフィナンシャル・グループである。

(2) バリュー投資～評価のゆがみをつく

　バリュー投資の基本は割安株投資である。ハンバーガーショップの「バリューセット」がお得な商品を指すように，バリュー投資は「お得」にみえる株式への投資を行うものである。基本的な分析はグロース投資と大きく変わるものではない。しかし，企業価値を分析して，市場が当該企業を過小評価していると判断できれば，積極的な投資を行うことで，市場による評価のゆがみを突いた投資スタイルといえる。

　判断のベースとなるのが，利益や株主資本の水準などと株価との比較である。こうした対比は，PER（株価収益率，Price to Earnings Ratio）やPBR（株価純資産倍率，Price to Book Ratio）などが代表的な判断指標となる。

　バリュー投資は，過小評価されている状態から妥当な評価へと市場が再評価することが前提である。市場が再評価するまでの時間軸や本当に市場が再評価して

くれるのかという不確定要素が常に存在している。また，市場が評価した現在の株価が，実は妥当な評価であり，バリュー投資の判断そのものが誤っている場合もある。

(3) 高配当投資～高配当で安定的に

極めて分かりやすいのが高配当投資である。判断の基本は株価に対する配当の水準である。例えば1株1,000円で取引されている株式が年1回50円の配当を行うとする。50円を1,000円で割って5％の年率が求められる。これを「配当利回り」という。

高配当投資を行う代表的な機関投資家は，高配当利回りの会社の株式への集中的投資を明記した投資信託などで，「高配当ファンド」などと銘打たれている。

(4) ヘッジファンドの投資スタイル

ヘッジファンドの投資スタイルとしては，M&Aなどの企業イベントでの投資機会を模索する「イベント・ドリブン」という手法，株式を購入と空売り（保有していない株式を株式の貸借取引などを利用して売却すること）を組み合わせて行う「ロング・ショート」などがある。

簡単な例で説明しよう。全く同じ業界の会社が2社あるとする。例えばA銀行とB銀行である。日本の株式市場は不景気のためか大変状況が悪く，多くの投資家が投資を敬遠し日々株価が低下していると仮定する。A銀行の株に投資してもB銀行の株を買ったとしても，値下がりの恐れが高い。しかし，A銀行に比べB銀行は財務がしっかりしていて経済環境の悪化に相対的に強いとする。

この場合，A銀行の株を証券会社から借りて売却し，同時にB銀行の株を買う判断を行う。投資の期間を1カ月とし，A銀行の株価がその1カ月間に1,500円から1,000円に値下がりし，B銀行の株価は1,500円から1,200円へ値下がりしたとしよう。ヘッジファンドは1カ月後に借りた株を返却するためにA銀行の株を買わなければならない。さて，この投資戦略は正解だったのか。

　◇A銀行株：1,500円で売って，1,000円で買い戻した　⇒　500円の儲け
　◇B銀行株：1,500円で買って，1,200円で売った　⇒　300円の損失
　∴A銀行株空売りの成果（＋500円）＋B銀行株購入の成果（－300円）

＝トータルの収益（+200円）

　空売りのことを「ショート」といい，購入のことを「ロング」という。また，空売りをしている状況を「ショート・ポジション」，買い持ちしている状況を「ロング・ポジション」という。このことから上記のような投資はロング・ショートといわれる手法となっている。

　株式市場が一的に下落するような環境で投資収益を獲得するのは難しい。こうした状況において，同じような事業を行っているような類似企業を見出し，「相対的に」下落幅に差が出るだろう，という点に着眼した投資である。相場が上がっている局面でも下がっている局面でも，一方向性で動いている市場の環境において，株式の銘柄間の出来不出来の差に投資機会を見出すものである。

3. 株式の価格形成

（1）資本コストの考え方

　株式の価格形成を学ぶ上で重要なのが「資本コスト」あるいは「要求収益率」という考え方である。ハイリスク・ハイリターンという言葉はよく聞くだろう。リスクが高ければ，リターンが高くないと割が合わないという考え方である。

　投資も同じである。リスクについては第11章で学んだ通り収益率の振れ幅である。国債に投資すれば，ほぼ確実に想定される収益率が確保されるため，リスクがない。このため，リスクフリーレートとして安全資産の典型である国債の利回りが選ばれる。しかし，株式は配当利回りが投資の収益率ではない。株価が下落すれば，配当を含めても収益率がマイナスになることもある。

　このため，投資家が株式に投資をする際は，安全資産の利回りより高い収益率を要求するであろう。同じ株式投資でも，異なる株式であればリスクの大きさも違うだろう。収益率の変動幅が相対的に小さければ，変動幅が高い株式よりも低い収益率で満足するだろう。そこで以下の関係がある。
　◇リスクフリーレート＜低変動株の要求収益率＜高変動株の要求収益率
　このようにリスクに応じて投資家が要求するであろう収益率の水準を「要求収益率」という。あるいは，リスクに見合う収益率を期待するということで「期待収益率」と呼ぶ場合もある。

これを企業側からみた表現を「資本コスト」という。投資家がある水準のリターンを期待して株価を形成しているため、その期待に応えなければならないということで、資本コストというのである。つまり、要求収益率（投資家側からみた言い方）＝期待収益率（投資家側からみた言い方）＝資本コスト（発行会社からみた言い方）である。

投資家からの要求水準が高いと資本コストが高いという点は、理解しにくいかもしれない。例えば、1年後に株価が1000円になることが期待される株式があったとする。リスクの度合いから見て、平均的な投資家が考える要求収益率が10％と仮定する。配当がないとすると、現在の株価は約910円でなければならない。こうして株価が決まるのである。しかし、経営者が業績の安定化を図っていたため、要求収益率が 5％程度まで低下するのであれば、株価は950円と要求利回り10％のときよりは上昇するであろう。そこで仮に会社が株式を新たに発行して増資することを考えよう。百万株を発行するのであれば、上記の例では要求利回り10％であると9億1千万円調達できるのに対して、5％の水準であれば9億5千万円調達可能である。資本コストが低ければ資金調達も容易であることがわかる。この資本コストや要求収益率は次章で学びたい。

(2) 配当割引モデル

株価の形成を考えるに当たり、最も基本的でかつ重要な手法が「配当割引モデル（ＤＤＭ＝Dividend Discount Model）」である。株式投資の狙いを配当の受け取りと考えた場合のモデルである。株式投資の目的は配当だけではなく株価の値上がり益である。このモデルは配当のみに着目しているため、非常に原始的に感じられるかもしれない。しかし、この配当部分を利益に置き換えると、より株価形成を語る上で有用性の高いＤＣＦ法による分析が可能となる。

株式は債券とは異なり、満期がない。つまり償還されることがない。このため、配当を将来にわたって受け取ることの価値の評価は永久となる。

① 一定配当

配当水準が毎年 D で一定の場合、毎年受け取るキャッシュフロー一定となる。永久に配当 D をもらい続けることの価値を計算しよう。なお、現在価値を計算するときの割引率 r は資本コストとなる。P を永久に続く配当キャッシュフロー

の現在価値であり，株価理論値であるとする。

$$P = S_n = \frac{D}{1+r} + \frac{D}{(1+r)^2} + \cdots + \frac{D}{(1+r)^n} \quad \cdots\cdots\cdots\cdots \text{(a)}$$

この両辺に (1+r) を乗じると，

$$(1+r)S_n = D + \frac{D}{1+r} + \cdots + \frac{D}{(1+r)^{n-1}} \quad \cdots\cdots\cdots\cdots \text{(b)}$$

(b) から (a) を引くと，

$$(1+r)S_n - S_n = rS_n = D - \frac{D}{(1+r)^n}$$

式を変形して，S_n について解くと

$$S_n = \frac{D}{r} - \frac{D}{r(1+r)^n}$$

n を無限大にすると，分母が無限大になり第2項がゼロになるため，

$$\lim_{n \to \infty} S_n = \frac{D}{r}$$

したがって，配当割引モデルに基づく株価の理論価値 P は

$$P = \frac{D}{r} \quad \text{となる}$$

つまり，一定額の配当を資本コストで割ったものである。

② 一定増加率の配当

次に一定の増加率 g で永久に配当が増加する場合の理論価値を求めよう。

$$P = S_n = \frac{D}{1+r} + \frac{(1+g)D}{(1+r)^2} + \cdots + \frac{(1+g)^{n-1}D}{(1+r)^n} \quad \cdots\cdots\cdots\cdots \text{(a)}$$

この両辺に $\frac{1+r}{1+g}$ を乗じると，

$$\frac{1+r}{1+g} S_n = \frac{D}{1+g} + \frac{D}{1+r} + \cdots + \frac{(1+g)^{n-2}D}{(1+r)^{n-1}} \quad \cdots\cdots\cdots\cdots \text{(b)}$$

(b) から (a) を引くと，

$$\frac{1+r}{1+g} S_n - S_n = \frac{D}{1+g} - \frac{(1+g)^{n-1}D}{(1+r)^n}$$

左辺を簡単にすると，

$$\frac{(1+r)-(1+g)}{1+g}S_n = \frac{r-g}{1+g}S_n = \frac{D}{1+g} - \frac{(1+g)^{n-1}D}{(1+r)^n}$$

両辺に $(1+g)$ を乗ずると,

$$(r-g)S_n = D - \frac{(1+g)^n D}{(1+r)^n}$$

式を変形して, S_n について解くと

$$S_n = \frac{D}{r-g} - \frac{(1+g)^n}{(1+r)^n} \times \frac{D}{r-g}$$

n を無限大にすると,

$$\lim_{n\to\infty} S_n = \lim_{n\to\infty} \frac{D}{r-g} - \lim_{n\to\infty} \frac{(1+g)^n}{(1+r)^n} \times \frac{D}{r-g}$$

ここで, $\lim_{n\to\infty} \frac{(1+g)^n}{(1+r)^n}$ は $g>r$ であれば発散してしまうが, $g<r$ であれば 0 となる。

したがって, 割引率が配当成長率を上回る前提での理論価値 P は $P = \frac{D}{r-g}$ となる。

(3) ＤＣＦモデルから過去の株価推移を分析する

　配当は利益から捻出されるものであるが, 配当されなかった利益は純資産（株主資本）の増加に繋がる。例えば今年の利益水準が100億円として, このうち30億円が配当で支払われると, 株式を保有する投資家が金銭で受け取る部分は30億円となり, 残る70億円は「内部留保」として純資産の増加に繋がる。純資産は, 究極的には株主, つまり株式の投資家に帰属するものである。会社を清算した時に株主に配分される「残余財産」は,（資産価値が会計上の資産計上価値と同一であれば）まさに純資産そのものである。したがって, 純資産が増加すれば, 株式の価値は連動して増加するはずである。

　そうなると, 毎年支払われる配当だけではなく, 内部留保される残りの利益についても, 実質的には株主にとってのキャッシュフローといえる。

　このため, 株式の価値を算定するには, 利益を株式数で割って計算される「1株当たりの利益」を上記配当モデルの代りに考える。1株当たりの利益は, ＥＰＳ（Earning Per Share）と略称される。上記配当部分をＥＰＳに入れ替えると, 利益全体を株主に帰属する価値の増加と捉えるＤＣＦ法が導かれる。

◇ $P = \dfrac{EPS_0}{r-g}$ (分子は初年度の1株当たり利益, g は利益成長率)

バブル経済の生成過程では, 低金利の政策がとられたため r は低下する, 一方で企業業績の見通しも明るかったため利益成長率 g は上昇していた。したがって $r-g$ は低下し, 株価は上昇する。バブル期の株価上昇はこれだけで説明できる。

バブル崩壊はどうか。1990年後半から1991年にかけての日本銀行の金融政策は, 当時の三重野総裁によるバブルつぶしのための利上げにより, r は上昇した。さらに, 日本銀行の金融引き締めが不動産に流れ込んでいた資金の流れを止めて地価が下落した。さらにイラクのクウェート侵攻など中東情勢の不透明感から原油価格が上昇し, 消費や投資が落ち込んだ。企業業績の見通しも厳しくなるため g は低下した。これに追い打ちをかけて追加的な利上げ ($r\uparrow$) である。行き過ぎた金融引き締めにより, 株価が急降下するのもこれで説明できる。

4. 株価の指標

(1) 配当利回り

配当利回りが高配当投資ファンドなどの重要な指標であることは, 既述の通りである。ここで配当関係の指標について整理して説明しよう。配当利回りは1株当たりの配当額をその時の株価で割ったものである。1株当たりの利益のうち配当に配分される比率を配当性向という。

1株当たりの指標ではなく, 総額で捉えても同じである。株価に発行済株式総数を掛け合わせたものを「株式時価総額」という。配当額合計を株式時価総額で割っても配当利回りが算定できる。同様に, 配当額合計を当期利益で割っても配当性向が算定できる。

◇配当利回り = 1株配当 D ÷株価 P = 配当合計 (D×株数) ÷株式時価総額
◇配当性向 = 1株配当 D ÷1株当たり利益 EPS = 配当合計÷当期利益 (NP)

(2) 株価収益率 (PER)

株価を1株当たり利益で割ったものが, PER (株価収益率, Price to Earnings

Ratio）という指標である。この指標が高いほど，利益水準に比べて株価が高いということである。このため，ＰＥＲが高いほど割高となる。また，配当利回り同様に，株式時価総額を当期利益で割ってもＰＥＲが算定できる。

なお，割高や割安の判断の根拠となる株価指標を「バリュエーション」という。割安な場合は，バリュエーションが安いという。また，バリュエーションという言葉は株価の理論値を算定する作業そのものを指す場合もある。

◇ＰＥＲ＝株価 P ÷１株当たり利益 EPS ＝株式時価総額÷当期利益

(3) 株価純資産倍率（PBR）

株価を１株当たり純資産（BPS = Book Value Per Share）で割ったものが，ＰＢＲ（株価純資産率，Price to Book Ratio）という指標である。ＰＥＲ同様にこの指標も高いほど，純資産に比べて株価が高いということである。このため，ＰＢＲが高いほど割高となる。また，株式時価総額を純資産で割ってもＰＢＲが算定できる。

◇ＰＢＲ＝株価 P ÷１株当たり純資産 BPS ＝株式時価総額÷純資産

(4) ＰＥＲとＰＢＲの関係

ここで，ＰＥＲとＰＢＲの指標の関係を整理しよう。株価P，EPS，BPSを用いて今一度公式に入れる。この関係を論ずる上で重要な財務指標はＲＯＥ（株主資本利益率あるいは純資産利益率，Return On Equities）である。ＲＯＥは純資産に対する利益率を示す指標であり，投資家が最重要視する指標である。

$$\text{PER} = \frac{P}{EPS}$$

$$\text{PBR} = \frac{P}{BPS}$$

$$\text{ROE} = \frac{EPS}{BPS}$$

$$\text{PBR} = \frac{P}{BPS} = \frac{EPS}{BPS} \times \frac{P}{EPS} = \text{ROE} \times \text{PER}$$

ここで，益利回りを紹介する。益利回りとは１株当たり利益を株価で割ったも

のであり，ＰＥＲの逆数である。ＤＣＦ法による株価理論値は $P = \dfrac{EPS}{r-g}$ と説明した。ここで成長率がゼロと仮定すると $P = \dfrac{EPS}{r}$ となる。これを変形すると $r = \dfrac{EPS}{P}$ となる。つまりＰＥＲの逆数，あるいは益利回りであることがわかる。したがって，利益成長が恒常的に期待できない場合は，以下の関係が成り立つのである。

◇PBR $= \dfrac{\text{ROE}}{r} = \dfrac{\text{ROE}}{\text{資本コスト}}$

資本コストを算定する方法は，次章でも説明するが，株価の状況からも逆算することが可能である。ＰＢＲは株価と純資産から算定でき，ＲＯＥも財務諸表から計算できるので，現状の株価が示唆する資本コスト r が導き出される。このように成長率をゼロとした場合の資本コスト（＝益利回り）を「インプライド資本コスト」という。

図表13-4は，大手銀行のインプライド資本コストを筆者が算定したものである。株価に反映された資本コストが極めて変動幅が大きく，また循環的に動いていることがわかる。資本コストは国債利回り（リスクフリーレート）から影響されるばかりではなく，市場の空気にも大きく影響される。2006年頃は小泉改革で，

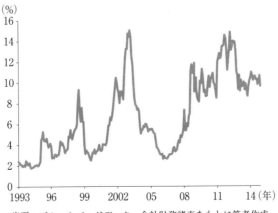

図表13－4　大手銀行のインプライド資本コストの推移

出所：ブルームバーグデータ，会社財務諸表をもとに筆者作成。

日本の構造改革が外国人投資家の関心を引き寄せた。これが資本コストの低下につながった。資本コストが低いほど，ＲＯＥが変わらなければ，ＰＢＲが上昇する。つまり株価が上がる。逆に2008年以降のリーマンショックから始まる世界的金融危機の過程では資本コストが急騰した。これは株価の低迷の裏返しである。市場は空気（センチメント）により動くのである。

5. グローバル比較

(1) 金融機関時価総額の栄枯盛衰

最後に，日本の銀行と海外の銀行との株価比較を行ってみよう。バブル経済のピークである1989年末における世界の金融機関時価総額ランキングが，図表

図表13－5　株式時価総額ランキング（1989年12月末）

（単位：10億ドル）

	会社名	国名	時価総額
1	日本興業銀行	日本	104,162
2	住友銀行	日本	71,932
3	富士銀行	日本	67,810
4	三菱銀行	日本	63,603
5	第一勧業銀行	日本	62,256
6	三和銀行	日本	53,592
7	野村證券	日本	46,751
8	日本長期信用銀行	日本	43,293
9	東海銀行	日本	35,286
10	三井銀行	日本	34,914
11	太陽神戸銀行	日本	28,159
12	三井信託銀行	日本	27,514
13	東京銀行	日本	26,950
14	住友信託銀行	日本	24,389
15	東京海上火災保険	日本	22,239
16	三菱地所	日本	21,995
17	日本債券信用銀行	日本	21,879
18	Allianz AG Hldg	ドイツ	21,492
19	大和証券	日本	20,791
20	日興證券	日本	19,480

出所：Standard & Poor's に基づき筆者作成。

図表 13 − 6　株式時価総額ランキング（2015 年 3 月末）

（単位：10 億ドル）

	会社名	国名	時価総額
1	Wells Fargo	アメリカ	285,127
2	中国工商銀行	中国	254,715
3	JP Morgan Chase	アメリカ	227,427
4	中国建設銀行	中国	203,788
5	Bank of America	アメリカ	169,260
6	中国銀行	中国	164,902
7	HSBC	イギリス	159,057
8	中国農業銀行	中国	158,094
9	Commonwealth Bank	オーストラリア	113,073
10	Banco Santander	スペイン	94,826
11	三菱ＵＦＪフィナンシャル・グループ	日本	91,165
12	Westpac	オーストラリア	90,073
13	Lloyds	イギリス	83,254
14	Goldman Sachs	アメリカ	82,481
15	US Bancorp	アメリカ	78,956
16	Australia and New Zealand Banking	オーストラリア	74,863
17	Morgan Stanley	アメリカ	71,850
18	National Australia Bank	オーストラリア	69,781
19	BNP Paribas	フランス	67,578
20	UBS AG	スイス	66,569

出所：ブルームバーグデータに基づき筆者作成。

13-5 である。日本の金融機関が上位 20 傑のうちの 19 社を占めている。

　一方で，2015 年 3 月末が図表 13-6 であるが，日本勢で唯一トップ 20 に入っているのは三菱ＵＦＪフィナンシャル・グループのみで寂しい限りである。「失われた 20 年間」における銀行財務の悪化やデフレ経済長期化によるマクロ経済に対する悲観的見方が株価に反映されたものとみられる。

(2)　銀行のグローバル・バリュエーション

　次に，グローバルな割安ランキングを 2015 年 3 月末のデータをベースにまとめてみよう。図表 13-7 がこの結果である。割安銘柄上位に来ているのは何れも中国の銀行である。中国経済の成長鈍化が反映された結果なのではないか。

　日本の銀行は平均より割安に位置している。これは，デフレ経済からの脱却に時間を要すると市場が見ていること，貸出の伸び悩みの中で銀行間の競争が激し

く，銀行の収益の源泉である利ざやが縮小傾向にあることなどが背景にあるものと見られる。逆に割高な銘柄は，オーストラリアの銀行などが含まれる。

図表13－7　世界の銀行ＰＥＲ割安ランキング（2015年3月末）

	PER		PER
中国農業銀行	5.2	HSBC Holdings PLC	13.4
中国建設銀行	5.4	Wells Fargo & Co	13.5
中国工商銀行	5.7	Australia and New Zealand Banking	14.0
中国交通銀行	6.0	Credit Agricole	14.2
中国銀行	6.2	US Bancorp	14.4
Deutsche Bank	8.2	Societe Generale	14.5
三井住友フィナンシャルグループ	9.4	BNY Mellon Corporation	15.3
みずほフィナンシャルグループ	9.6	Standard Chartered	15.4
Credit Suisse	10.7	Westpac Banking Corp	15.7
三菱ＵＦＪフィナンシャル・グループ	11.3	Bank of America Corp	15.7
JP Morgan Chase	11.5	National Australia Bank	17.0
Barclays PLC	12.0	Commonwealth Bank	17.4
Banco Santander	13.1	State Bank of India	18.5

注：時価総額3兆円以上の銀行を対象にしている。
出所：ブルームバーグデータ，会社財務諸表をもとに筆者作成。

第14章

ポートフォリオ理論

―多様性は可能性を広げる―

1. ポートフォリオとリスク，リターン

 (1) ポートフォリオとは

　金融の世界でポートフォリオとは，金融資産の構成あるいは組み合わせを指している。株式や債券など同じカテゴリーの資産に運用対象を集中するよりも，分散させた方がリスクは緩和されるという考え方に立っている。

　分散といった場合は，小口分散という考え方と種類分散の考え方がある。前者は，ニワトリの卵100個を購入して運ぶ方が，ダチョウの卵1個を購入して運ぶよりもリスクが小さいという意味である。ダチョウの卵は1個しかないので割れれば全損となるが，ニワトリの卵が全て割れてしまうことはあまりない。

　後者は，類似するような結末をもたらすものの組み合わせより，異なる結果を導き出すような組み合わせの方がリスクは少ないということである。例えば共働きの夫婦が同じ業種の会社に勤めている場合と，全く違う業種の会社に勤めている場合を考える。円安になると業績が良くなり給与が増える輸出企業に夫婦ともども働いているとすると，円高になれば家計が苦しくなる。夫が輸出企業，妻が海外からの輸入品を扱う企業に勤めていれば，夫の給与が円高でリストラされても，妻の会社はメリットを享受できるので，家計全体は安定する。

　ポートフォリオも同様である。複数の資産の特性を踏まえた上で，組み合わせを考えれば，単一の資産で運用するよりリスクは減らせるはずである。

 (2) リターン（収益率）

　金融でリスクはブレ幅を指すことは説明した。統計学的には標準偏差 σ（シグ

マ）である。リスクのある資産の収益率は一定しないため，収益率を固定して考えることはできない。そこで登場するのは「期待収益率」という考え方である。資産 X の収益率を r_X とすると r_X は変動する。r_X の平均的に表れる期待収益率は $E(r_X)=\mu$ と書ける。μ は平均的に実現する収益率である。ちなみに，安全資産のリターンはブレないため，安全資産の期待収益率 $E(r_f)=r_f$ である。

ポートフォリオの期待収益率の特徴を考えてみる。複数の資産により構成されるポートフォリオの期待収益率はそれぞれの構成要素の期待収益率の加重平均となる。n 個の資産から構成されるポートフォリオの期待リターンを $E(r)$ は以下のようになる。個々の資産の収益率は $r_1,\ r_2,\ r_3\cdots,\ r_n$ で，その期待収益率は $E(r_1)=\mu_1,\ \cdots,\ E(r_n)=\mu_n$ で表されるとする。各資産の構成比は $w_1,\ w_2\cdots,\ w_n$（総和は1）とする。

◇ポートフォリオ期待収益率 $E(r)=w_1E(r_1)+w_2E(r_2)+\cdots+w_nE(r_n)=w_1\mu_1+w_2\mu_2+\cdots+w_n\mu_n$

(3) リスク（標準偏差）

次にポートフォリオのリスクを考えよう。資産 X, Y から構成されるポートフォリオを想定する。構成比は $w_X,\ w_Y$（ただし，$w_X+w_Y=1$），期待収益率は $\mu_X,\ \mu_Y$，標準偏差 $\sigma_X,\ \sigma_Y$ とする。ポートフォリオの分散 σ^2 は以下の公式で表わされる。

◇ポートフォリオの分散 $\sigma^2=w_X^2\sigma_X^2+w_Y^2\sigma_Y^2+2w_xw_Y\sigma_{XY}$（$\sigma_{XY}$ は X と Y の共分散）

なお，X と Y の相関係数 $\rho_{XY}=\dfrac{\sigma_{XY}}{\sigma_X\sigma_Y}$ であるため，以下のようにも書ける。

$$\sigma^2=w_X^2\sigma_X^2+w_Y^2\sigma_Y^2+2w_xw_Y\rho_{XY}\sigma_X\sigma_Y$$

(4) 相関性とリスク

相関係数 ρ は $-1\leq\rho\leq 1$ の範囲にあり，$\rho=1$ の時は完全に収益率の動きが連動し，$\rho=-1$ のときは正反対に動き，$\rho=0$ のときは無関係に動くことを示している。相関係数 ρ が $-1,\ 0,\ 1$ の各場合のときのポートフォリオのリスク（分散）の様子を考えてみよう。二つの資産 X と Y の配分は半々とする。

① $\rho=0$ のとき

$$\sigma^2 = w_X^2\sigma_X^2 + w_Y^2\sigma_Y^2 + 2w_Xw_Y\rho_{XY}\sigma_X\sigma_Y = \frac{1}{4}\sigma_X^2 + \frac{1}{4}\sigma_Y^2 = \left(\frac{1}{2}\sigma_X + \frac{1}{2}\sigma_Y\right)^2 - \frac{1}{2}\sigma_X\sigma_Y$$

したがって，2つの資産の平均的分散より$\frac{1}{2}\sigma_X\sigma_Y$だけ小さくなる。

② $\rho = 1$ のとき

$$\sigma^2 = w_X^2\sigma_X^2 + w_Y^2\sigma_Y^2 + 2w_Xw_Y\rho_{XY}\sigma_X\sigma_Y = \frac{1}{4}\sigma_X^2 + \frac{1}{4}\sigma_Y^2 + \frac{1}{2}\sigma_X\sigma_Y = \left(\frac{1}{2}\sigma_X + \frac{1}{2}\sigma_Y\right)^2$$

→ $\therefore \sigma = \frac{1}{2}\sigma_X + \frac{1}{2}\sigma_Y$

標準偏差 σ は資産 X，Y の標準偏差平均となりリスク削減効果はない。

③ $\rho = -1$ のとき

$$\sigma^2 = w_X^2\sigma_X^2 + w_Y^2\sigma_Y^2 + 2w_Xw_Y\rho_{XY}\sigma_X\sigma_Y = \frac{1}{4}\sigma_X^2 + \frac{1}{4}\sigma_Y^2 - \frac{1}{2}\sigma_X\sigma_Y = \left(\frac{1}{2}\sigma_X - \frac{1}{2}\sigma_Y\right)^2$$

→ $\therefore \sigma = \frac{1}{2}\sigma_X - \frac{1}{2}\sigma_Y$

標準偏差 σ は，資産 X，Y の標準偏差の差となるため，リスクは最も小さくできる。

図表14-1は資産 X の割合を a，資産 Y の割合を $1-a$（ただし，$0 \leq a \leq 1$）としたときのポートフォリオの標準偏差の状況を示したものである。相関係数 ρ が1のときは，資産 X と Y の標準偏差の加重平均になり，ポートフォリオを作ることによるリスク分散ができていないことがわかる。

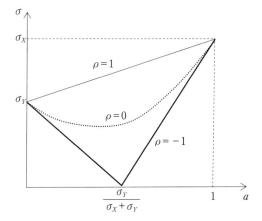

図表14-1　相関性とリスク（標準偏差）

出所：筆者作成。

相関係数 ρ がゼロの場合は、上記の標準偏差加重平均よりもだけ二つの標準偏差の積の分だけリスクが削減できる。さらに相関係数 ρ が -1 の場合は、a の割合を工夫するだけでリスク（標準偏差）をゼロにすることができる。

$$\sigma^2 = a^2\sigma_X^2 + (1-a)^2\sigma_Y^2 - 2a(1-a)\sigma_X\sigma_Y = \{a\sigma_X - (1-a)\sigma_Y\}^2$$
$$\therefore \sigma = a\sigma_X - (1-a)\sigma_Y$$

σ をゼロにするには $a\sigma_X - (1-a)\sigma_Y = 0$ を解けばよい。よって、$a = \dfrac{\sigma_Y}{\sigma_X + \sigma_Y}$ で $\sigma = 0$ となる。

(5) 分散化効果の例

ここで、性格の異なる株を組み合わせて保有することのリスク削減効果を例示してみよう。天気がいいとビールの消費量が増加し、ビール会社の株の株価が上がる。一方、雨が続くと傘製造会社の業績が良くなりその会社の株価が上がる。したがって、天気をベースに考えた場合、ビール株と傘株にマイナスの相関性があると考えられる。

　○晴天続きのケース⇒　ビール株価　10％上昇，　傘株価　5％下落
　●雨天続きのケース⇒　ビール株価　3％下落，　傘株価　12％上昇

晴天続きと雨天続きの確率をそれぞれ50％とし、μ をそれぞれの期待収益率とする。配当は考えない。

①ビール株のみの投資：　$\mu_{Beer} = 50\% \times 10\% + 50\% \times (-3\%) = 3.5\%$
$\sigma_{Beer}^2 = 50\% \times (10\% - 3.5\%)^2 + 50\% \times (-3\% - 3.5\%)^2 = 6.5\%^2$
$\Rightarrow \sigma_{Beer} = 6.5\%$

②傘株のみの投資：　$\mu_{Umbrella} = 50\% \times (-5\%) + 50\% \times 12\% = 3.5\%$
$\mu_{Umbrella}^2 = 50\% \times (-5\% - 3.5\%)^2 + 50\% \times (12\% - 3.5\%)^2 = 8.5\%^2$
$\Rightarrow \sigma_{Umbrella} = 8.5\%$

③ビール株と傘株に半々投資：$\mu_{Portfolio} = 50\% \times \dfrac{1}{2} \times (10\% - 5\%) + 50\% \times \dfrac{1}{2} \times (-3\% + 12\%)$
$= 3.5\%$
$\sigma\mu_{Portfolio}^2 = 50\% \times \left\{\dfrac{1}{2} \times 5\% - 3.5\%\right\}^2 + 50\%$
$\times \left(\dfrac{1}{2} \times 9\% - 3.5\%\right)^2 = 1\%^2$
$\Rightarrow \sigma_{Portfolio} = 1\%$

この例においては，ビール株のみの投資，傘株のみの投資，両者の組み合わせの投資ともに期待収益率μは等しい。しかし標準偏差が，ビール株のみでは6.5％，傘株のみでは8.5％，両者の組み合わせではわずか1％となることが分かった。ちなみに相関係数ρは共分散が$(-6.5\%) \times 8.5\%$，それぞれの標準偏差が6.5％と8.5％なので，$\rho_{Portfolio} = \sigma_{Beer, Umbrella} / \sigma_{Beer} \sigma_{Umbrella} = -1$である。

このように，性格の異なる株式を複数保有することにより，期待収益率を同等に維持しながら全体のリスクを減らせることが確認できた。

2. 効率的ポートフォリオ

(1) 機会曲線

様々な資産の組み合わせにより導かれるリターン（期待収益率）とリスク（標準偏差）をグラフ化したものを機会曲線あるいは機会集合という。英語では投資のオポチュニティ・セット（Opportunity Set of Investment）と呼んでいて，感覚的には日本語より英語の方がしっくりくるかもしれない。

単純な例として，二つの資産の配分（比率）を変えることによるリスク，リタ

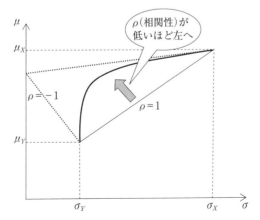

図表14-2 資産XとYによる機会曲線（機会集合）

出所：筆者作成。

ーンの関係を示す。図表 14-2 は横軸にリスク（標準偏差），縦軸にリターン（期待収益率）を取っている。見た目が図表 14-1 と似ているが，図表 14-1 は横軸に資産配分の比率，縦軸が標準偏差である点に注意されたい。

資産 X と Y の間の相関係数 ρ が 1 であれば機会曲線は直線となり，X と Y の間の資産の配分割合に従って単純な加重平均で期待収益率と標準偏差が決まる。

相関係数 ρ が -1 であれば，標準偏差がゼロとなる組み合わせも可能となるような直線（点線，縦軸の標準偏差ゼロのところで屈折）となる。相関係数が低いほど機会曲線は左上に張り出していくことになる。

合理的な投資家であれば，同じ期待収益率なら標準偏差が最小となる組み合わせ，同じ標準偏差であれば期待収益率が最大となる組み合わせが最適となる。

図表 14-3 は，相関係数が 1 の直線と 1 より小さい曲線の比較を行っている。ある割合で資産 X と Y を組み合わせた場合の標準偏差を σ_1 とする。標準偏差が σ_1 となる場合の期待収益率を図表上で比較しよう。相関係数が 1 を下回る曲線のケースが相関係数 1 のケースを期待収益率で大きく上回るのがわかる。このように，資産の間のそうな係数が低い組み合わせをポートフォリオに入れることにより，よりリスク対比での収益性の高いポートフォリオを組むことができるのである。

図表 14 − 3　資産 X と Y による機会曲線（機会集合）

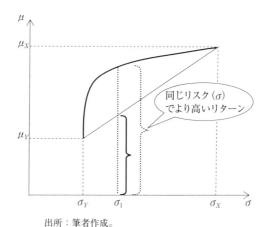

出所：筆者作成。

(2) 効率的フロンティア（有効フロンティア）

投資可能な様々な資産が存在する。債券もあれば株式もあり，国内あるいは海外のものもある。これら資産の一部あるいは全部を用いて，標準偏差と期待収益率の組み合わせをプロットする（点を座標に記す）。日本の銀行株と台湾の不動産会社発行の債券の組み合わせもあれば，アメリカの穀物商社株と地金の組み合わせもあるだろう。数限りない点が座標に描かれる。図表14-4がそのイメージである。×印は無数に存在する様々な資産の組み合わせの結果である。

この中でAとBを比べよう。AとBは期待収益率μが概ね等しい。しかし，標準偏差はBがAを上回る。したがって，ポートフォリオAとBを比較すると，同じ収益性でリスクが低いAを選択する方が合理的である。

つまり，無数にある組み合わせの中で，最も外側に存在している点が他の点よりも合理性が高い（これを効率性が高いという）。別の言い方をすれば，期待収益率を固定した時に標準偏差が最小となるポートフォリオが最も効率性が高いポートフォリオの集合といえる。これを最小分散集合と呼び，その境界線を効率的フロンティアあるいは有効フロンティアという（図表14-5）。

この線上にある点とその右側の点を比べると，この線上の点が常にその右手にある点よりもリスクが低い。この効率的フロンティアは「最小のリスクで所与のレベルの期待収益を得られる」ポートフォリオを示している。効率的フロンティアより左手にある領域は，リスク資産の保有のみでは実現不可能である。

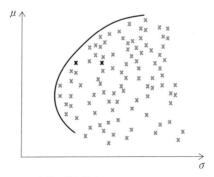

図表14-4　多彩な資産による機会集合　　図表14-5　効率的フロンティア

出所：筆者作成。　　　　　　　　　　　　出所：筆者作成。

(3) 資本市場線

多彩なリスク資産をどう組み合わせても，効率的フロンティアを上回るリスク対比で収益性の高いポートフォリオを作ることはできない。そこで，安全資産をポートフォリオに組み入れる。安全資産は標準偏差がゼロで，期待収益率はリスクフリーレート r_f で，固定される資産である。

安全資産は縦軸のリスクフリーレートの水準に固定される（図表14-6）。安全資産と効率的フロンティアで示されるリスク資産の最適集合の組み合わせを考えよう。安全資産とリスク資産の組み合わせは，安全資産の点と効率的フロンティアを結ぶ線で表される。線上で左に行くほど安全資産の配分が多くなり，右に行くほど少なくなる。試しにA，B，Cの3本の直線を安全資産から効率的フロンティアに向けて引いてみよう。

直線Bと効率的フロンティアの接点，直線Cと効率的フロンティアの接点はともに直線A上の点に劣っている。同じ標準偏差の水準で比べるとAの線上の点が常に期待収益率で上回るからである。直線Aは効率的フロンティアと接する接線である。接線を上回る直線は効率的フロンティアとは接点がなくなるため実現可能ではない。この安全資産から効率的フロンティアに繋がる接線を「資本

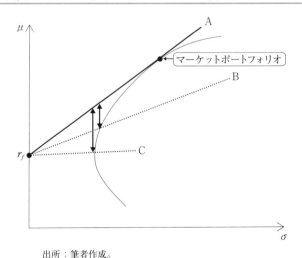

図表14－6　効率的フロンティアと安全資産の組み合わせ

出所：筆者作成。

市場線（CML＝Capital Market Line）」と呼んでいる。

(4) 分離定理

　資本市場線（CML）と効率的フロンティアの接点が，リスク資産の組み合わせの中で最適な組み合わせである。この接点のリスク資産の組み合わせを「マーケット・ポートフォリオ」という。

　マーケット・ポートフォリオは，安全資産と効率的フロンティアとの接点で決定するため，投資家のリスク対リターンの選好度合いに無関係に決定される。一方で，安全資産とマーケット・ポートフォリオの間の配分は，投資家のリスク・リターンの選好度合いによって決まる。

　このように二つの意思決定が別々に行われることをジェームズ・トービンの「分離定理」と呼ぶ。なお，投資家の選好度合いは，経済学でよく登場する同一効用を結ぶ「無差別曲線」で表現される。リスクとリターンの関係で最も投資家の効用が高い組み合わせで資本市場線上の最適点が決定される。

3. CAPM（資本資産価格モデル，Capital Asset Pricing Model）

(1) 資本コストとCAPM

　株式理論価格の計算過程で資本コスト（要求収益率）の重要性を指摘した。資本コストはどういった形で導き出されるかを考える。CAPM（通称は「キャップ・エム」）はファイナンスの世界では，学術的にも実務的にも最も高い頻度で登場するモデルである。CAPMは個別株式，株式市場全体それぞれのリスクとリターンの関係を簡単な算式にまとめたものである。このモデルから導き出された個別株式の期待収益率こそ資本コストである。

(2) CAPMとは

　CAPMは，株式市場全体の期待収益率と安全資産のリスクフリーレートとの関係から，個別株式の資本コストを導くモデルで，以下の定式がモデルの全容で

ある。ここで株式 i の資本コストを $E(r_i)$，株式市場全体の期待リターンを $E(r_m)$，リスクフリーレートを r_f とする。

◇ $E(r_i) = r_f + \beta_i (E(r_m) - r_f)$

この式を変形すると，$E(r_i) - r_f = \beta_i (E(r_m) - r_f)$ となる。これはリスクフリーレートを上回る超過収益率を示している。右辺の中で $E(r_m) - r_f$ は株式市場全体の超過収益率を示しており「マーケット・リスクプレミアム」と呼ばれる。

このマーケット・リスクプレミアムに比べてその株式 i のリスクが高ければ β_i は1より大きく，低ければ1より小さくなる。また，1になれば株式市場並みということとなる。この β_i は株式ベータと呼ばれ個別株式のリスクおよびリターンを表す指標として日常的に株式市場で使われている。ベータが2であれば，株式市場全体を表す株価指数が10％上昇したときに20％上昇することを示す。

 (3) 証券市場線

証券市場線（Security Market Line, SML）とは，縦軸に期待収益率（資本コスト）あるいは超過収益率（リスクフリーレートを上回る期待収益率），横軸にベータを取ったグラフである。証券市場線は，個別株式がリスクに対して妥当な期待収益率を得られるかを確認する上で有用なツールである。先ほどのCAPMの個別株式のリスクプレミアムの式そのものが証券市場線である。

◇ $E(r_i) - r_f = \beta_i (E(r_m) - r_f)$

$E(r_m) - r_f$ は所与であるため，例えば4％をマーケット・リスクプレミアムとすると，β_i に対応した個別株式の超過収益率の期待値 $E(rp_i) = 4\% \beta_i$ がグラフに反映される。この証券市場線よりも上にある株式はリスクと収益率の関係から見て「割安」，下であれば「割高」と判断される。

 (4) リスクの分解

リスクは，株式市場に関連したリスクであるシステマティック・リスク（Systematic Risk）と個別株式固有のリスクであるノンシステマティック・リスクあるいは固有リスク（Idiosyncratic Risk）に分解される。

個別株式の分散は以下の算式で表すことができる。

◇ $\sigma_i^2 = \beta_i^2 \sigma_m^2 + \sigma(\varepsilon_i)^2$

最初の項がシステマティック・リスクで，2番目の項が固有リスクである。固有リスクは多くの資産によるポートフォリオを構築することで削減できるが，システマティック・リスクは株式市場全体のリスクのため，削減はできない。

(5) リスクとリターンの便利な指標

リスクとリターンの関係から投資などの効率性を測る便利な指標として「シャープ・レシオ」がある。シャープ・レシオの定義は，分子が超過収益率で分母が標準偏差である。個別株式 i のシャープレシオは，次の算式である。

図表14－7 グローバル主要銀行のROEの状況とシャープ・レシオ

ROE					
	1994～97年	1998～01年	2002～04年	2005～08年	2009～12年
日本	－4.8%	－10.6%	－11.7%	4.3%	9.8%
アメリカ	18.5%	15.1%	15.8%	11.3%	9.4%
ヨーロッパ	10.8%	14.7%	12.2%	12.1%	4.7%
ROEの標準偏差					
	1994～97年	1998～01年	2002～04年	2005～08年	2009～12年
日本	5.4%	14.5%	30.5%	10.7%	1.1%
アメリカ	3.4%	4.1%	1.6%	6.4%	0.8%
ヨーロッパ	2.0%	3.5%	3.6%	5.3%	3.4%
ROEのシャープ・レシオ					
	1994～97年	1998～01年	2002～04年	2005～08年	2009～12年
日本	－0.9	－0.7	－0.4	0.4	8.9
アメリカ	5.4	3.7	9.9	1.8	11.8
ヨーロッパ	5.4	4.2	3.4	2.3	1.4

注：サンプル銀行は2014年11月時点のG-SIBs。
出所：各社データに基づき筆者作成。

◇シャープ・レシオ　　$Si = \dfrac{r_i - r_f}{\sigma_i}$

この値が高いほど，投資効率が良いと判断できる。

この指標は企業の業績評価にも援用できる。図表 14-7 は主要銀行の収益性（ROE）のグローバル比較を行ったものである。

日本の銀行の収益性の低さは歴史的な推移を見ても明らかであるが，それ以上に驚かされるのは収益性の変動の大きさである。特に 2002～2004 年の金融危機での標準偏差の大きさは群を抜いている。

銀行経営は銀行が取っているリスクの大きさにより，期待する収益率が高くなる代わりに，収益のブレも大きくなる。そこで銀行の収益性について，シャープ・レシオを使って分析したのがこの図表である。収益性は高いものの，リスクが大きい場合は，この比率は必ずしも高くない。

この指標を使ってリスクに対する収益性の高さを時系列的に比較すると，日本の銀行が大幅に改善しているのが分かる。こうした分析も投資判断の指標であるシャープ・レシオを活用し行うことも可能なのである。

4.　補論：　銀行業の資本コストの研究

（1）銀行の資本コストとマルチファクターモデル

ここまで理解できれば株式市場，金融市場の基本は習得できたといってよい。ただし，もう一歩踏み込んで資本コストについて理解を深めたい場合は，この補論を読んで頂きたい。この補論は，筆者の銀行株担当アナリストとしての経験に基づく考察であり，学術的な要素と実務的な要素を併せている。

これまで銀行株を長い間見てきた立場からすると，銀行の資本コストほどつかみにくいものはない。そこで，銀行の資本コストを CAPM からではなく，別の理論的枠組みを用いることとしたい。

スティーブ・ロスの裁定価格理論（Arbitrage Pricing Theory）を応用して分析する。残念ながら CAPM では銀行の特徴的なリスクについて意味合いを知ることができない。そのため，上記モデルを援用した「マルチ・ファクター・モデル」により資本コストの構成要素の分析を行った。

(2) マルチファクターモデルによる資本コスト推定

 分析方法としては、資本コストの構成要素についての仮説を設け、それぞれの要因ごとに定量的な分析を行う。リスクプレミアム（RP）を複数設定したモデルは、以下のとおりである。

$E(R_i) = R_f + \beta_1 RP_1 + \beta_2 RP_2 + \beta_3 RP_3 + \cdots + \beta_n RP_n$ に基づき、

$\underline{R_i = R_f + 業界要因リスクプレミアム + 規制要因リスクプレミアム + 地域要因}$
$\underline{リスクプレミアム + エージェンシーコスト・リスクプレミアム}$

 業界要因とは、全ての金融銘柄共通のリスクプレミアムである。したがって、最低限の自己資本比率規制などはこの業界要因に含まれる。

 規制要因は、当該銘柄特有の規制関係のリスクプレミアムである。リーマンショック以降は巨大銀行を中心に厳しい規制が課せられており、業績の足かせとなる懸念が株価に反映されているものと考えられる。

 地域要因は、各国あるいは経済地域における景気などのマクロ要因である。

 そして最後のエージェンシーコストは、経営陣が株主の利益に沿わない経営行動を取ることによるリスクプレミアムである。株主の利益に資するような株主還元を行えば、このリスクプレミアムは低下しよう。一方、非効率なM&Aなど資本の無駄遣いをすれば上昇する。

 さらに、リスクフリーレートについても深掘りが必要である。投資家の所在地により、金利環境は異なる。投資家によって、投資判断に用いられるリスクフリーレートは異なるという考え方である。

$R_f = \omega_F R_f^F + \omega_J R_f^J$

 ただし、ω_F は外国人株主構成比で R_f^F は海外のリスクフリーレート、ω_J は国内株主構成比で R_f^J は日本のリスクフリーレートを示す。つまり、リスクフリーレートの加重平均である。なお、便宜上、外国人株主はアメリカの金利に影響されると仮定した。

 (3) 資本コスト構成要素の推計

 資本コストの構成要因を分析するために、以下の手順を踏む。
 ① 株主構成に応じたリスクフリーレートを推計する。
 ② 資本コストの算定：基本的にPERの逆数を資本コストとする。

③ 地域要因の算定：主要銀行データをもとに，地域要因を推計する。
④ 規制要因の算定：メガバンクとその他の格差からグローバル規制要因を推計する。
⑤ エージェンシーコストの算定：株主還元策から，この要因を推計する。
⑥ 業界要因の算定：上記すべての要因を控除して，業界要因を特定する。

① リスクフリーレートの推計

前節で示した通り，邦銀内での格差比較を行うに当たり，リスクフリーレートを銀行間で差を設ける。具体的には，外国人株主のリスクフリーレートは米国債利回りを用い，日本人株主には日本国債の利回りを用いる。

なお，リスクフリーレートとしては，日本人株主については日本国債10年物利回り，外国人については米国債10年物利回りを適用した。

図表14-8は主要な銀行，地方銀行などのサンプルのリスクフリーレートの推計値である。銀行間でかなりばらつきがあることがわかる。

図表14-8 リスクフリーレートの推計値

(単位：％)

	外国人株主比率	国内株主比率	米国債10年	日本国債10年	加重平均リスクフリーレート
みずほ	22.30	77.80	2.30	0.40	0.84
三菱UFJ	34.70	65.30	2.30	0.40	1.07
三井住友	42.00	58.00	2.30	0.40	1.21
りそな	46.60	53.40	2.30	0.40	1.30
新生	56.70	43.30	2.30	0.40	1.49
千葉	23.20	76.80	2.30	0.40	0.86
横浜	37.70	62.30	2.30	0.40	1.13

注：2014年3月末データ。
出所：各社データに基づき筆者作成。

② 資本コストの算定

メガバンクの 2015 年 3 月末時点における益利回りは，概ね 11％程度である。これから暗示される資本コストは，成長率をゼロとして 11％程度と推定できる。

③ 地域要因の算定

地域要因はグローバルを代表する銀行の国際比較を行うため，金融安定理事会が 2014 年 11 月に公表した「グローバルの金融システムに重要性のある銀行（G-SIBs, Global Systemically Important Banks）」を標本とした。

益利回りを資本コストとして，各銀行のリスクプレミアム（益利回りから各国のリスクフリーレートを控除した利回り）を算定し，その平均値からの乖離状況を「地域要因」によるリスクプレミアムと想定した。

日本の銀行の-4.4％はグローバルな銀行の平均的なリスクプレミアムの乖離を示し，負の値はリスクプレミアム，正の値は成長のプレミアムと考えている（図表14-9）。

図表14-9　地域要因リスクプレミアムの推計

（単位：％）

	地域要因の推計値（平均からの乖離）
日本	-4.40
中国	-6.50
フランス	4.00
ドイツ	5.10
イタリア	5.20
スペイン	-0.60
スイス	3.90
イギリス	3.80
アメリカ	-3.50

注：2014年3月末データ。
出所：各社データに基づき筆者作成。

④ 規制要因の算定

規制強化は収益力へ負の影響を与えるため，株価に対する評価が下がる。すなわちリスクプレミアムが上昇する。日本の銀行に係る規制リスクプレミアムは，①預金取扱金融機関に共通するもの，②地域金融機関に比しての大手銀行に対する監督の重さに係るもの，③国際基準行として国内基準対比で厳格な部分，④メガバンクの G-SIBs としての規制負荷，があげられる。

そこで以下のような整理を行う。「預金取扱金融機関に共通する規制に係るもの」については，業界要因として位置付ける。「大手銀行に対する監督の重さに係るものと国際基準行としての負担」は，併せて地方銀行とメガバンク以外の大手銀行のリスクプレミアム差分を代理変数とする。最後に，メガバンクにかかるグローバルに金融システム上の重要性のある銀行としての規制負荷は，メガバンクとその他大手銀行とのリスクプレミアムの差分を用いた。

メガバンクとそれ以外の差分については，リーマンショック以降グローバル規制強化が宣言された2009年4月のG20ロンドンサミットを起点として拡大基調が続いている。このため，リーマンショック以降現在に至る期間をベースに平均値を取ったものが図表14-11である。メガバンクが対象となるグローバル金融規制に係るリスクプレミアムは2％強ということが推察できる。また，その他大手

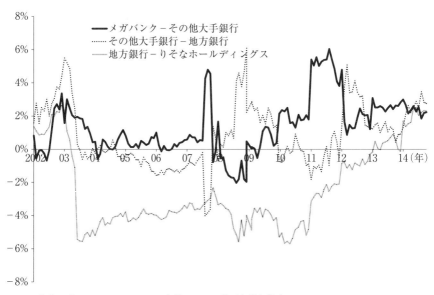

図表14 - 10　日本国内の銀行のリスクプレミアム格差の推移①

出所：ブルームバーグデータ，各社データに基づき筆者作成。

図表14 - 11　日本国内の銀行のリスクプレミアム格差の推移②

(単位：％)

	①(04/3～08/9平均)	②(08/10～14/12平均)	
メガバンク-その他大手銀行	0.41	2.13	グローバル規制のリスクプレミアム
その他大手銀行-地方銀行	-0.67	1.52	主要銀行の規制リスクプレミアム
地方銀行-りそな	3.81	1.99	エージェンシーコスト

注：①金融危機後からリーマンショックまで　②リーマンショック以降のグローバル規制の時代
出所：ブルームバーグデータ，各社データに基づき筆者作成。

銀行と地方銀行とのギャップが1.5%程度ある。これらを合計し，メガバンクに係る規制要因のリスクプレミアムは合計で3.5%程度と推定する。

⑤ エージェンシー・コストの算定

エージェンシー・コストは，モニタリング・コスト，ボンディング・コスト，レジデュアル・ロスから構成され，株主の利益に反した経営が行われるリスクを示す。

「りそなはエージェンシーコストの低い」という仮説を設けた。第一に公的資金注入後当局の監視を受けモニタリングコストは低い。第二にボンディングコストも公的資金に付随した経営健全計画履行義務から小さい。最後にレジデュアルロスも他行より資本充実度が低いため資本浪費するリスクが低い。

地銀とりそなのリスクプレミアム差分をエージェンシーコストの近似値とした場合，その資本コストへの影響度は2%程度と推定できる。

⑥ 業界要因の算定と資本コストの構成の推計

メガバンクの資本コストの構成要素は，以下の通りと推計された。

$R = 11\% = R_f(1\%) + $ 業界要因$(0.5\%) + $ 規制要因$(3.5\%) + $ 地域要因$(4\%) + $ エージェンシーコスト(2%)

第15章

デリバティブと証券化

―金融危機のからくり―

1. デリバティブ取引とは

 (1) デリバティブとは

　デリバティブは日本語にすると金融派生商品である。派生商品といわれてもピンと来ないだろう。デリバティブ（Derivative）は動詞デライブ（Derive）の名詞である。デライブとは由来する，あるいは導かれるという意味である。金融商品としてのデリバティブは外国為替，金利，株などの金融商品の価格や指標に由来する契約で，合意された約束事である。現在1,000円で取引されている株を1カ月後に1,100円で売ってあげる約束，現在債券利率が1％であるが1年後に2％の債券と交換する約束，1ドル120円で取引されているが1カ月後に100円で買う権利等々，様々な約束がデリバティブである。変わったデリバティブ契約では天候デリバティブがある。雨が向こう1カ月以内に10日以上続いたら100万円もらえる契約などである。

 (2) 江戸時代のデリバティブ

　江戸時代，米は貨幣的な価値をもっていた。藩の米の生産力だけではなく漁獲量なども米の「石高」に換算されて大名の家格を表す指標などとして使われた。加賀百万石などがその例である。それだけ米の流通性は高く，その価格は経済に大きな影響を与えていた。
　凶作となれば米の価格は値上がりし，豊作であれば値下がりするなど天候変動の影響が大きい。このため米の取引業者（商人）は，米の価格を安定させるニーズがあった。大阪堂島では，米の収穫前に取引価格をあらかじめ決めておく帳合

取引や架空に設定した米の取引を行う空米取引という契約が結ばれた。

　帳合取引は現在の先物取引で，将来時点でのあらかじめ決められた価格による売買を合意するものである。空米取引は，架空に設定された米の売買を行う。現物の米取引である正米取引と空米取引を同時に反対売買することによって米価変動に伴う損失を抑えることが出来るため，価格変動を抑制するヘッジ取引としての側面が強かった。

　例えば，米の売り手が将来の米の価格の低下による損失を防ぐために，架空の米を一定価格で売っておく。将来の決済日には，架空の売った米の返済のために収穫された米を手放す。これで収穫前に，米の収入を確定することができる。

(3) デリバティブの特徴

　デリバティブの特徴として，レバレッジ，多様性，保険効果があげられる。

　リーマンショックの当時にレバレッジという言葉がよく聞かれたが，レバレッジとはテコの作用を示す言葉である。少ない元手で大きく儲けようということである。身近な例では外国為替の売買を少ない手元資金で行うことが可能な通称FX取引の外国為替証拠金取引である。1ドル100円として10万円を証拠金として預託すると，通常の現物取引であれば1,000ドル相当の取引しかできないが，証拠金取引をレバレッジ20倍（2015年3月末現在の規制では25倍が上限である）で行えば2万ドルの取引が可能となる。これは株式の売買も同様で「信用取引」を行うことにより，手元資金の数倍の資金を使った売買を行うこともできる。ただし，気を付けなければならないのは，自分の資金力以上の取引を行うことで，利便性とは裏腹にリスクも拡大してしまう点である。リーマンショックでは，金融のプロであるべき一流金融機関が数百倍のレバレッジの利いた取引を行い経営危機に陥ったのも記憶に新しい。

　デリバティブのもう一つの特徴は多様性である。第一に，多彩な金融商品やその他の事象にリンクしたデリバティブの創造が可能なことである。第二に，イマジネーションにより先進的なデリバティブを開発することが可能なことである。第三に，市場環境の方向性に依存しない取引を行うことが可能な点である。例えば，現物取引において株価が一方的な下落を続ける局面で利益を得ることは難しいが，空売りや先物売りなどで利益を上げることも可能である。

　最後に保険効果である。大阪堂島の例は，米相場の変動を抑制するための保険

効果を狙って江戸時代版のデリバティブ取引が行われた。輸出企業が円高になることによる為替差損（1億ドルの売り上げ代金回収が1ドル100円か120円かで20億円の資金回収の差がでる）を避けるために，先物取引や通貨スワップ取引を行う。天候デリバティブなどは，天候により業績が大きく左右される事業を行う企業やイベント企画者などのリスクヘッジに使われる。

(4) デリバティブの主な種類

デリバティブは，先物取引，オプション取引，スワップ取引の3種類に大別できる。これらの取引の種類はそれぞれの約束事の性格によって分かれている。

先物取引は，将来の売買についてあらかじめ現時点で価格や数量の約束をする取引である。将来の約束の日（決済日）の時点で，実際の売買が行われる。

オプション取引は，選択権の売買である。○○できる権利を売買するものである。アイドル歌手との握手券は「握手権」であり，権利を放棄してもいい。先物取引は売る方も買う方も義務があるが，オプションについては購入したものが権利を得て，売却した者のみが義務を負う。

スワップは交換である。多くの場合は「キャッシュフロー」の交換を行う。A社とB社がドルのキャッシュフローと円のキャッシュフローの交換を契約する。A社は毎年10万ドルB社に渡し，B社はA社に1年目は1,000万円，2年目に1,100万円，3年目に1,200万円渡す。これは通貨スワップ取引である。ちなみにこの取引は1年目に1ドル100円，2年目に1ドル110円，3年目に1ドル120円の為替予約を結ぶのと同等の経済効果がある。

取引の種類は以上3種類だが，取引の対象となる資産は無数にある。図表15-1に示したのは代表的な金融商品である。これらデリバティブの対象となる資産

図表15－1　デリバティブの主な種類

	株価	金利	通貨（為替）	商品その他
先物	株価指数先物	金利先物 債券先物	通貨先物 （為替予約）	商品先物
オプション	株価オプション	金利オプション	通貨オプション	商品先物オプション
スワップ	株価指数連動スワップ	金利スワップ	通貨スワップ	クレジットデフォルトスワップ（CDS）

出所：筆者作成。

のことを「原資産（Underlying Assets）」という。

2. 先物取引

(1) 先物取引の機能

　先物取引の機能は，他のデリバティブ同様に，価格変動の影響を排除・抑制するためのリスクヘッジ機能，価格変動を利用して利益を獲得するための投機的機能，適正価格が形成されるための価格調整機能がある。

　リスクヘッジ機能とは，将来の価格変動などの不確定要素の排除・抑制で，買いヘッジと売りヘッジがある。買いヘッジは，現在ではなく将来購入する予定があるが価格上昇リスクを回避するために，現時点で決められた価格と数量で将来の購入を約束するものである。原油価格は過去5年間で大幅な乱高下を繰り返してきた。このため，原油をエネルギー源とする事業に携わる，航空会社などの企業業績は大きく影響を受けた。このため，原油を将来的に安定的な価格で調達するために，原油先物を購入することが買いヘッジとなる。逆に将来売却する予定があるが値下がりするリスクを抑えたいのであれば，現時点で決められた価格および数量で先物の売却を行えばよい。

　投機的機能は，価格変動を利用して利益を追求することが取引で，スペキュレーションともいわれる。利益獲得の方法は多くの場合，反対売買により行われる。満期（決済日）まで待って利益を獲得する場合は，先物取引と決済日における現物取引を反対方向で行うことにより価格の差額（値ざや）を稼ぐものである。債券先物を1,000円で売却し，決済日に現物の債券を900円で買い戻せば，100円の利益となる。しかし，実務的には決済日を待たずして途中で反対売買を行うことが多い。当初先物を買った場合は，途中で同数量の先物を売ることで利益を確定させる。売却した価格と購入した価格の差額のみの決済で反対売買を行えるため，多額の取引を少ない資金で行うレバレッジが働く。

　最後に，価格調整機能である。この機能は金融商品より実物商品の効果が高い。生産者は，現時点の需要と供給ではなく，将来時点の需要と供給を踏まえて生産規模を調整するニーズがある。このため，商品先物市場の先物価格を指標として生産調整を行うと，価格が高ければ増産し生産量が増えて需給バランスに影響を

与えながら価格を下げる効果がある。価格が低い場合は減産を行うため，価格は上昇する方向となる。こうしたメカニズムを通じて価格が一方向に向かいにくくする効果があるため，全体として価格の安定化に寄与する。

 (2) 先物取引の損益

先物取引が決済日において，どのような損益をもたらすのかを，図表15-2をみながら整理する。

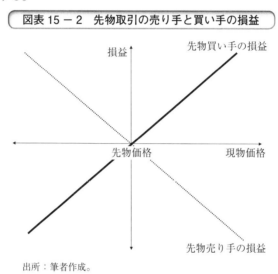

図表 15 － 2　先物取引の売り手と買い手の損益

出所：筆者作成。

① 期日における現物市場価格　＞　先物価格の場合（図表 15-2 の右半分）
・先物の売り手は，現物価格と先物価格の差額の損失を負担する。
・先物の買い手は，現物価格と先物価格の差額を利益として獲得する。
② 期日における現物市場価格　＜　先物価格の場合（図表 15-2 の左半分）
・先物の売り手は，現物価格と先物価格の差額を利益として獲得する。
・先物の買い手は，現物価格と先物価格の差額の損失を負担する。

3. オプション取引

 (1) オプションとは

オプション取引とは，あらかじめ定められた期日ないしは期間内に決められた価格（行使価格，ストライク・プライス）で有価証券や為替を買うあるいは売る権利である。ここで有価証券や為替などは「原資産」という。

先ほど解説した通り，オプションの買い手は権利を手にしたわけで，取引価格次第ではこの選択権は放棄してもよい。しかし，売り手は，買い手がこの権利を行使した場合は，取引を履行する義務を負っている。

オプション取引に似た契約に保険がある。保険の権利者は契約者で義務者は保険会社である。ある事象が発生した場合は，契約者は権利を行使し，保険会社は保険金支払いを行う。ある事象というのは自動車保険であれば事故や盗難，火災保険であれば火災等による家屋の損害などである。ゴルフのホールインワン保険などもあり，ホールインワンを出した時は保険金がもらえる。

 (2) オプションの基本用語

オプション契約の基本的な用語について，簡単に説明しよう。
▶原資産：オプションの対象となる有価証券や為替などを指す。
▶コールオプション：定められた価格で買う権利。
▶プットオプション：定められた価格で売る権利。
▶行使価格：オプションの権利行使を行う際の売買価格。ストライク・プライスやエクササイズ・プライスという言い方もする。
▶行使期間：オプションを権利行使することのできる期間。
▶オプション・プレミアム：オプションの価格。オプション・バリュー。
▶アット・ザ・マネー：ATM（At-The-Money）と略称される。原資産の価格が行使価格と一致している状況を指す。
▶イン・ザ・マネー：ITM（In-The-Money）。オプションを保有している人が利益を得られる状況。コールオプションでは原資産価格＞行使価格，プットオプションでは原資産価格＜行使価格。

▶アウト・オブ・ザ・マネー：OTM（Out-of-The-Money）。オプションを保有している人が利益を得られない状況。コールオプションでは原資産価格＜行使価格，プットオプションでは原資産価格＞行使価格。
▶ボラティリティ：原資産価格の変動性を数値で表したもの。標準偏差や分散が代表的な指標。過去の価格から算出するヒストリカル・ボラティリティと，オプション・プレミアムから逆算するインプライド・ボラティリティの2種類。

(3) オプションの種類

① コールオプションとプットオプション

オプションは，コールオプションとプットオプションの2種類がある。あらかじめ決めた行使価格で証券等の原資産を買う権利がコールオプションで，あらかじめ決めた行使価格で原資産を売る権利がプットオプションである。

原資産の市場価格が行使価格より高くなった場合は，コールオプション保有者は権利を行使することにより，市場価格より安い価格で原資産を買うことができ，市場価格が行使価格よりも低くなった場合は，権利放棄すればよい。

同様に，原資産の市場価格が行使価格より高くなった場合は，プットオプション保有者は権利を放棄すればよく，市場価格が行使価格よりも低くなった場合は，権利行使により市場実勢より高い価格で原資産を売却できる。また，オプションそのものも売買が可能である。

② ヨーロピアン・オプションとアメリカン・オプション

オプションの権利行使のルールには，さらに二つの種類がある。行使期間最終日である満期日にのみ権利行使可能なオプション契約をヨーロピアン・オプションといい，行使期間中はいつでも権利行使可能なオプション契約をアメリカン・オプションという。

(4) コールオプションの仕組み

コールオプションの仕組みを具体例で説明する。東西銀行の株式（現在1,000円）を1年後に1,500円で買う権利を100円で買うとする。オプション用語を使

うと，東西銀行株式が原資産となるコールオプションで1年後にのみ行使可能なヨーロピアン・オプションである。オプション・プレミアムが100円，行使価格が1,500円である。

　1年後に東西銀行株価が1,800円となった。イン・ザ・マネー（ITM）なので，コールオプションを権利行使したほうがよい。権利行使によりAさんは1,500円で東西銀行株式を手に入れ，すぐに1,800円で売却すれば300円の利得を獲得できる。当初支払った100円のオプション・プレミアムを差し引いても200円の利益である。

　では，1年後の株価が1,800円ではなく1,300円であったらどうか。アウト・オブ・ザ・マネー（OTM）であるため，権利行使せず権利を放棄したほうが良い。なぜなら権利行使して東西銀行株式を入手するには1,500円が必要で，株式市場から直接1,300円で購入したほうが合理的であるためだ。

　このコールオプションの売り手の損益を考えよう。1年後に株価が1,300円になるケースでは権利行使されないためオプションプレミアムの100円が利益となる。しかし株価が1,800円のケースでは，市場から1,800円で東西銀行株式を購入し，オプション保有者に1,500円で売却しなければならない。つまり300円の損失である。オプション・プレミアム収入を含めても200円の損となる。

　このようにオプションの売り手と買い手の損益は正反対となる。権利行使によりAさんが獲得した300円は，権利行使時の原資産の価格と行使価格の差額である。これを「本源的価値」という。オプションの買い手の本源的価値は，オプションの売り手の損失となる（図表15-3, 15-4）。

　この関係をグラフで見てみよう。簡略化するため，オプション・プレミアムをゼロ，行使価格をK，株価をSとして，オプション価値Cとコールオプション売り手の損益を描いてみる。

　この一般式は以下の通りである。関数 MAX (X, Y) はXかYの大きいである。

　◇ $C = \text{Max}(S-K, 0)$ ⇒ $S \leq K$ なら $C=0$, $S>K$ なら $C=S-K$

　オプション取引を使わず，この株式をK円で買ってS円で売却することを考えると，損益は常に$S-K$となる。しかし，コールオプションを購入しておけば$S-K$がマイナスになるのであれば権利放棄すればよいので，損失とならない。これがオプションのもつ保険的機能である。ダウンサイド・プロテクションという。

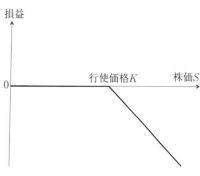

図表15－3 コールオプションの本源的価値

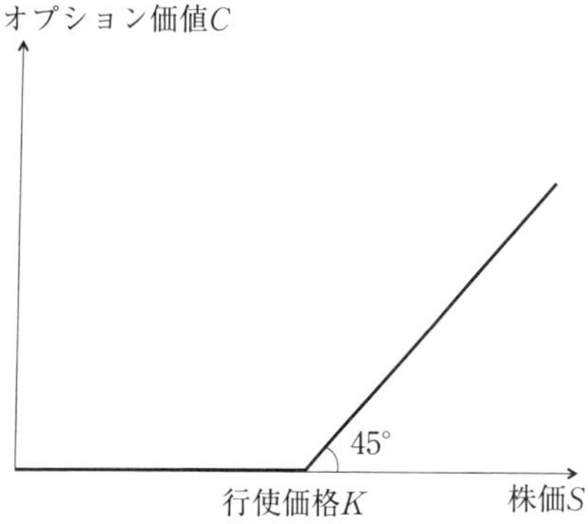

図表15－4 コールオプション売り手の損益

出所：筆者作成。

出所：筆者作成。

(5) プットオプションの仕組み

次にプットオプションの仕組みを具体例で説明する。東西銀行の株式（現在1,000円）を1年後に1,100円で売る権利を200円で買うとする。オプション用語を使うと，東西銀行株式が原資産となるプットオプションで1年後にのみ行使可能なヨーロピアン・オプションである。オプション・プレミアムが200円，行使価格が1,100円である。

1年後に東西銀行株価が800円となった。イン・ザ・マネー（ITM）なので，プットオプションを権利行使したほうがよい。権利行使により800円で東西銀行株式を市場から手に入れ，すぐに1,100円でオプションの売り手に売却すれば300円の利得を獲得できる。当初支払った200円のオプション・プレミアムを差し引いても100円の利益である。

1年後の株価が800円ではなく1,200円であれば，アウト・オブ・ザ・マネー（OTM）であるため，権利行使せず権利を放棄したほうが良い。

このプットオプションの損益も，コールオプションの事例同様に，買い手の損益の正反対となる。1年後に株価が1,200円になるケースでは権利放棄によりオプション・プレミアム200円が利益となる。しかし，株価が800円のケースでは，権利行使され，1,100円で東西銀行株式を購入して，市場に800円で売却しなければならない。つまり300円の損失である。当初のオプション・プレミアム収入

図表15－5　プットオプションの本源的価値

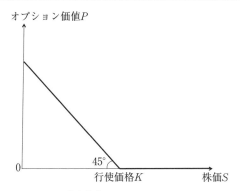

出所：筆者作成。

を含めても100円の損となる。

　プットオプションにおいても，権利行使時の原資産の価格と行使価格の差額が「本源的価値」である。オプションの買い手の本源的価値は，オプションの売り手の損失となる点はコールオプションと同様である。

　これを一般式にすると，以下の通りである。関数MAX（X, Y）はXかYの大きいである。

　$P = \text{Max}(K-S, 0) \Rightarrow S \leq K$なら$P=0$，$S<K$なら$P=K-S$

　この関係をグラフで見てみよう。簡略化するため，オプション・プレミアムをゼロ，行使価格をK，株価をSとして，オプション価値Pを描いてみる。

(6) オプションの価格形成

　オプションの価値で分かりやすいのは本源的価値だが，このほかにも将来が不確定な状況の中で果たす保険的機能にも付加価値がある。上述した通り，コールオプションを買うのと現物株式を買うのとでは，現物株式の売買で負担する株価下落リスクがコールオプションではゼロになる。こうしたプロテクション機能がもう一つの価値である。これを「時間的価値」という。

　◇オプション価値＝本源的価値（$\text{Max}(S-K)$）＋時間的価値

　たとえば，株価900円の状況で行使価格800円のコールオプションが300円で

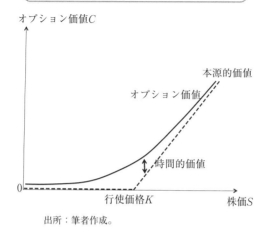

図表15－6　コールオプションの価値

出所：筆者作成。

取引されていると仮定すれば，このオプション・プレミアム300円のうち，本源的価値は100円（900円－800円），残りが時間的価値200円（300円から本源的価値100円を差し引いたもの）となる。

　オプションの時間的価値は，行使価格と原資産価格との距離，行使期間，ボラティリティなどの要素により影響を受ける。

　原資産価格が行使価格を大きく上回っているコールオプションの場合は，ほぼ権利行使することが確実で不透明性が少ないため，時間的価値は減少する。

　行使期間は，満期までの期間が長いほど価格変動の不透明性が大きいため，時間的価値は増加する。つまり，原資産価格の値動きが大きいほど不透明性が大きい。このため，ボラティリティが大きいほど時間的価値は増加する。

(7) ブラック・ショールズ・モデル

　オプション価値のうち時間的価値の算出は難しい。将来の不確実性の価値をいかに評価するか，つまり原資産価格がどういった確率過程をたどるかがポイントである。オプション価値の評価を行う場合に，物理学で用いられ，煙の粒子の動きを確率論的に予想する「幾何ブラウン運動」を活用したものが，1973年にフィッシャー・ブラックとマイロン・ショールズによるブラック・ショールズ・モデルである。

株価等の金融商品は，平均 μ，標準偏差 σ の確率過程（時間とともに変化する確率変数の動き）に従うと仮定される。t 時点における株価 S の変化を微分方程式で以下のように表される。

$$dS_t = \mu S_t dt + \sigma S_t dB_t$$

これを伊藤の公式（Ito's Lemma）で書き換え，$d\log S_t = \left(\mu - \dfrac{\sigma^2}{2}\right)dt + \sigma dB_t$ となる。

これをもとに，残存期間 $T-t$ で正規分布に従う確率変数 S から導かれたのが有名な以下のモデルである。

$$C = S_t N(d_1) - Ke^{-r(T-t)} N(d_2)$$

ただし，$d_1 = \left\{\log\left(\dfrac{S_t}{K}\right) + \left(r + \dfrac{\sigma^2}{2}\right)(T-t)\right\} / \sigma\sqrt{T-t}$，

$$d_2 = \left\{\log\left(\dfrac{S_t}{K}\right) + \left(r - \dfrac{\sigma^2}{2}\right)(T-t)\right\} / \sigma\sqrt{T-t}$$

$N(\cdot)$ は正規分布の確率密度関数であるので，$N(d)$ は以下の関数となる。

$$N(d) = \dfrac{1}{\sqrt{2\pi}} \int_{-\infty}^{d} e^{-\frac{x}{2}} dx$$

モデルが高度に数学的であるため，理解は難しいが，構造は至って簡単である。モデルの前半部分の $S_t N(d_1)$ の確率密度関数を除けば t 時点の株価 S_t である。後半の $Ke^{-r(T-t)} N(d_2)$ についても同様に確率密度関数を除くと $Ke^{-r(T-t)}$ である。$e^{-r(T-t)}$ の $T-t$ はオプションの残存期間でネイピア数 $e^{-r(T-t)}$ は行使期間の満期時点の行使価格 K を連続複利で割り引いた現在価値である（第 11 章参照）。したがって，構造的には現時点の本源的価値を現在価値ベースで算定したものである。

数式を暗記する必要はない。重要なのは，モデルの構造的意味を理解すること，オプション価値が行使期間（$T-t$）やボラティリティ σ などにより影響される点を確認することである。

4. スワップ取引

 (1) 金利スワップ

銀行が最も頻繁に取引しているデリバティブ取引の一つが金利スワップである。

金利スワップとは，同じ通貨間の異なる種類の金利を交換する取引である。この取引では，通常，元本の交換をしない。ただし，金利計算のために元本を名目上決めており，これを想定元本という。

銀行がリスクヘッジのために用いる金利スワップの例を図表 15-7 で示そう。住宅ローンは金利が変動することによる支払い負担の増減を来たさないための「固定金利住宅ローン」という商品がある。

図表 15-7 の例では毎年 3% を支払う。住宅ローンの元金を 1 億円としよう。毎年銀行に支払われる金利は 3 百万円である。銀行の資金調達は主に預金である。銀行預金の金利は通常短期金利に連動する変動金利である。仮に短期金利が 1% から 4% へと上昇したとしよう。すると，銀行は住宅ローン借り手から 3% の金利（3 百万円）を受け取り，預金者に 4%（1 億円に対し 4 百万円）を支払うこととなり，1% の逆ざや，百万円の損失を被ることとなる。

これを ALM（Asset Liability Management）上の金利ミスマッチのリスクという。銀行の資産が住宅ローンで，負債が預金であるが，それぞれ金利の見直し期間が異なるため，上記のような逆ざやのリスクを抱えることとなる。これをヘッジするのが金利スワップである。スワップの相手方（スワップのカウンター・パーティーという）と変動する短期金利と固定の長期金利を交換する契約を行う。想定元本 1 億円の取引を行えば，住宅ローンの金利をそのままスワップ取引相手

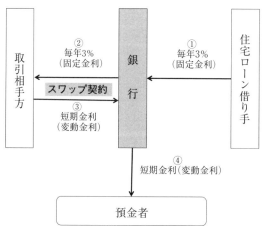

図表 15-7　銀行のヘッジのための金利スワップ

出所：筆者作成。

方に支払い，代わりに毎回見直される短期金利を受け取ることとなる。これを預金者に支払う。スワップで最も頻繁に扱われる変動金利（短期金利）はLIBOR（ロンドン銀行間取引金利）3カ月物である。

(2) 通貨スワップ

通貨スワップとは，異種通貨間のキャッシュフローを交換する取引である。為替レートの変動をヘッジするため，元本の交換を行うことが一般的である。

例えば，外貨建ての外国債券を購入するとする。購入資金は，銀行から円で借り入れるとする。円高になると，外債から受け取る元利金が日本円ベースで目減りする。銀行からは円で借りているため，外国債券からの元利金では借り入れが返済できなくなるかもしれない。

図表15-8の例では，銀行から1億円を年利2％で借りて，年利3％の外債百万ドルを購入することを想定している。外債からは，ドル建ての金利（3％，3万ドル）を毎年，満期に百万ドルが戻ってくる。これを通貨スワップでヘッジする。想定元本百万ドル，1億円のスワップを組み，スワップ取引の相手方に毎年3％，満期に百万ドルをドルで支払う代わりに円で2％（2百万円），満期に1億円を受け取る。これを銀行借入の返済に充てれば，為替リスクはなくなる。

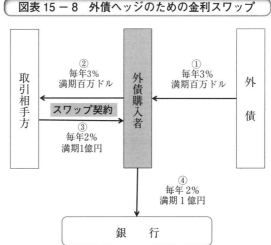

図表15－8　外債ヘッジのための金利スワップ

出所：筆者作成。

5. 証券化

 (1) 証券化とは

　証券化とは，資産や事業から発生するキャッシュフローをもとに有価証券の発行を行うことを言う。流動化という言い方もする。証券化を行うにはその後ろ盾となる金融資産，プロジェクト，債権などが必要である。ただし，証券化で発行する有価証券は，こうした資産を保有する者の信用力ではなく，資産から生まれるキャッシュフローの信頼性により評価される。

　元々資産を保有している主体をオリジネーターという。また，投資家が投資を行いやすい形に仕組みづくりすることをストラクチャリングという。証券化にはキャッシュフローを管理する「箱」が必要である。箱としては，信託方式と特別目的会社方式がある。信託方式では，オリジネーターが信託委託者，信託銀行などが受託者として，委託者が資産ないしは将来発生するキャッシュフローを受託者に譲渡し，それが信託勘定に組み入れられる。この信託勘定の権利を表象する信託受益権を発行し，投資家に販売される。

　特別目的会社方式では，信託勘定の代りに証券化のためにのみ設立される特別目的会社を用いる。特別目的会社は，SPC（Special Purpose Company）やSPV（Special Purpose Vehicle）と呼ばれる。こうした会社は税負担のないタックスヘイブンと呼ばれる国（ケイマン諸島やバミューダ諸島など）に設立され，議決権を行使する株主が存在しない。

 (2) 証券化の特徴

① **小口化**

　大規模な金融資産やプロジェクトには多額の資金が必要だが，小口の有価証券を発行するため，投資家から広く資金を集めることが可能となる。

② **倒産隔離**

　証券化ではオリジネーターの信用力ではなく証券化された資産がもつキャッシュフローの裏付けで有価証券が発行されるため，オリジネーターが対象資産を処

分，あるいはキャッシュフローを横取りしないような手当てが必要である。このように証券化される財産や事業とオリジネーターの間の影響を隔てることを「倒産隔離（バンクラプシー・リモート（bankruptcy remote））」という。

 (3) 証券化のプレーヤー

　証券化の主役はオリジネーターであるが，わき役も多数存在している。オリジネーターから倒産隔離するために信託勘定や特別目的会社を設ける。信託勘定であれば信託銀行や信託免許を得ている信託会社である。また，その設立に当たっては弁護士が活躍する。タックスヘイブンでの設立には現地の弁護士事務所が当該特別目的会社の株式の管理などを行うことも多い。

　次に資金の出し手である。資金量の豊富な銀行は特に重要なプレーヤーである。資金調達を銀行借入や債券発行による場合，信用ある銀行がローンの提供を行うだけでも証券化の信頼性が高まる。また，小口化された債券は機関投資家が主な買い手となる。

　証券化商品の販売には，証券会社が仲介者として関与する。証券会社は基本的には仲介者なのであるが，自らがオリジネーターとなる例も多い。世界的金融危機の際も，証券会社が証券化商品を買い集めてストラクチャリングに励み，経営危機を招いた。この件は後程言及する。

　格付機関もキープレーヤーである。証券化商品が格付けされ，機関投資家が購入しやすくなるためである。しかし，格付け機関もこの世界的金融危機の原因の一つを作った。

 (4) 証券化のスキーム

　証券化の典型的なスキームは，優先劣後構造である。優先劣後とは，発行する債券やローンの順位付けを行い，将来返済に十分な資金が賄えない場合に，返済の順番を決めるのである。最も返済が優先されるのがシニアローンやシニア債券，その次がメザニンローンやメザニン債券，最も返済・分配が後回しになるのが劣後部分（エクイティ）である。返済が優先されるほど利率が低い。ローリスク・ローリターンの優先部分，ミディアムリスク・ミディアムリターンの中間部分，ハイリスク・ハイリターンの劣後部分に分けられる。それぞれの階層を「トラン

シェ」といい，こうした構造をトランシェ分けという。

例えば，メガソーラーのプロジェクトを立ち上げ，100億円の資金を証券化によって調達する。100億円のうち30億円を銀行からのシニアの借入れ，40億円をシニア債，20億円をメザニン債，10億円を普通株式で調達する。元利金の支払いは，ソーラー発電による電力の電力会社への売電によって賄われる。事業が順調に進捗し，利払いも順調にいけば，無事満期を迎える。満期においてシニアやメザニン部分の元利払いが済み，資金の余剰が出れば普通株主が余剰を受け取ることとなる。また，引き続き事業に必要な資金があれば，満期に同じような構造での資金調達を行う。これを「リファイナンス」という。

しかし，もし事業がうまく行かず十分な返済原資が確保できない場合は，順位に応じた支払いとなる。例えば60億円しか返済原資が確保できない場合は，70億円のシニア債権者である銀行とシニアボンド保有者で均等に分けあい，メザニンボンド保有者や株主には泣いてもらう。80億円の返済原資があれば，70億円の返済が済んだ後に10億円がメザニンボンド保有者に分配される。

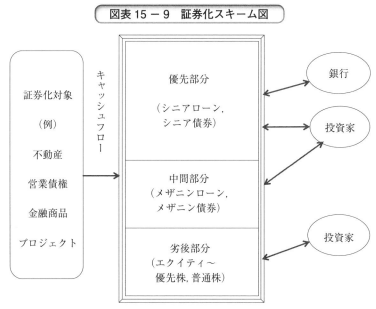

図表15－9　証券化スキーム図

出所：筆者作成。

(5) サブプライム危機の反省

アメリカの銀行は，バランスシートをコンパクトにして収益性を上げるために積極的に証券化を活用している。リーマンショックにつながる金融危機はこの証券化がその原因を作った。このプロセスを，図表15-10で説明しよう。

銀行が住宅ローンを個人顧客に貸出すところまでは，通常の銀行業務である。銀行は特別目的会社（SPC）を設立して，この多数の住宅ローン債権を売却する。住宅ローン債権には何千何万という個人の住宅ローンが含まれている。銀行は住宅ローン債権を手放しても，住宅ローンの借り手からは元利金の返済を受け付け，その返済資金を SPC に流す。SPC は住宅ローン債権を証券化し，主にシニア部分を ABS（資産担保証券，Asset Backed Securities）として証券会社などの第三者に売却する。証券会社はあらゆる SPC から ABS を買い集める。そして，SPC を設立し，ABS を売却する。SPC は再びトランシェ分けを行い，シニア部分を CDO（債務担保証券，Collateralized Debt Obligation）として投資家に販売する。販売するに当たっては，投資家が購入しやすいように高い格付けを取得する。高い格付けを取得するには，シニア部分の比率を引き上げるなどの工夫（ストラクチャリング）を行う。こうした一連のプロセスが証券化，再証券化の手続きである。

では，なぜ再証券化が必要なのか。それは，分散効果とシニアの再トランシェ分けの二つが背景となっている。住宅ローン債権は多数の借り手が存在しており，全ての借り手が同時に返済不能に陥ることはないと考えられる。これが大数の法則による分散効果である。こうした分散効果の利いた住宅ローン債権が証券化された ABS をさらに様々な SPC から買い取ることで，分散効果をさらに強める。また，シニアの部分を買い集めることで住宅ローン債権全体よりも優良な債権を構成することが可能になる。この優良な債権をさらにトランシェ分けすることで，格付機関が AAA（トリプルエー）などの高い格付けが付けた CDO を作り上げることが可能となるのである。

再証券化を行う主体は「スポンサー」と呼ばれるが，証券会社などのスポンサーはストラクチャリングを行うにあたっては，格付機関と相談し，シニアの比率をどこまで調整すれば高い格付けを取得できるかを確認し，全体の仕組みを作るのである。

投資家は主に機関投資家であるが，そのなかには銀行や保険会社そして最も大

きな買い手がMMF（Money Market Fund）という資産運用会社のファンドであった。MMFは金融市場から期間の短い資金を借りてCDOで運用していた。短期の借入は金利が低く，それを期間が長く金利が高いCDOで運用することでさやを稼ぐことができた。

住宅ローンはプライム，オルトA，サブプライムなど，借り手や物件の質によって種類が分かれるが，こうした証券化ビジネスの主だった主体が，質が悪く金利の高いサブプライムローンであった。日本での報道は貧しい人たち向けのローンという解説が付けられたが，実際は中間所得層が自宅以外のセカンドハウスやサードハウスを取得するためのローンが多かった。こうした借り手は，住宅価格の上昇を見込んだ投機目的であった。

住宅ローンの借り手，銀行，証券会社，格付機関，投資家と様々な登場人物がいるが，リーマンショックの原因を作った犯人はだれか。答えは全員である。

アメリカの住宅ローンはノンリコースといわれる形態で，仮に返済ができなくなっても，取得した住宅のみをあきらめる（抵当権の実行，フォークロージャーという）のみで済み，生活に困ることはあまりない。これが住宅ローンの借り手

図表15－10　住宅ローン債権の再証券化

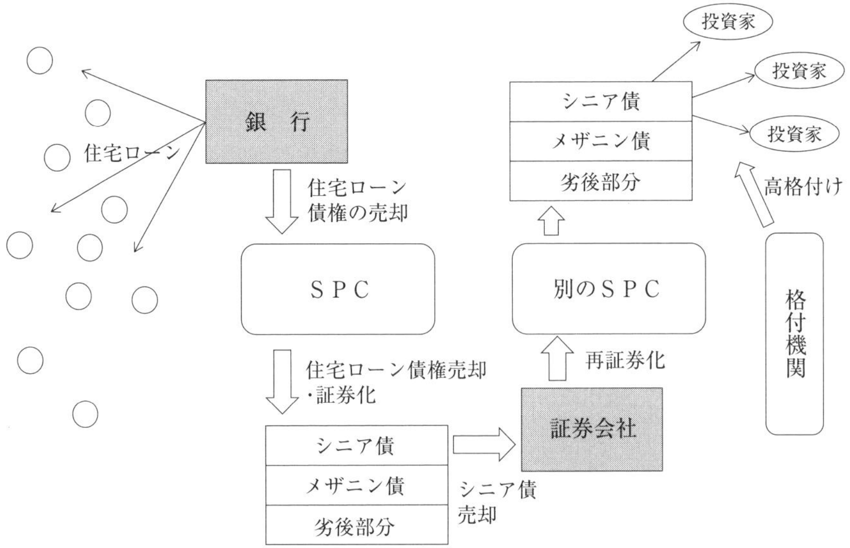

出所：筆者作成。

のモラルハザードを引き起こした。

　銀行は住宅ローンを貸してからすぐに証券化のために売却してしまうので，リスクを自らが被ることがなくなるため，審査が甘くなる傾向が強くなる。

　証券会社は，再証券化をするために多額の ABS を多方面から購入して ABS の在庫を増やした。これを「ウエアーハウジング」という。このための資金を短期借り入れに頼ったため，CDO を購入する投資家がいなくなると，証券会社は在庫を抱えたまま資金繰りに窮することとなる。

　格付機関は機械的に格付けをつけて手数料を稼ぐ。その前提となっているのが大数の法則だが，住宅ローン債権の多くがカリフォルニアやフロリダなどに集中していたため，その地域の住宅ローン価格が下落すると一気に住宅ローンの焦げ付きが増えることとなる。

　MMF は，短期の資金調達で長期の運用を行っていたため，短期の金融市場が資金の供給を止めてしまうと，CDO を売却せざるを得なくなる。しかし，CDO を喜んで買ってくれる人が市場にいなければ，資金繰りに困って破綻してしまう。

　このようにそれぞれの登場人物が，住宅価格の上昇，金融市場の安定，大数の法則など甘い前提で動いた結果が，サブプライム危機を作りリーマンショックを招いたのである。

第16章

コーポレートファイナンス

―あきらめが肝心―

1. プロジェクト評価

(1) プロジェクト決定の基本的考え方

　企業が新しい事業を始めたり個人が起業する場合には，その事業の採算が最も重要な判断材料となる。このような判断に必要な考え方を説明しよう。
　第一に，サンクコスト（埋没費用，Sunk Cost）という考え方である。過去に支出した費用で，回復（回収）が困難なコストをいう。例えば，水力発電による高収入を見込んで，巨額のダム建設を行うケースを考えよう。総工費1兆円とし，今日までに費やしたコストが9,999億円。あと1億円のコストで完成するとする。しかし，発電を行うための運転費用の計算ミスにより，収入を上回る費用が掛かってしまうことが発覚したとする。この場合，1億円をかけてダムを完成させてしまうべきだろうか。答えはノーである。1兆円のうちの9,999億円はすでに使ってしまったコストであり，取り戻すことはできない。今後の発電事業が赤字であることが明確な状況で，この事業を行うことは合理的ではなく，追加的な1億円の負担は損失を膨らませるだけである。ただ，人間の心理状態としては，すでに使ってしまったコストが頭から離れない。このため，誤った判断を行うことが政府や企業や個人あらゆるレベルで起こってしまう。したがって，判断の時点において，過去に費やしたコストなどは判断材料に含めてはいけない。
　第二に，機会費用（Opportunity Cost）という考え方である。プロジェクトの判断に当たっては，そのプロジェクトを行うために放棄する機会を考えなければならない。ただし一般的に，機会費用はプロジェクト資金の調達のコスト，つまり借入金利が使われる。また，借り入れに頼らず，余剰自己資金でプロジェクトを行う場合は，銀行預金金利や国債金利などを用いる。ただし，次節で示す

WACCと呼ばれる加重平均の資本コストを用いる場合が一般的である。

また，期間の概念も必要となる。プロジェクトの場合は半永久的にキャッシュフローが発生するが，回収期間を定めた場合は，期間終了時点の残存価値を決める必要がある。ただし，プロジェクト判断の方法によっては残存価値を求めずに永続的なキャッシュフローのまま算定を行うことも可能である。

(2) プロジェクト判断の方法その1：NPV法

プロジェクトのゴーサインを出すに当たって，最も使われる方法が第11章で学んだNPV（Net Present Value，正味現在価値）法である。

エネルギー関連に強い商社が，ガス田開発の判断を行うとする。投入する当初の投資額は800億円と見積もられる。また，プロジェクトの期間は4年で，追加的に発生する費用は，1年後に50億円，2年後に100億円，3年後に30億円，4年後に50億円かかると見込まれる。また，同社の予想では1年後に250億円，2年後に250億円，3年後に330億円，4年後に600億円のガス販売収入の見通しとなっている。

この投資を行うべきか。4年間の総支出は1,030億円に対し，総収入は1,430億円と見積もられるため，累計の利益は400億円である。機会費用を考慮しなければ，有利なプロジェクトに思える。

この資金の調達コストが年利10％としよう。NPV法による判断は，機会費用を資金調達コストと考えた場合のNPVがプラスであればゴーサイン，マイナスであれば取りやめである。キャッシュフローは以下の通りとなる。

＜キャッシュフロー＞
　当初（現時点）：−800億円
　1年目：収入250億円−追加費用50億円＝200億円
　2年目：収入250億円−追加費用100億円＝150億円
　3年目：収入330億円−追加費用30億円＝300億円
　4年目：収入600億円−追加費用50億円＝550億円

＜割引率10％でNPVを算定＞

$$\cdot \text{NPV} = -800 + \frac{200}{(1+10\%)} + \frac{150}{(1+10\%)^2} + \frac{300}{(1+10\%)^3} + \frac{550}{(1+10\%)^4} = 97.1 \text{億円}$$

NPVは97.1億円となる。このプロジェクトは進めるべきとの判断ができる。

金利情勢が変わったとする。調達コストが 20％ となったとする。

$$\cdot \text{NPV} = -800 + \frac{200}{(1+20\%)} + \frac{150}{(1+20\%)^2} + \frac{300}{(1+20\%)^3} + \frac{550}{(1+20\%)^4} = -75.3 \text{ 億円}$$

NPV は −75.3 億円である。このプロジェクトは取り下げるべきだろう。

このように機会費用となる割引率（金利）によって，判断は大きく異なるのである。この場合は 800 億円を調達するためのコストが機会費用であったが，他のプロジェクトを同額の資金で行った場合の収益率が年率 15％ であれば，15％ のプロジェクトをあきらめてこのプロジェクトの判断を行うという意味で，15％ を割引率に用いるべきである。

$$\diamondsuit NPV = -CF_0 + \frac{CF_1}{(1+r)} + \frac{CF_2}{(1+r)^2} + \frac{CF_3}{(1+r)^3} + \cdots + \frac{CF_n}{(1+r)^n} = -CF_0 + \Sigma_1^n \frac{CF_i}{(1+r)^i}$$

(3) プロジェクト判断の方法その 2：IRR 法

ところで，このプロジェクトの収益率は何 ％ なのか。これも第 11 章で説明した複利計算での利回りが IRR（Internal Rate of Return，内部収益率）である。考え方は，将来のキャッシュフローの現在価値と，当初支払う金額が釣り合わせるのが IRR であるということであるので，NPV ＝ゼロの方程式を解けばよい。

$$\cdot \text{収益率(IRR)を } r \text{ とした方程式：} -800 + \frac{200}{1+r} + \frac{150}{(1+r)^2} + \frac{300}{(1+r)^3} + \frac{550}{(1+r)^4} = 0$$

これをエクセルなどの力を借りて解くと，14.95％ となる。このプロジェクトの収益率は複利ベースの年率で 14.95％ である。改めて資金調達コストと比べると，10％ の調達コストであれば 14.95％ のプロジェクトはゴーサインを出してもよいだろう。しかし，調達コストが 20％ であれば，取り下げである。結論は NPV 法と同じである。なお，あきらめる他のプロジェクトが 15％ であれば，その 15％ のプロジェクトを採択すべきである。

このように，計算された IRR と機会費用を比較する方法が IRR 法である。

$$\diamondsuit CF_0 = \frac{CF_1}{(1+r)} + \frac{CF_2}{(1+r)^2} + \frac{CF_3}{(1+r)^3} + \cdots + \frac{CF_n}{(1+r)^n}$$

$$= CF_0 + \Sigma_1^n \frac{CF_i}{(1+r)^i} = 0 \quad (r \text{ が IRR})$$

IRR 法と NPV 法を比べると，IRR 法の短所がいくつかある。第一に，プロジ

ェクトのキャッシュフローが永続的な場合に，IRRの解が求められない。NPV法であれば，無限級数を計算し収束すればその値を用いればよいし，正の値で発散するようであれば採択すべきであるという判断ができる。第二に，プロジェクトの規模感の比較ができないため，経営的なインパクトについては判断がつかないことがある。また，期中のキャッシュフローにマイナスがある場合には，解が一意的に求められない場合もある。

2. 企業価値

(1) 企業価値の算定方法

　企業の価値とは何か。答えは一つだけではない。社会的存在意義など金銭的な評価が行えない価値もある。また，金銭的な評価においても，現在の保有資産をすべて売却し，負債を返済し終わった後に残る清算価値などもある。

図表16－1　企業価値の評価

WACC の式：

$$\frac{(1-t)r_D D + r_E E}{D+E}$$

出所：筆者作成。

しかし，企業は清算されるために存在しているわけではなく，事業を継続し価値を創造するために存在しているのである。したがって，企業価値は事業の価値と付随して獲得した金融資産によって評価されるべきである。

　この企業価値評価は，バランスシートの右側と左側から見る方法がある。右からは，負債と資本の評価を行う。負債の時価と資本の時価の合計が企業価値である。資本の価値は，株式市場が評価した株式時価総額によって求められる。

◇企業価値＝負債の時価＋株式時価総額＝負債の時価＋（株式数×株価）

　なお，負債は便宜上，通常貸借対照表上の会計上の数字が使われることが多い。
　一方，バランスシートの左側から見た企業価値は以下の通り，企業が保有する金融資産の市場価値と，将来にわたって事業を行うことで生ずる価値の総和である。事業の価値とは，事業がもたらすキャッシュフローの現在価値である。

◇企業価値＝事業価値＋金融資産の市場価値

 (2) フリーキャッシュフロー

　価値評価のもととなるキャッシュフローをフリーキャッシュフロー（FCF＝Free Cash Flow）といい，稼いだお金から事業活動に必要な資金を差し引いた後の余剰資金を指す。フリーキャッシュフローの定義は様々なものが存在しているが，最も一般的な算定方法が以下のである。

　＜フリーキャッシュフローの算定＞
　　FCF＝EBIT＋減価償却－設備投資－税負担
　　＊EBIT（金融収支反映前の税引き前利益，Earning Before Interest and Tax）

　この意味を考えよう。なぜ金融収支を反映する前の利益が用いられるのか。それは，企業価値の算定要素である金融資産が事業価値とは別に構成要素となっているため，ダブルカウントとならないように金融収支を利益から控除している。減価償却は過去に取得した設備等の会計上の費用であるため，キャッシュの動きがない。このため既に控除された減価償却費用を足し戻している。この一方，会計上の費用計上は全額即座に発生しないのが設備投資である。このため，投資額は会計上の利益に反映されていないため，フリーキャッシュフローの計算では控

除しなければならない。

 (3) 割引率（WACC）

フリーキャッシュフローを現在価値に割り引くときに用いられるのが，WACC（「ワック」と呼ばれる，Weighted Average Cost of Capital）である。WACCは負債のコストと資本のコストの加重平均である。こうした企業価値の計算では，資本についても時価で考える点に注意しよう。

WACCの求め方は，以下の通りである。

◇ $\text{WACC} = \dfrac{(1-t)r_D D + r_E E}{D + E}$

　T ＝税率，D ＝負債，E ＝資本（株式時価総額），r_D ＝負債コスト，r_E ＝資本コスト

負債のコストは税金の支払いから控除されるので，税率を差し引いて計算される。負債コストは銀行借入や社債発行などのコストを加重平均して求める。

株主資本コストは，第15章の株価評価の際に「資本コスト」として登場したものである。ここでは WACC に資本コストという言い方をすることがあるため，あえて「株主資本コスト」という言い方をした。資本コストは，第16章で学んだ CAPM などから計算される。

 (4) 企業価値の計算例

実際に企業価値を計算してみよう。X会社のデータを以下の通り示す。

＜X社の基礎データ＞

① フリーキャッシュフローに用いるデータ

　経常利益　50億円
　経常利益中の受取利息15億円，支払利息10億円，減価償却費10億円
　特別損益　なし
　税率　30％
　機械購入費用（毎年）25億円
　ＦＣＦ増加率2％

② ＷＡＣＣ計算のためのデータ

　負債時価　250億円

株価　200円
発行済み株式総数　1億株
リスクフリーレート　2％
マーケットリターン　6％
β　1.5

③　その他のデータ

金融資産時価　50億円

＜フリーキャッシュフローの計算＞

◇ＦＣＦ＝経常利益－金融収支＋減価償却費－設備投資－税金
　　　　＝50億円－（15億円－10億円）＋10億円－25億円－50億円×30％＝15億円

次にＷＡＣＣを計算する。

負債コスト＝支払利息÷負債＝10億円÷250億円＝4％
株主資本コスト＝リスクフリーレート＋β×（マーケットリターン－リスクフリーレート）
　　　　　　　＝2％＋1.5×（6％－2％）＝8％
資本時価＝株価×発行済み株式総数＝200円×1億株＝200億円
ＷＡＣＣ＝｛(1－税率)×負債コスト×負債時価＋株主資本コスト×資本時価｝÷（負債時価＋資本時価）
　　　　＝｛(1－30％)×4％×250億円＋8％×200億円｝÷（250億円＋200億円）＝5％

そして，事業価値を計算する。

事業価値＝ＦＣＦ現在価値

$$= \frac{15}{1+5\%} + \frac{(1+2\%)15}{(1+5\%)^2} + \cdots + \frac{(1+2\%)^{n-1}15}{(1+5\%)^n} + \cdots$$

$$= \Sigma_1^{\infty} \frac{(1+2\%)^{n-1}15}{(1+5\%)^n} = \frac{15}{5\%-2\%} = 500 \text{億円}$$

∴企業価値＝金融資産時価＋事業価値＝50億円＋500億円＝550億円となる。

　株式市場が評価した株主資本価値が200億円で，負債を加えた価値合計が450億円となる。フリーキャッシュフロー成長率の予想（2％）などの評価が正しければ，株式市場はこの会社を100億円程度過小評価していることとなる。

3. 最適資本構成

 (1) MM理論

ノーベル経済学賞を受賞したフランコ・モディリアーニとマートン・ミラーが，1958年に提唱した企業金融の基本的理論の枠組みが，モジリアーニ・ミラー理論あるいは略してMM理論という。前提となるのが，情報取得コストがゼロ，税率がゼロなどの完全市場であり，企業の資金調達構造は企業価値に影響しないという定理である。MM理論は以下の三つの基本命題から構成される。

① **第一命題「EBITが等しい会社の企業価値は資本構成に関係なく等しい」**

直感的には，資本や負債の構成がいかなる構造であっても，利益を生み出す力が同じなら企業価値は同じはずである。これを理論的に考えよう。

フリーキャッシュフロー200億円，負債ゼロの企業Uと，フリーキャッシュフローが企業Uと同等だが負債が1,000億円の企業Lがあるとする。負債の金利は10％とし，利益は全額配当すると仮定する。仮にUの企業価値が2,000億円（株主資本時価2,000億円），Lの企業価値が1,800億円（負債1,000億円，株主資本時価800億円）とする。投資家がUの株を全株買った場合の配当収入は200億円である。仮にLの債券を1,000億円とL社の株を50％の400億円買えば，Uの株式を100％買った場合と同収入になる（1,000億円×10％＋200億円×50％＝200億円）。しかし，投資額はU株式全株を購入したときには2,000億円に対し，L社の債券と株式を購入した場合は1,400億円に留まる。この条件であれば市場の投資家は迷わずL社の債券と株式の組み合わせを選択するだろう。そうなるとU社の株価は下落し，株価が落ち着くのは，両者の企業価値が一致する1,400億円となるだろう。したがって，資本構成は企業価値に影響しない。

② **第二命題「配当政策と企業価値は無関係である」**

配当による支払いは株主資本を減らし，株価を引き下げる。配当収入というインカムゲイン増加が，株価下落というキャピタルゲイン減少で相殺される。

数値例で確認する。資産100億円，全額株主資本の金企業が，配当10億円を株主に支払う。資産が100億円で発行済株式数が1億株なので，清算価値をベー

スとした当初株価は100円ということになる。この企業が10億円の配当により資産が90億円になるので、株価は90円に下落する。配当を含めれば株主は経済的に損も得もしない。株主に帰属するキャッシュフローは変わらない。

③ 第三命題「資本構成は資本コストに影響しない」

EBITが同等でかつ金融資産も同じであれば、企業価値の差をもたらすのはWACCのみである。しかし、第一命題から、資本構成がどうあれ資本コストであるWACCは変わらないはずである。したがって、第一命題が正しければ、この第三命題は成立する。負債のコストが株主資本のコストを下回ると仮定して、負債の比率を引き上げるとする。そうするとWACCが変わらない水準となるよう、株主資本コストが上昇するのである。

(2) MM理論の反証

残念ながら現実にはMM命題は成立しない。理由は、①税率の存在、②負債増加による倒産確率上昇、③配当政策によるシグナリング効果などがある。

① 税率の問題

株式時価総額1,000億円、負債1,000億円のL社と、負債がない株式時価総額2,000億円のU社のEBITは各200億円、負債利子率10%、税率40%とする。
◇L社株主に帰属するキャッシュフローL（E）=（200−1000×10%）×（1−40%）
　　　　　　　　　　　　　　　　　　　　=60億円、
　L社債権者に帰属するキャッシュフローL（D）=1000×10%=100
　L社株主と債権者へのキャッシュフロー=60+100=160億円
◇U社株主に帰属するキャッシュフローL（E）=200×（1−40%）=120億円

したがって、L社の株主および債権者のキャッシュフローが、負債利息に税率を掛けた分だけ大きくなる。これが負債による節税効果である。これを一般化すると、以下の通りである。
◇株主および債権者のキャッシュフロー=｛EBIT−rD｝（1−t）+rD=EBIT(1−t)+trD
つまりtrDの部分が節税効果として企業価値にプラスに働くのである。

② 負債増加と倒産確率

MM 理論では，資本構成が変わっても負債のコストは変わらない。しかし現実的には財務内容が負債調達コストに影響する。自己資本比率が低い企業は，借入や債券の金利が高くなる。このため，MM 理論の前提は非現実的である。

③ 配当政策と企業価値

バードインザハンド仮説によれば，投資家はより高い配当を選好するので高配当企業の株価は相対的に高くなる。また，株式売却益に課せられるキャピタルゲイン課税とインカムゲイン課税は異なるので，配当政策は企業価値に無関係との主張は，課税を踏まえた投資家収入の視点から考えると現実的ではない。

さらに，シグナリング効果も考えられる。配当を積極的に行うことで株主の利益に対して誠実な経営者であるというシグナルが与えられる。また，自社株買いは，経営者が現状株価を割安と考えているというシグナルも与えられる。これも，配当政策やその他の株主還元が，株価に中立的とはいえない要因である。

なお，企業の資金調達については，ペッキングオーダー理論が内部留保，負債，増資の順番での調達を唱えている。これについては第 4 章を参照されたい。

第17章

契約理論とガバナンス

―言うことを聞かせる工夫―

1. 利害関係者（ステークホルダー）とガバナンス

（1）会社は誰のものか

　利害関係者のことをステークホルダーという。会社のステークホルダーは，株主，債権者，従業員，取引先など様々である。しかし，株式会社にとって，株主は様々なステークホルダーの中でも最も重要な存在である。

　本章では，株主による銀行経営陣へのガバナンスについて，その有効性や意義について改めて検証したい。筆者は銀行が招いた金融危機を踏まえ，株式会社の中でも特に銀行のガバナンスに力を入れて研究してきた。世界銀行の研究者であるリチャード・ローリエ氏は，「劣った監督者の国でもよい銀行は存在するが，株主のガバナンスが劣悪な状況では良い銀行の存在は危うい」と指摘している。銀行経営者が株主利益を無視して経営努力を怠れば，銀行経営の健全性は損なわれ，ひいては金融システム全体の問題に発展しかねない。

　株主と経営者との間には，情報の非対称性によるエージェンシー問題がある。このため，株主により業務執行を委ねられた経営者が，株主利益に即して受託責任を果たす仕組みが確保されているかが，コーポレート・ガバナンス（企業統治）を論ずるうえでのポイントとなる。

　株主が経営陣に対して適切な監視を行い，ガバナンスを有効に機能させることが，経営陣の規律付けには重要な役割を果たすはずである。こうした規律付けは，経営者の経営努力を促し，経営効率を向上させる上で不可欠である。

(2) 組織・制度の視点からのガバナンス

　まず，組織論から株式会社におけるエージェンシー問題が解消可能か否かを考えよう。組織・制度面からガバナンスが確保されれば，エージェンシー問題のわずらわしさは解消するかもしれない。しかし，以下に述べる通り，組織での対応によりガバナンスが確保されるほど簡単な問題ではないようである。

　歴史的な法体系や社会的な会社組織の位置付けなどの違いを背景として，業務執行やその監督・監査の組織上の位置付けやその選任方法は，各国の法制度によって大きく異なる。

　監査役会による監査・監督のシステムを長らく採用してきた日本においては，2002年より社外取締役による関与を増やした委員会設置会社形態の採用が可能になった。こうした「委員会統治型」のモデルである米国における経営組織の特色は，株主総会において最高意思決定機関である取締役会のメンバーを選出し，株主が多くの権限を取締役に与えることにより，取締役が効果的に経営者を監視する仕組みとなっている点である。

　取締役は，経営執行状況をチェックする監査委員会，取締役の選・解任の決定を行う指名委員会，役員の報酬に係る権限を有する報酬委員会などを通じて，経営者の業務執行に対するガバナンスを機能させる。取締役会はＣＥＯ（最高執行責任者）を筆頭とする業務執行者を選任し，その業務執行を監督・監査する仕組みとなっている。しかし，取締役と執行役との兼任も可能なことから，監視機能を確保するため，取締役の過半は社外取締役によって占められる。

　また，ニューヨーク証券取引所などに上場している米国企業は，非執行役の社外取締役からなる報酬委員会が業務執行者の報酬を決定することが求められている。エージェンシー問題の観点からは，報酬体系の工夫を通じた株主と経営者との誘因両立性（株主と経営者の利害関係が一致すること）などを通じ，株主の利益に即した行動を支える構造となっている。しかし，株主利益重視の姿勢が時として短期志向を強め，長期的安定性を阻害するといった指摘もある。

　ドイツにおける経営組織は，銀行が大株主であり債権者であるという特性により，エージェンシー問題に関しては株主と債権者との利益相反が抑制される傾向にあると考えられている。しかし，銀行自身のガバナンスはこういった特性は該当しない。法令上の枠組みでは，1951年以降，共同決定法に基づき，経営の最高意思決定機関である監査役会のメンバーは資本家（株主）代表と労働者代表か

ら同数選任され構成される。監査役会は経営を執行する取締役を選任するが，監査役と取締役の兼任は禁止されている。監査役会は，業務執行者（取締役）を選任，監督・監査，報酬額の決定を行う仕組みとなっている。監査役報酬は定款ないしは株主総会決議で決定される。

　前記のように，米国およびドイツのコーポレート・ガバナンス構造は，前者が単層制，後者が重層制として一般的に区別されるものの，機能的には，米国においては非執行（外部）取締役，ドイツにおいては監査役が，それぞれ取締役兼業務執行者（米国）と取締役（ドイツ）を監視する仕組みとなっている。共通するのは，業務執行に対する監督・監査機能と業務執行機能とが，機能的に分離している点である。

(3) 日本における制度と現状

　日本では，歴史的に業務執行に対する監督機能と業務執行機能が機能的に分離していなかったため，株主総会の権限が相対的に強く，監査・監督主体ならびに業務執行者のそれぞれを選任，また役員報酬の決定を株主総会が担ってきた。つまり，表面上の機能は，日本においても業務執行と監査をそれぞれ取締役と監査役が独立して分担することで，監査役が業務執行の監視を行う形態とはなっているものの，ドイツにおける監査役会が有する取締役の任免や報酬に係る権限を日本の監査役には与えられず，機能分化の深さが明らかに異なる。

　しかし2001年の商法改正を機に，制度面で変化が始まった。まず，監査役の半数以上を社外監査役とすることの義務付けが行われ監査機能の強化が図られた。翌2002年に再度商法改正が行われ，大企業は監査役設置会社と委員会設置会社を選択できることとなった。

　前者は，株主総会で取締役および監査役が選任され取締役会は業務執行に対する監督を行う傍ら，取締役が執行役を兼務して業務執行を行うケースが多い。社外取締役を導入する企業においてもその社外取締役の取締役会に占める割合は必ずしも高くない。なお，監査役の監査範囲は適法性監査に限られ，業務執行の妥当性には及ばない。このため，違法行為でない限りは，経営判断の妥当性や合理性についてチェック機能を期待することは難しい。

　後者については，米国型ガバナンスの仕組みにならい，監査役を設置する代わりに，社外取締役により過半が占められる監査委員会により業務執行がモニタリ

図表 17－1　外国人株主比率に応じた監査役設置会社と委員会設置会社の構成

	監査役設置会社		委員会設置会社		全体
	社数	比率(%)	社数	比率(%)	社数
10% 未満	1,308	98.9	14	1.1	1,322
10% 以上 20% 未満	538	97.6	13	2.4	551
20% 以上 30% 未満	275	95.8	12	4.2	287
30% 以上	176	89.8	20	10.2	196
計	2,297	97.5	59	2.5	2,356

組織形態	東証第一部		東証第二部		東証マザーズ		全社	
	社数	比率(%)	社数	比率(%)	社数	比率(%)	社数	比率(%)
監査役設置会社	1,637	97.0	488	98.6	172	98.9	2,297	97.5
委員会設置会社	50	3.0	7	1.4	2	1.1	59	2.5
全体	1,687	100.0	495	100.0	174	100.0	2,356	100.0

出所：東京証券取引所白書に基づき筆者作成（東京証券取引所，2012 年 9 月）。

図表 17－2　監査役設置会社と委員会設置会社の社外取締役構成

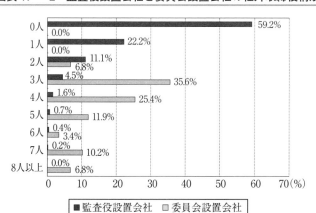

出所：東京証券取引所白書に基づき筆者作成（東京証券取引所，2012 年 9 月）。

図表17-3　委員会設置会社の社外取締役構成

委員会	社内取締役	社外取締役
監査委員会（3.53名）	21.20%（0.75名）	78.80%（2.78名）
報酬委員会（3.9名）	29.10%（1.14名）	70.90%（2.76名）
指名委員会（4.12名）	31.70%（1.31名）	68.30%（2.81名）

出所：東京証券取引所白書に基づき筆者作成（東京証券取引所，2012年9月）。

ングされる。

　現状，日本においては未だに監査役設置会社が大宗を占めており，特に銀行に関しては委員会設置会社の採用は極めて少数にとどまっている。ちなみに，図表17-1は外国人株主による株式保有割合と統治形態との関係を示しているが，東京証券取引所に上場している企業のうち，外国人保有比率に応じて企業に委員会設置会社を選択する傾向があることが分かる。データが僅少のため，統計的な論証は困難なものの，外国人投資家によるガバナンス強化のニーズに呼応した経営者の判断として委員会設置会社を選択するとの印象が得られる。

　また，図表17-2および17-3では監査役設置会社と委員会設置会社における社外取締役の状況を比較しているが，監査役設置会社における社外取締役の採用が未だ少数にとどまっている。

　(4) 組織形態や内部統制強化によるガバナンス強化の限界

　以上述べてきた通り，ガバナンスを巡る組織や制度には各国間において差異があるほか，日本において形態に係る自由度が増している。こうした制度的な違いを踏まえ，組織や内部統制の制度的対応によりエージェンシー問題を解消することが可能であるか考えてみよう。

日本の委員会設置会社採用状況や監査役設置会社における社外取締役の実態から，執行と監査・監督の独立性について改善の余地があるように見受けられる。事実，2014年6月会社法改正により，委員会設置の場合において監査委員会のみを設置することが可能となった。これにより，日本で採用が進んでいない委員会タイプの普及を狙いとしている。さらに，2015年に導入されたコーポレートガバナンス・コードにより，東京証券取引所上場企業は2名以上の独立社外取締役が求められることとなった。ガバナンス改革は徐々に進み始めている。

　しかし，米国型の委員会設置会社やドイツ型の強力な監査役会形態に移行することで，エージェンシー問題が解消される方向でガバナンスが機能するともいい切れない。組織としてのガバナンスが経営者の過度なリスクテイクを抑止できなかった点を，アメリカ発の世界金融危機が明らかにした。

　この点に関し，オーストラリア・クイーンズランド大学のレニー・アダムズが興味深い研究を行っている。アダムズは，取締役会のガバナンス機能について，銀行・ノンバンク・非金融のそれぞれを対象にガバナンス組織とリスクテイクとの関連について実証分析を行った。分析対象は米国の銀行で，取締役会の構成と公的資金を受けるような経営状況に陥ったか否かの相関性を分析した。

　2008年10月，米国は金融危機対応のため7,000億ドルの予算措置を確保し，不良資産買い取りプログラム（ＴＡＲＰ）の枠組みの下で，公的資金を主要金融機関に資本注入した。ＴＡＲＰを適用した銀行は，過去におけるリスクテイクなどの結果として経営危機に陥った銀行であるという仮説の下で，ＴＡＲＰ適用銀行と取締役会の独立性について検証を試みた。この結果，社外取締役の割合や経営執行者との関係から測定される取締役会の独立性の高さと，ＴＡＲＰの適用の有無との間に，正の相関性が有意に認められることがわかった。同時に，ＴＡＲＰ適用銀行と業績連動報酬との関係についても，有意な正の相関性が検証されている。つまり，取締役会の独立性が高いほど，銀行の経営陣にリスクテイクを認めていた（あるいは見過ごしていた）ということになる。

　この結果から，業界に必ずしも精通しない社外取締役が監督に当たっても，実効性のある監視とはならないと結論付けた。すなわち，監査・監督の執行からの独立性は重要であるが，独立性そのものが有効なガバナンスとは必ずしもならないということである。また，報酬体系がより経営者のリスクテイク行動に直結している点が，ＴＡＲＰ銀行と業績連動報酬との相関性から確認できる。

　こうした事例からも，仮に執行と監査の独立性が組織的に確保されても，必ず

しもそれが過度なリスクテイク志向の歯止めとはならないという結論が導かれる。つまり，組織的な手当ては，チェック機能の観点からは重要であるとはいえるが，それが必ずしも経営者の不健全な経営行動の有効なブレーキとなるとは限らないということである。

　もう一つの着眼点としては，ガバナンスの本質的な目的に係わることである。エージェンシー問題の解消が主たる狙いではあるが，株主利益の観点からは，執行上の不正による株主利益の毀損の抑止というやや後ろ向きな側面と，経営努力の促進による企業価値の拡大という前向きな側面とに区分できる。

　前者に関しては，米国における2001年のエンロン，ワールドコムなどの不正経理事件が象徴的な事例である。この事件を受けて，各国はガバナンス改善に向けた内部統制強化の取り組みに向かった。米国においては2002年企業改革法（通称ＳＯＸ法）が制定された。これにより，監査の質の向上，独立性の強化，経理に関する内部統制と情報開示の強化，経営者責任の厳格化など広い範囲で監査・監督の強化に取り組んだ。同じ年，ドイツにおいても企業統治規範（「クローメ規範」）が制定され，営業報告書におけるガバナンス状況の記載や，同規範との離齬について情報開示することを義務付けた。英国では，キャドバリー報告書（1992年），ハンペル報告書（1998年）などを通じ，コーポレート・ガバナンスに関する基本原則がまとめられた。こうした改革は，試行錯誤を経ながら執行上の不正の抑止には機能を発揮するかもしれない。しかし，こうした取り組みは，後者，すなわち企業価値の拡大といったもう一つのガバナンスの目的を目指したものではない。

　ガバナンスは，形式ではなく実質を考慮すべきである。組織や内部統制といった制度的な視点からの執行への監視は極めて重要である。しかし，形式論だけでは「経営判断」の余地が広い現実的な世界において，完全にチェック機能を発揮することは難しい。もちろん，機関投資家による議決権行使による経営陣への圧力をより強めていく必要性もある。しかし，議決権行使を行う上での経営情報に経営者との非対称性が生じている状況では，完全なチェック機能は期待できない。したがって，経営者が株主やその他のステークホルダーの利益に即した仕組みをさらに検討していく必要がある。

2. 契約理論とエージェンシー問題

 (1) コーポレート・ガバナンスの基本

　銀行のコーポレート・ガバナンスの問題を考えるときに便利なのは，ミクロ経済学の範疇にある契約理論である。契約理論は，経営者や株主などの経済主体間の情報の非対称性および契約の不完備性を踏まえ，これに対応した各経済主体のインセンティブを取り扱っている。つまり，経営者が株主の思う通りに動いてくれないリスクを分析し，そうすれば経営者にいうことをきかせることができるかを取り扱ったものである。この問題を受託者と委託者との関係から分析し，体系化されたのがプリンシパル・エージェンシー理論である。企業の株主がプリンシパル（依頼人），経営者が株主から経営を委託されたエージェント（代理人）と一般的に捉えることができる。両者の関係において，プリンシパルの利益に沿わない，具体的には経営努力が十分に行われない状況や，私的費消（使い込み）を増加させるケースや，過大なリスクを冒すなどの状況が，エージェンシー問題として取り上げられる。また，こうした情報の非対称性や契約の不完備性に伴う経済的な損失はエージェンシー・コストと呼ばれる。すでに説明した通りエージェンシー・コストは，「モニタリング・コスト」，「ボンディング・コスト」，「レジデュアル・ロス」に分類される。モニタリングコストとはプリンシパルがエージェントを監視するコスト，ボンディングコストはエージェントを従わせるコスト（成功報酬などでインセンティブ付け），レジデュアルロスはその他のエージェンシーコストの総称である。

　コーポレート・ガバナンスの問題は，国によって視点が異なる。株主からの視点を中心として株主と経営者との間のエージェンシー問題を焦点とするもの，そして株主を含む幅広いステークホルダーと経営者との利害関係に力点が置かれるものの二つに分かれる。この二つの視点のうち前者は性格的には英米型企業（アングロアメリカン体系）を念頭に置き，資本市場を資金調達の中心として，市場からの規律付けを求めるモデルである。また，後者は日本・ドイツ型企業（フランコ・ジャーマン型）を念頭に置き，間接金融を重要な資金調達源とするばかりでなく，従業員の中から経営者が決まる傾向が強いという点では株主，貸し手としての銀行だけではなく従業員を含めた多様なステークホルダーを前提としたモ

デルである。

　慣習法（コモン・ロー）をもつ英国や米国のほうが株主を中心とした投資家保護の法的環境が発達しているのに比べ，ローマ法からの流れを有する成文法の国の投資家保護のための法整備が十分でない点は一つの法体系からの説明である。英米型企業を念頭に置いたモデルに関しては市場からのチェックという観点から，「外部者モデル」と類型化される一方，日本・ドイツ型モデルに関しては従業員や取引銀行といった経営者と緊密な関係者がモニタリングする内部者モデル」とされる。例えば，買収活動がガバナンスに与えた影響を取り上げ，こうした外部者の活発な活動が適切な企業経営に貢献した点が指摘されている。ただ，最近では日本でも株主の視点を重視したガバナンス論が注目されている。

(2) 株式保有構成とガバナンス

　銀行は日本における株式持合いの中心的プレーヤーの一角を占めており，銀行の株主にも顧客や親密金融機関などの文句をいわない株主（いわゆる「沈黙の株主」）が少なからず存在している。しかし，近年においては外国人株主の増加もあり，株主構成がガバナンスに与える影響について多くの分析がなされてきた。例えば，1990年以降の日本企業の株主構成と企業価値との関係を分析し，外国人株主の構成と株主価値との関係が正の関係にあることが実証されている。

　ちなみに，90年代は日本のメインバンク・システムが独特かつ有効なガバナンスの仕組みであるとの評価も多かった。例えば，日本における銀行を中心とした産業金融の構造を背景に，最大の債権者であり株主でもあるメインバンクが役員の派遣なども含め深く企業のガバナンスに関与してきた点を評価している。また，メインバンクは日常的な濃密な取引関係の中で，借り手に係わる情報の非対称性を低減した結果，銀行借入のコストが低下したという指摘もある。しかし，こうした日本特有の仕組みは必ずしも銀行のガバナンスにとって良かったとはいえない。銀行自身のガバナンスの問題を考えると，メインバンク・システムや歴史的な株式持ち合いの流れの中で，株主の利益を考える思考が大きく欠落していた点も指摘すべきであろう。

(3) 大口株主によるガバナンス

　個人株主は情報収集能力や資金力に劣り，大口株主に比べ，経営をモニタリングする費用を負担するインセンティブが低いとされている。これは一般に，個人株主による「フリーライダー問題」といわれている。つまり，機関投資家や大口株主がしっかりと経営監視をしてくれるのだから，自分たちはモニタリングする手間は省ける，ということである。

　大口株主と経営者の利害対立の問題がなければ，大口株主の存在は，経営努力にプラスの影響が出ることは想像しやすい。しかし，契約の不完備性を前提とした場合，経営者が大口株主と利益相反となる状況はいくらでも存在しているため，利害が対立するような前提を置いた場合，大口株主の株式保有比率は，経営努力水準に負の影響を与えることもありうるということである。例えば，大口株主が厳しくモニタリングすることによって，社費による個人的な遊興費としての費消がしにくくなる状況を想定する。この場合，経営努力の結果，業績が拡大しても，個人的に享受できる利益の機会が低下するため，努力を行う動機付けが薄らぐ可能性も考えられる。

 (4) 銀行特有のエージェンシー問題

　銀行の場合は，エージェンシー問題に関して銀行特有の構造を抱えている。銀行のエージェンシー問題は，①規制による制約，②複雑な非対称性（株主，経営者，預金者，当局などの多くの利害関係人），③高レバレッジ構造（一般企業より自己資本比率が低い）であること，などが問題をさらに複雑にしている。

　特に，株主と債権者（預金者）および当局とは一般的に利益相反の関係にある。株主は，株式がもつ「コールオプション的性格」によって，その利害関係が特徴づけられる。コールオプションというのは，ある一定水準を超えて資産の価値が上昇する場合，その一定水準を超えた部分を利益として100％享受できる仕組みである。銀行の業績が上向き，これに応じて株価が上昇すれば，その分が株主の利得となる。業績は，経営者の才覚や運によっても影響されるが，リスクなくしてリターンなしという発想からすれば，銀行が保有するリスクの大きさに呼応して業績の伸び方も大きくなることが想定できる。オプションの側面から，これを解釈すると以下のようになる。銀行経営陣がリスクテイクを行えば，これに伴う

業績の振れ幅は大きくなる。価値の振れ幅であるボラティリティが大きくなればなるほど，オプション価値（厳密には時間的価値という）を増やす効果がある。したがって，リスクテイクは，コールオプションの価値を増やすこととなり，この点からも，株主はコールオプション的性格をもった株式の特徴からもリスクテイクを歓迎することが理解できるのではないか。

　リスクを取ることによる限界的な収益増加の期待と，銀行の健全性はトレードオフ（こちらを立てればあちらが立たず）の関係にある。監督者や預金者などの債権者は健全性を重視するため，経営陣のリスクテイク抑制を望むのに対し，株主は銀行のリスクテイクを優先させたい。特に，銀行が経営危機に陥った場合は，株主は銀行に，起死回生を図るようなギャンブル的な経営行動に走らせる傾向がある。この点は，1980年代米国のＳ＆Ｌ（貯蓄貸付組合）危機でも表面化した。危機に瀕したＳ＆Ｌのオーナーは，経営者をハイリスク投資によるギャンブルに向かわせ，「勝てば復活，負ければ破綻」といったモラルハザードの問題が浮上した。

　ただし，株主と債権者の利害が一致する例外は，金融危機における政府による銀行救済である。銀行そのもののゴーイングコンサーン（経営の存続性）が脅かされるような状況に陥った場合，株主にとっても株式が紙切れになるよりは，資本増強などによって破綻リスクが回避されることが，債権者や当局と一致する利害関係となる。

　銀行の特殊性として，小口の債権者である預金者が数多く存在している点があげられる。しかし，こうした小口債権者は銀行経営者に対してモニタリングする能力が必ずしも高くないほか，フリーライドするインセンティブが強いため，監督当局が預金者の利益を代表する形で銀行の健全性を監視する役割を担っている。これを代理モニタリングという。

　こうした銀行のエージェンシー問題における特殊性を考えると，株主の視点からは「株式を媒介とするプリンシパル（株主）とエージェント（経営者）の関係において株主の利益に資する経営行動を経営者が行うかを監視」，また預金者の視点からは「預金を媒介とした預金者（あるいは代理モニタリングとして監督当局）による銀行に対する信用供与の回収可能性を阻害するような経営行動を経営者に行わせない監視」が，銀行特有のガバナンスとなる。この点では，株主からのガバナンスが経営効率や収益性の向上に向けて規律付けさせるのに対し，預金者や当局は健全性により軸足を置いた経営監視を行う。したがって，ガバナンス

のバランスが崩れ前者が後者に優先することがあれば，健全性を犠牲にした利益追求の可能性が強まる一方，その反対であれば，効率性・収益性に課題を残しつつもリスクを追求しない経営となる蓋然性が高まる。

　いずれのステークホルダーの影響力が相対的に高まるかは，報酬制度や規制的な背景などに影響されるものと考えられる。株主は自らの利益に即した経営行動を取らせる目的で報酬制度により，誘因両立性を高めるケースがストックオプションや業績連動報酬制度である。逆に，銀行経営者の金銭的あるいは非金銭的利得の業績感応度が低い場合は，経営者のインセンティブが預金者などと利害関係に一致する可能性もある。次章ではこの報酬制度と銀行経営者の行動について考えよう。

第18章

報酬と経営行動の経済学

―経営者も人の子―

1. 株主への忠誠によるリスクテイク

(1) 株主・債権者の利益と預金保険の効果

　銀行は預金保険などの制度によって守られているため，リスクを増やしていっても，預金のコストが必ずしも増加しない。銀行経営者が「株主はリスクを増やすほどハッピーである」という状況を踏まえ，株主のためにリスクテイクに励んでも資金調達のコストは増えないのである。これを図解してみたい。

　図表 18-1 は企業価値が増加した時の，株主と預金者や社債保有者などの債権者の利益の変化である。株主は，（一般企業も同様だが）銀行が破綻した場合に，投下した資本の回収が難しくなるものの，銀行の業績が上向き企業価値が増加し

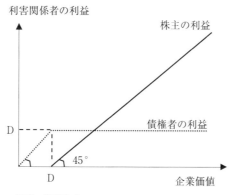

図表 18－1　株主，債権者と企業価値の関係

出所：筆者作成。

た場合においては，配当の増加や株価の上昇の恩恵を享受することができる。一方，預金者などの一般債権者は，銀行の業績が飛躍的に改善しても回収する元本や利息額は増えるわけではない。

銀行が預金者の利益のみを考えて経営するのであれば，安全資産にのみ投資を行い倒産するリスクを低下させることになろうが，報酬制度などを通じて株主の利益に重きを置いた経営を行えば，株式のオプション的性格—損失は限定され，利益は青天井—から，収益拡大に向けたリスク増加に励むこととなる。

特に，銀行の場合は資金調達を預金保険により守られているため，モラルハザードを来しやすい。図表18-2および図表18-3は，預金保険の有無に応じた，リスクの拡大による収益効果について概念的に比較したものである。

一般の会社の場合，レバレッジ増加は（調達コスト控除前の）収益の増加をもたらすが，一方で倒産リスクを高めてしまうため，資金調達コストが（金利に反映されるリスクプレミアムの上昇により）調達額の増加率以上に増加することとなる。このため，レバレッジ増加に伴う限界収益は必ずしもプラスとは限らない。これは預金保険がない場合の銀行も同様である（図表18-2）。

しかし，預金保険がある場合は，銀行の資金調達源である預金は預金保険により付保額まで預金者が保護されるため，倒産リスクの上昇が必ずしも預金金利上昇に直結しない（図表18-3）。つまり，負債の増加に伴い概ね線形のコスト増加となる。このため，一般企業に比べ，銀行はモラルハザードを来たしやすくなる。

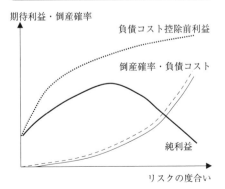

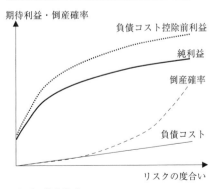

出所：筆者作成。

(2) 報酬による忠誠心

株主と経営者の利害関係を一致させること，すなわち誘因両立性を確保することで，株主と経営者との間のエージェンシー問題を解消することを狙いとして導入されたのが，経営者の意識付けを目的とした報酬体系である。ストックオプションに代表される業績（および株価）に連動した報酬は，インセンティブ報酬と呼ばれる。

インセンティブ報酬の下では，経営者の努力が好業績に結びつき，結果的に株価上昇を招くことで，ストックオプションなどの形態で支給される報酬を通じ，経営者の金銭的欲求が充足されることとなる。これにより株主と経営者の利害関係が一致し，誘因が両立される状況を確保できる。こうした経営者のインセンティブ報酬の導入は金融機関ばかりでなく，広くあらゆる産業に浸透しており，日本においても採用企業が増えている。米国においては，こうしたストックオプションなどを用いたインセンティブ報酬は，主に製造業を中心に活用されてきた経緯がある。財務レバレッジの高い銀行に関しては，インセンティブ報酬の導入そのものが製造業に遅れていたほか，報酬制度に対する業績の感応度は必ずしも製造業ほど高くないといった実証結果も示されている。

 (3) 報酬と業績との関連研究

ここでは，報酬と業績との関係を調べた主な研究成果について簡単に取り上げたい。蟻川靖浩・黒木文明の両氏は，エージェンシー問題解消ツールとしての経営者報酬の設計が，適正か否かについて分析している。株主利益と経営者利益を一致させることでエージェンシー問題解決を狙った業績連動報酬については，過去の研究からも報酬と利益との正の相関性が実証されているが，この分析結果では，株主によるコントロールが弱い中でのインセンティブ報酬は，経営者の能力以外の「運」に基づく業績向上も報酬を増加させることに繋がっている，と指摘している。実証分析は1991年から2000年の間で，ＲＯＡを業績，役員賞与を経営者報酬の代理変数として用いている。この結果，経営者報酬が業界業績平均に

対しても正相関であることが確認され，業績が報酬の効果かどうか疑問であること，機関投資家の比率が高い企業（株主コントロール大）ほど業績と報酬の連動性が高いこと，などの結論を導いている。業績改善が業界全体の業績動向に伴う運によるものなのか，報酬によるインセンティブ付けによるものかという着眼点は重要で，インセンティブ報酬は株主による監視が十分機能する状況でその有効性を発揮する，といった結論も説得力がある。ただし，分析においてはストックオプションが捨象されていること，株主によるコントロールとして機関投資家の比率のみを用いている点に関しては議論の余地が残されている。

　ニューヨーク大学のコズ・ジョーンらは，米国における銀行（120銀行の623名のＣＥＯ）および製造業（997企業の5,659名のＣＥＯ）の1992年から2000年のデータに基づく分析に基づき，①業績報酬感応度はレバレッジ（自己資本比率の逆数）に対しての減少関数，②銀行は高レバレッジのため製造業より感応度が低い，③感応度は企業規模の減少関数（大規模企業ほど監視による透明度が高い），④高リスク企業ほど低感応度，⑤規制業種ほど感応度が低い，といった仮説が成り立つものと結論を出している。この分析は，ストックオプション付与を含むＣＥＯの報酬総額を被説明変数，時価総額で示される株主価値を説明変数とする回帰式に基づいており，銀行に関しては株主価値千ドル増加に対して経営者報酬4.7ドル増加という結果が得られている。業績報酬感応度が相対的に低いほど，株主にとっての誘因両立効果が低下し，債権者にとってのエージェンシーコストも減少するため，この実証結果の限りにおいては，前項で示した預金保険によるリスクシフト促進効果は規制業種であることもあり杞憂にすぎないという印象がある。

　銀行・証券の業際緩和の上で重要な役割を果たしたのが，米国におけるグラム・リーチ・ブライリー法である。シカゴ連邦準備銀行の研究者であるエリヤ・ブリュワーらは，この法律の施行以降，ストックオプションなどの報酬体系が銀行業界に急速に浸透したほか，こうした報酬体系が投資銀行など非伝統的な銀行業務への取り組み強化につながったという実証結果を出している。同氏らは，1987年における1933年法（グラス・スティーガル法）改正，1999年のグラム・リーチ・ブライリー法成立を通じ銀行業務の多様化が進み，銀行にもたらされる事業機会について，経営者と株主のインセンティブに係わる情報の非対称性が拡大したとしている。具体的には，伝統的な銀行業務に基づく収益は安定的な一方，投資銀行業務などの非金利収益は不安定なため，銀行経営者の安定志向を突き崩す

必要性が株主に発生し,インセンティブ報酬の導入を促したという考察を行っている。実証分析にあたっては報酬総額におけるストックオプションなどの株式報酬の割合と,リスクシフトの代理変数としてレバレッジ比率や新規(投資銀行)事業比率などを用いている。この結果,①株式報酬比率は1992年から2000年にかけて30%から53%へ増加,②株式報酬は業績や新規事業比率と有意な正相関である,などの点が確認された。

(4) 銀行経営者報酬への批判

金融危機の背景として度々批判の的となっているのが,銀行をはじめとする金融機関経営者の高額報酬である。各国の金融当局や国際的な監督機関が,金融安定化のための政策立案に取り組むに際し,こうした報酬を規制する機運が世界的に高まりつつある。2009年4月にロンドンで行われたG20金融サミットにおいても,主要国金融当局者や国際機関により組織される金融安定化フォーラム(FSF = Financial Stability Forum)が,経営者報酬に係る提言「健全な報酬慣行に関する原則」を発表している。

この提言は,報酬額がリスクに整合的であることを求めており,監督当局による検証の重要性も指摘している。先頃アメリカ財務省より発表された白書の内容

図表18-4　FSFの「健全な報酬慣行に関する原則」

1. 報酬体系の仕組みと運用は金融機関の取締役会が監視しなければならない(CEO等が報酬体系を支配すべきでない)
2. 金融機関の取締役会は報酬体系を監視・点検しなければならない
3. 財務・リスク管理に従事するものは独立していなければならない
4. 報酬はリスクに応じて調整されなければならない
5. 報酬支払いのスケジュールはリスクの発生する時間軸に応じて決めなければならない
6. 報酬内容はリスクと整合的でなければならない
7. 報酬額はリスクに対する業績と整合的でなければならない
8. 監督者は報酬体系について厳しく監視し,問題がある場合には迅速に対処しなければならない
9. 金融機関は報酬体系について開示しなければならない

出所:FSF。

も概ねこの原則に沿った構成となっている。また，こうした監督上の議論とは別に，公的資金注入を受けながらも巨額の報酬を享受している銀行経営陣に対する国民的な感情論も根強く，報酬制限の動きに拍車を掛けている。

2009年9月における金融サミットにおいては，報酬に係る制限の強化で国際的な合意が交わされており，株主との誘因両立性を抑制する方向で締め付けが強化される政策の方向性が明確となった。

2. 銀行経営者報酬に対する規制と政策提案

(1) 工夫の必要性

これまで議論してきた通り，欧米を中心とする銀行経営者にはリスク拡大に向かう金銭的インセンティブが存在している。しかし，このインセンティブを摘み取るために，業績や株価に連動する報酬を禁ずることは，株主とのエージェンシー問題を再び惹き起こすこととなる。

そこで，以下の条件を充足する政策的な工夫が必要となるだろう。

> 必要条件①：株主と銀行経営者とのエージェンシー問題を踏まえ，株主によるガバナンスを損なうことなく経営努力を導くこと
> 必要条件②：銀行経営者のリスク拡大を抑制する仕組みが働くこと

こうした条件をクリアするインセンティブ設計を考えたい。この工夫ができれば，株主からのガバナンスによる経営努力や経営効率向上の効果を維持し，預金保険や自己資本比率規制などのプルーデンス政策の副作用を抑制しつつ，かつ経営者を過度なリスク拡大に走らせる危険性を抑制することが可能となる。

(2) 制度設計の概要

以下，拙著『銀行の罪と罰』で提案した銀行経営者のリスク拡大を抑制するための「インセンティブ設計」を示す。提案の中核は，銀行経営者の報酬の一定割合を当該銀行が発行する「劣後債」により支給する制度の導入である。報酬に上限額を設けたり，ストックオプションを制限したりするのではなく，劣後債を報

酬に取り入れることにより，その金額がある程度の重要性をもつ水準であれば，経営者はその価値の保全に努める可能性が高まるものと期待できる。

劣後債とは，発行する企業が破綻した時に資金の回収が一般の債権者に劣後する社債である。企業が破綻すると，投資した資金の回収が難しいのは株式も同じだが，株式は業績が良くなった場合に株主にとっての投資収益の向上は無限大である。劣後債は，業績が良くなった場合のメリットが他の債権同様にない上に，業績が悪化し，破綻に至ったときの影響は一般債権よりも大きい。このため，劣後債を抱えた経営者は，リスク拡大による破綻の危険性の上昇に注意を払うようになるものと予想できる。

具体的な方法として，報酬の一定割合を劣後債にする。図表18-5は，銀行経営者が取るリスクテイクの度合いと，これに応じた銀行経営者の期待報酬額との関係を表している。固定給は業績のいかんを問わず一定である。経営者がリスクテイクの度合いを増加させると，リスクと期待収益の共に増加をもたらすことから，これがストックオプションなどの業績連動報酬の期待値を増やすこととなる。したがって，リスクテイク拡大は，業績給・オプション関連の期待報酬を増加させる。

リスク拡大は，期待収益を増やす一方で，ボラティリティの増加により，銀行の倒産リスクを引き上げることとなる。このため，報酬の一部として支給された劣後債の回収可能性を低下させてしまうため，劣後債部分の報酬（劣後給）はリ

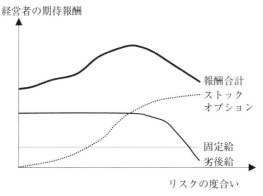

図表18-5　リスクテイクの度合いと経営者の期待報酬の概念図

出所：野﨑［2010］より。

スク拡大の際には減少してしまうこととなる。

　この結果，ストックオプションなどのインセンティブ報酬と固定給のみの組合せでは，常にリスクテイクに対して増加関数となり，報酬の非対称性がもたらす問題点を解消できないのに対し，劣後債による報酬を加えることにより，報酬合計のプロファイルが上に凸の形状となるのが確認できる。つまり，一定水準以上のリスクテイクを行うインセンティブが抑制されるということである。

　この新制度は，ストックオプションをあえて制限しないことで，経営努力に対する動機付けを確保しながらも，報酬の一定割合を劣後債とすることで，過度なリスクテイクへの抑止作用を効かせるものである。したがって，株主との誘因両立性を著しく阻害することなく，同時に，株主との誘因両立性が銀行の健全性を損なう危険性を低減するインセンティブ設計となっている。

(3) 追加的な条件の設定による実効性の向上

　こうした報酬制度の導入に当たっては，四つの条件を提案したい。

　第一に，報酬における劣後債の比率を，自己資本比率など銀行の健全性の指標とリンクさせることである。健全性が相対的に低い銀行の経営者ほど，劣後債の支給比率が高められることにより，銀行の健全性を改善する動機付けにもなる。また，業績の悪い銀行が一発逆転のギャンブル的投資を行うインセンティブの抑制にも繋がるであろう。

　第二に，前記の条件に加え，ストックオプションの報酬全体における割合を劣後債による報酬の割合の下限とするものである。これによりある程度のリスクを取った業績向上へのインセンティブと，健全性の確保による劣後債の価値の保全とにバランスの取れたインセンティブ設計が可能となる。

　第三に，経営危機が金融システム全体に伝播するような影響力の大きい銀行については，劣後債の報酬割合を通常の銀行以上に高めることである。すでに解説した通り，金融安定化理事会は，グローバルなスケールでその経営状況悪化がシステミックリスクに繋がり得る金融機関をG-SIFIsと定義付けている。G-SIFIs対しては，通常の資本規制などの水準以上の厳しい基準を要請し，自己資本比率の最低基準についても追加的な資本を要求している。

　第四に，劣後事由を通常の劣後債以上に厳しくすることである。通常の劣後事由は法的整理の手続き開始であるが，銀行の場合，特にＴＢＴＦ銀行について公

的資金の注入により救済される場合が多い。そこで，公的資金注入を劣後事由に加えることを提案する。そして，公的資金返済を劣後事由の停止条件（元利金支払いの再開）とするものである。これにより，公的資金による救済を期待しながら緊張感のない経営を行う銀行に対して経営陣の意識を高める作用が期待できるのではないか。この条件も三つ目の条件同様にＴＢＴＦ問題の解消策となるものと考えている。

図表18-6はこうした条件を踏まえた，具体的な制度設計に係る案である。より詳細な数値基準は実施段階に入ればさらなる検討が必要であるが，銀行経営者のインセンティブ設計を制度的に適切に導くうえでのコンセプトは十分表現できるものと思われる。

この制度導入の効果について，金融システムの健全性などの各点から検証する。第一に，この制度は直接経営者の意識に働きかけることが可能であるという点である。劣後債による報酬割合を経営者の意識付けに必要な水準まで高めることにより，健全性に配慮した銀行経営への意識が高まり，自己資本比率規制などの外形的規制がなくとも，プルーデンスに資するインセンティブ設計となっている。よって，規制のループホール（抜け穴）探しなどのインセンティブもある程度取り除くことが可能である。

第二に，株主との誘因両立性を確保できる点である。規制強化は政府による市場介入を通じ，市場の効率性を損なうことが一般的な問題である。しかし，ストックオプションなど，株主が経営者に対するエージェンシーコスト削減のツールを温存させることにより，株主の利害関係に応じた経営改善努力に経営者を向かわせることが尚も可能となっている。

第三に，ＴＢＴＦの問題の解消である。経営者がＴＢＴＦの期待をもちながら経営をしてしまうモラルハザードの問題と，預金者や一般債権者がＴＢＴＦを期待するあまり銀行に対するモニタリングの労力を省いてしまう問題とがある。これまでも，政府のＴＢＴＦ問題の解決を，救済するかどうかをはっきりとさせない「建設的曖昧さ」に求めているが，この解決方法にも無理がある。しかし，公的資金注入を劣後事由とすることで，ＴＢＴＦへの甘えを許さないインセンティブ構造をつくることが可能となる。

以上，無理なリスクテイクは劣後債の価値を損なうことで自らの懐を痛める結果に陥るため，経営者のリスク拡大へのブレーキとなるものと考えられる。

図表18－6　劣後報酬制度の提案と社債要項案

		概　　要	理　由　等
制度の骨子（案）			
	①規制対象機関	預金取扱金融機関および銀行持ち株会社	預金保険の対象機関が基本。
	②規制対象者	取締役（委員会設置会社においては執行役）	銀行法第7条の2（取締役等の適格性）の対象者を念頭に置く。
	③基本ルール	a. 役員報酬（含む使用人部分）の1割を劣後債とする。	全ての金融機関に対し、共通のリスクシフト抑制措置を設ける。
		b. 固定給以外の報酬（ストックオプション等）と同等の割合を劣後債による報酬とする。	ストックオプションによるリスクシフトへの意欲とのバランスを図る。
		c. 主要銀行は、さらに固定給の2割を劣後債による報酬とする。	ＴＢＴＦの対象機関に対し、よりリスクシフトを抑制する措置を設ける。
	④報告義務	銀行法第24条に基づく報酬決定状況の報告を義務付ける。	虚偽報告には罰則が適用される。
劣後債の商品設計（案）			
	①期限	発行後5年後の応当日または退職後2年後の何れか遅くに到来する期日を満期日とする。	リスクシフトの長期的影響を排除するため退職後も2年間を償還不可期間とする。
	②譲渡制限	いかなる場合も第三者への譲渡はできない。銀行等による買戻しも制限される。	転売が可能となれば、本措置の実効性を失う。
	③利率	同等の格付けの銘柄の市場利回りを参照とする。	過大な利回り設定を行わせない狙い。
	④弁済順位	預金等はもとより、他の劣後債務に対しても劣後する。報酬のための他の劣後債に対しては、同順位（パリパス）。	一般投資家が保有する劣後債より後順位とすることで、規律付けを強化。
	⑤劣後事由	破産宣告、会社更生手続き開始、解散等の一般事由に加え、政府による救済措置（公的資金注入等）。公的資金完済を停止条件。	ＴＢＴＦのモラルハザードを抑制。公的資金投入時も、返済を早める経営努力を促す狙い。

出所：FSF

（4） 最 後 に

　主要国政府から金融規制改革に向けた具体的動きが出ている。共通するのは，自己資本の質と量の充実，ノンリスクベースのレバレッジ規制，トレーディング勘定などのリスクウエイトの厳格化，報酬に係る指針の確立，監督当局の権限強化，などである。報酬や当局の権限強化に係る部分以外は，いずれも銀行が過度なリスクテイク行動に走る可能性があることを前提に，リスク拡大や自己の資金調達能力に見合わないレバレッジ増加に対して制約を課すものである。

　しかし，こうした政策対応では常に予防的に銀行のリスクテイク行動を抑制することができるとは限らない。一例として，米国を中心とした銀行が，これまでの自己資本比率規制の枠組みの中で行ってきたＣＤＯなどのビジネスを振り返ってみよう。銀行がバンキング勘定で保有する資産は，信用リスクとして評価される一方，トレーディング勘定で保有する資産は，バリューアットリスク（VaR）により評価されている。この結果，信用リスクとして高いリスクウエイトで評価される貸出金を証券化し，これをトレーディング勘定で買い取ることで，より低いリスクウエイトの資産に変換することが可能であった。こうした規制上の裁定行為が金融危機拡大の一因を形成していることは，すでに主要国の金融当局者により指摘されている。

　いかなる規制も，規制対象となる銀行の金融技術革新や規制のループホール探しの競争となるため，規制上の離齬を突いた裁定行為を完全に除去することは難しく，常にバックワード・ルッキングな対応となってしまう。

　こうした規制と銀行行動のある意味での競争の実態を踏まえれば，問題の根源にメスを入れ，銀行が過度なリスクテイク行動に走らないようなインセンティブ設計を検討することが，本質的に求められるだろう。その点で，報酬体系について新たな制度上の工夫を導入することで，銀行経営者の健全かつ株主との利害関係の調整に支障を来さないインセンティブ設計を行う政策的な提案は，リスクを抑圧するための政府介入でなく，問題の根源にある構造を変容させることが可能となるはずである。

　劣後債は，銀行のプルーデンス政策の枠組みの中で，従来から市場からのモニタリング強化による規律付けとしての機能を期待されてきた。この商品を，銀行経営者だけではなく広く様々な金融機関の経営者の報酬の枠組みに入れることにより，制限色の強い政府の介入を避けつつ，金融システムを守るための金融機関

の規律付けになるのではないか，と筆者は期待する。

　また，付け加えれば，日本の銀行経営者の報酬は，株主との利害を一致する体系からほど遠い設計となっており，よりストックオプション部分を増やす余地があると思われる。ストックオプションがいいのか，固定給がいいのかというデジタルな議論は不毛であり，経営努力を自立的に促すことで得られる経営効率向上と，安全性に配慮した経営戦略の展開を，バランスよく可能にする経営者のインセンティブ設計が求められる。

参 考 文 献

岸本義之・松田千恵子［2007］『図解入門ビジネス 最新コーポレートファイナンスがよ〜くわかる本』秀和システム。
岩田規久男［2008］『テキストブック 金融入門』東洋経済新報社。
古川　顕［2014］『テキストブック 現代の金融（第3版）』東洋経済新報社。
大村敬一［2010］『ファイナンス論―入門から応用まで』有斐閣。
谷内　満［2013］『入門 金融の現実と理論（第2版）』センゲージラーニング。
野﨑浩成［2008］『銀行（第2版）』日本経済新聞社。
野﨑浩成［2010］『銀行の罪と罰』蒼天社。
石山嘉英・野﨑浩成［2014］『グローバル金融の苦悩と挑戦』金融財政事情研究会。

索　引

*アルファベットではじまる用語は末尾に掲載した。

〔あ行〕

アウト・オブ・ザ・マネー……………… 262, 264
アセットアプローチ………………………… 189
アット・ザ・マネー………………………… 261
アブソープション・アプローチ…………… 181
アメリカン・オプション…………………… 262
アレンジャー………………………………… 122
安定株主……………………………………… 76
安定調達比率………………………………… 167

イールドカーブ………………… 216, 217, 222
異次元緩和…………………………………… 174
イスラム金融………………………………… 8
板寄せ方式…………………………………… 68
一斉検査……………… 139, 144, 150, 154-156, 158
伊藤の公式…………………………………… 267
イベント・ドリブン………………………… 228
イン・ザ・マネー……………… 261, 263, 264
インカムゲイン………………… 194, 283, 285
インターバンク……………………………… 143
　　──・マーケット………………… 62, 63
インプライド・ボラティリティ…………… 262
インプライド資本コスト…………………… 235
インフレターゲティング………… 172, 173

ウエアーハウジング………………………… 275

エージェンシー・コスト… 74, 83, 89, 150, 251,
　　　　　　　　253, 255, 293, 301, 306
エージェンシー問題… 73, 74, 78, 286, 287, 290,
　　　　　　　292, 293, 295, 296, 300, 303
エージェンシー理論………………………… 73
エクスワラント……………………………… 210

応募者利回り………………………………… 212
オークション方式…………………… 67, 68
オープン・マーケット…………… 62, 64, 171
オプション・プレミアム……………… 261-265
オプション取引…………………… 258, 261
オポチュニティ・セット…………………… 243
オリジネーター…………………… 270, 271

〔か行〕

外貨準備増減………………………… 179, 180
回帰分析……………………………………… 201
外国為替証拠金取引……………… 184, 257
カウンター・パーティー…………………… 268
カウンターシクリカル・バッファー… 166, 167
格付け……… 69, 70, 147, 166, 271, 273-275, 307
確定拠出年金………………………………… 59
貸し渋り……………………… 87, 143, 150, 155
瑕疵担保………………………………… 151, 152
片落ち……………………………………… 15
価値尺度機能………………………………… 10
価値の保蔵機能……………………………… 11
過払い利息…………………………………… 41
株価収益率…………………………………… 233
株価純資産倍率……………………………… 234
株式ベータ…………………………………… 248
貨幣乗数………………………… 85, 149, 199
空米取引……………………………………… 257
為替介入……………………………………… 180

機会曲線……………………………… 243, 244
機会集合……………………………………… 243
機会損失………………………… 195, 206, 218
機会費用………………………… 276, 277, 278
期間構造……………………………………… 216
機関投資家…………………………………… 223
期限の利益…………………………… 88, 127
逆選択………………………………………… 72
キャッシュ・マネジメント・サービス…… 122
キャピタルゲイン……………… 194, 209, 283, 285
キャピタル・マーケット…………………… 62
キャピタルロス……………………………… 194
給付・反対給付相等の原則………………… 33
共益権………………………………………… 75
銀行勘定……………………………………… 81
銀行不倒神話………………………………… 96
金融安定化フォーラム…………… 161, 302
金融安定理事会……………………………… 161
金融行政方針………………………………… 142
金融検査マニュアル………………………… 139
金融コングロマリット……………………… 134

金融再生委員会·················· 138, 158
金融再生プログラム·············· 98, 138, 139,
　　　　　　　　　　　　145, 154, 156, 158
金融収支······························· 182
金融制度改革法······················· 23
金融仲介機能······················ 19, 80
金融ビッグバン···················· 134, 136
金融持ち株会社···················· 134, 136
金融モニタリング基本方針·········· 142
金利スワップ················ 258, 267, 268
金利平価······························· 189
近隣窮乏化政策················ 187, 188

グラス・スティーガル法············ 301
グラム・リーチ・ブライリー法··· 140, 146, 301
クレジット・クランチ······ 85, 143, 155
クレジット・スプレッド··········· 215
クレディビリティ···················· 173
グロース投資························· 226
クローメ規範························· 292
クロス・デフォルト条項·········· 210
クロス取引·····························77

経常収支······················ 179, 181-183
計数貨幣································ 9
経費率···························· 106, 118, 120
契約の不完備性······················ 295
決済機能····················· 20, 21, 80, 84, 89
決定係数······························· 201
現金通貨······················ 9, 203, 207, 267
現在価値······························· 206
現在価値割引係数···················· 204
原資産·························· 259, 261-266
建設的曖昧さ························· 306

公開市場操作························· 171
交換機能································10
行使価格························· 261-266
行使期間························· 261, 266
購買力平価··················· 186, 187, 189
効率的フロンティア··········· 245, 246
効率的ポートフォリオ············· 243
コーポレート・ガバナンス・コード
　　　　　　　　　　　　79, 102, 225, 291
コールオプション·········· 261-264, 295
コールマネー····························63
コールローン····························63
コクサイ化···························· 134
　2つの──······················· 134
国際保険資本基準···················· 161

誤差脱漏······························· 179
固定相場制······················· 9, 186
個品あっせん··························42
コベナンツ······························84
コミットメント効果················ 174
コミュニティバンク·················53
固有リスク······················ 248, 249
コンベクシティ······················ 221

〔さ行〕

サービス収支························· 179
債権放棄······················ 144, 154, 159
債権放棄等··························· 156
最後の貸し手························· 170
　──機能··························· 129
最終利回り···························· 212
再証券化······························· 275
最小自乗法···························· 202
最小分散集合························· 245
裁定価格理論························· 250
債務担保証券························· 273
先物取引······················· 257-260
サブプライム············ 146, 147, 154, 273-275
サンクコスト························· 276
散布度·································· 200
三利源··································· 36

自益権···································75
時間軸効果···························· 174
時間的価値····················· 265, 296
時間的不整合························· 173
シグナリング効果·············· 284, 285
自己査定制度························· 139
自己実現型の倒産···················· 127
資産移転機能··························20
資産担保証券························· 273
資産転換機能················· 80, 89, 221
システマティック・リスク··· 248, 249
私設取引システム·····················64
実質為替レート······················ 185
実質金利································16
実需原則······························· 133
質的緩和······························· 172
指定替え································67
私的情報································71
支配株主································76
資本コスト······ 229, 230, 235, 247, 253, 281, 284
資本サーチャージ··················· 163
資本市場線···························· 246
資本収支······················ 179, 180, 181, 183

資本保全バッファー ················ 166, 167
ジャーナル・エントリー ··············· 3, 4
シャープ・レシオ ················ 249, 250
シャドーバンキング ··················· 60
収支相等の原則 ······················ 33
修正デュレーション ················· 220
住専処理 ·························· 154
住専問題 ··························· 98
主要株主 ··························· 76
純粋期待仮説 ····················· 216
準備預金 ······················ 84, 149
証券化 ························ 270, 271
証券市場線 ························ 248
証券取引法第65条 ················· 133
情報生産活動 ··················· 82, 83
情報生産機能 ······· 20, 80, 141, 142
情報生産費用 ······················· 83
情報の非対称性 ········ 71, 72, 82, 83,
                  132, 150, 286, 293, 294
将来価値 ························· 203
所有期間利回り ·················· 212
新株予約券付社債 ····· 7, 48, 70, 210, 211
シンジケートローン ·········· 48, 122-124
信用乗数 ···················· 85, 87, 170, 199
信用創造機能 ················ 20, 80, 84
信用リスクプレミアム ··············· 215

ステークホルダー ·············· 286, 297
ストライク・プライス ················ 261
ストラクチャリング ·········· 270, 271, 273
ストレステスト ····················· 154
スポンサー ························ 273

正規分布 ················· 200, 201, 267
政策保有株式 ················· 77, 101
政府紙幣 ··························· 10
セカンダリー ············· 28, 29, 48, 64
ゼロ金利政策 ······················ 171
ゼロクーポン債 ················ 209, 211

相関係数 ············· 201, 240, 241, 244
早期是正措置 ················ 131, 139
総合あっせん ······················· 42
ソブリン問題 ······················ 159
ゾンビ企業 ············ 144, 156, 157, 159

〔た行〕

ターム・ストラクチャー ············· 216
対外純資産 ················ 180, 183, 184
大数の法則 ······ 20, 32, 83, 89, 91, 147, 273, 275

代理モニタリング ·········· 132, 150, 296
兌換券 ····························· 9
竹中ショック ···················· 98, 145
タンス預金 ··············· 87, 143, 149

帳合取引 ························ 257
超過収益率 ···················· 195, 248
長短金利スプレッド ················ 215
直利 ····························· 212
貯蓄から投資へ ····················· 91
沈黙の株主 ······················· 294

通貨スワップ ················ 258, 269

テイラー・ルール ·················· 174
適格基準 ··························· 67
デットエクイティスワップ ············ 144
デュアル・カレンシー債 ········ 7, 69, 211
デュポン分解 ··················· 115, 120
デュレーション ················ 218-221
投機的需要 ···················· 171, 176
投機的動機 ············· 11, 12, 175, 177
倒産隔離 ························ 270
特定取引勘定 ······················ 81
特別検査 ······ 139, 145, 150, 154, 156, 158
特別公的管理 ···················· 143
特別目的会社 ················ 270, 273
ドッド・フランク金融規制改革法 ······· 167
トランシェ ···················· 271, 273
取り付け騒ぎ ·················· 126, 127
取引動機 ····················· 11, 175
取引の二面性 ······················· 3
トレーディング勘定 ············· 81, 308

〔な行〕

内部収益率 ······················ 206
ニクソンショック ····················· 9

ネイピア数 ···················· 197, 267
ネガティブ・プレッジ ················ 84

ノミナルアンカー ················· 173
ノンシステマティック・リスク ········· 248
ノンリコース ·················· 147, 274

〔は行〕

バーゼルⅢ ················ 161, 164-166
バーゼル銀行監督委員会 ········ 160, 222
バーゼル合意 ···················· 161

バードインザハンド仮説……………285
ハイイールド債………………………210
配当性向………………………………233
配当利回り……………………………233
配当割引モデル………………………230
ハイパワードマネー……………………12
パリパス………………………211, 212, 307
バリューアットリスク………………308
バリュー投資……………………226, 227
バンキング勘定…………………81, 308

ビジネスマッチング……………………81
ヒストリカル・ボラティリティ……262
秤量貨幣…………………………………9

双子の赤字……………………………182
2つのコクサイ化……………………134
普通株式等ティア1…………………166
普通社債…………………………………70
プットオプション………261, 262, 264, 265
浮動株主…………………………………76
負の外部性……………………………163
プライマリー………………28, 29, 46, 64
ブラック・ショールズ・モデル……266
フリーキャッシュフロー…………279-282
フリーライダー問題…………………295
不良債権比率……………………112, 140
プリンシパル・エージェンシー理論…293
プリンシパル・エージェント理論……73
プルーデンス政策………128, 129, 161, 303, 308
プレインバニラ債……………………211
ブレトン・ウッズ体制………………9, 186
フローアプローチ…………………188, 189
プロジェクトファイナンス……121, 122, 124
プロシクリカリティ…………………132
プロラタ………………………………212
分離定理………………………………247

ペイオフ…………………………136-138
ベイルアウト…………………………163
ベイルイン………………………163, 164
ペッキング・オーダー…………………71
ペッキングオーダー理論……………285
変動相場制……………………………9, 186
変動利付債………………………69, 211

貿易収支…………………………179, 181-183
報酬の非対称性……………………146, 305
法定通貨………………………………9, 10
ポートフォリオ・リバランシング効果…174

保険監督者国際機構…………………162
保険事故…………………………33, 37, 129
ボラティリティ…………………194, 262, 266
本源的価値………………………263, 265, 267
ボンディング・コスト……74, 83, 84, 255, 293

〔ま行〕

マーケット・ポートフォリオ………247
マーケット・リスクプレミアム……248
マーケットメイク方式…………………68
埋没費用………………………………276
マクロプルーデンス………………160-162
マコーレーデュレーション…………220
マネーストック…………………12, 175
マネタリーベース………………12, 174, 175
マルチファクターモデル……………250
マンデル―トービン効果……………178

ミクロプルーデンス……………160, 161

無限等比級数……………………198, 199

名目為替レート………………………185
名目金利…………………………………16
メザニン…………………………271, 272, 274

モジリアーニ・ミラー理論…………283
モニタリング・コスト……74, 83, 132, 255, 293

〔や行〕

誘因両立性………74, 287, 300, 303, 305, 306
有効フロンティア……………………245
優先株式…………………48, 71, 152, 166
優先劣後構造…………………………271

ヨーロピアン・オプション………262-264
預金準備率………………………84, 149, 170
預金スプレッド収益……………………90
預金通貨…………………………………9
預金取り付け騒ぎ……………………133
預貸率………………………100, 102, 112, 114
予備的動機………………………11, 89, 175

〔ら行〕

リーマンショック…58, 140, 147, 160, 161, 166,
　　　　　　　　　　236, 251, 254, 257, 275
リコース………………………………147
リスクアセット……………130, 131, 165, 166
リスクウエイト……………130, 165-167, 308
リスクの遮断……………………………43

索引　317

リスク負担機能 …………………… 20, 80
リスクフリーレート ……… 195, 196, 215, 229,
　　　　　　　　　　235, 246-248, 251-253, 282
利息制限法 ……………………………… 41
利付債 ………………………………… 209
流動性カバレッジ比率 ……………… 167
流動性規制 …………………………… 114
流動性選好 …………………………… 215
流動性調達比率 ……………………… 165
流動性転換機能 …………… 20, 80, 87-89, 127
流動性の切離し ………………………… 43
流動性の罠 ……………………… 171, 177
流動性比率規制 ……………………… 167
流動性プレミアム …………………… 216
両落ち ………………………………… 16
量的緩和 ……………………… 149, 172
両端入れ ……………………………… 15

レジデュアル ………………………… 83
レジデュアル・ロス ………… 74, 255, 293
劣後株式 …………………………… 48, 71
劣後債 ………………………… 211, 303-308
レバレッジ規制 ……………………… 308
レバレッジ比率 ……………… 165, 166, 168
レベル・プレイング・フィールド 130, 160, 161
レモン市場 …………………………… 72

ロング・ショート …………………… 228
ロンバート型貸出制度 ……………… 171

〔わ行〕

割付債 ………………………………… 209
ワラント ……………………………… 210
割引債 ………………………………… 211
ワンストップショップ ………………… 92

〔欧語〕

ABS …………………………… 273, 275
ALM ………………………………… 268

Bank Run ……………………… 126, 127
BCBS ………………………………… 160
BPS ………………………………… 234

CAPM ………………………… 247, 248, 250
CDO ………… 147, 148, 166, 273, 274, 275, 308
CDS ……………… 148, 210, 212, 258
CMS ………………………………… 122
ComFrame …………………………… 162

DCF 法 ……………… 205, 230, 232, 235
DCP ………………………………… 59
DDM ………………………………… 230

EI 損害率 ……………………………… 38
EPS …………………………… 232, 234

FSB ……………………… 160-162, 164
FSF ………………………………… 161
FX 取引 ……………………… 184, 257

GLB 法 ………………………… 140, 146
G-SIBs ……………………… 162, 253
G-SIFIs …………………… 160, 162, 305
G-SIIs ……………………………… 162

IAIG ………………………………… 162
IAIS ………………………… 160, 162
ICP ………………………………… 162
ICS ………………………… 161, 162
IOSCO ……………………………… 160
IRA ………………………………… 59
IRR ……………………… 206, 207, 278

LCR ………………………… 167, 168
LIBOR ……………………………… 269
LLR ………………………………… 129

MM 理論 …………………… 283-285
MMF ………………………… 274, 275

NBNI-SIFIs ………………………… 163
NISA ………………………………… 58
NPV ……………… 205-207, 277, 278
NSFR ……………………… 167, 168

OTC ………………………………… 62, 64
OTD モデル ………………………… 147

PBR ……………………… 227, 234-236
PER ……………………… 227, 233-235
PPP ………………………………… 186
PTS ………………………………… 64

QE ……………………………………… 172

ＳＯＸ法………………………………… 292
SPC ……………………………… 270, 274
SWOT 分析 ……………………………… 226

TARP …………………………… 148, 291

TBTF ………………… 151, 153, 162, 305-307
TLAC …………………………………… 164

VaR ……………………………………… 308

WACC ……………………………… 281, 282, 284
WP 損害率 ………………………………… 38

《著者紹介》

野﨑　浩成（のざき　ひろなり）

京都文教大学総合社会学部教授
1986 年慶應義塾大学経済学部卒業。91 年エール大学経営大学院修了。
博士（政策研究，千葉商科大学）。
埼玉銀行，HSBC，シティグループ証券マネジングディレクター，千葉商科大学大学院客員教授などを経て 2015 年 4 月より現職。
米国 CFA 協会認定証券アナリスト。日本証券アナリスト協会検定会員。
日経アナリストランキング 1 位（銀行部門，2015 年まで 11 年連続），インスティテューショナルインベスター誌 1 位（銀行部門，2013 年まで 10 年連続）。
2015 年金融審議会専門委員。

〈主要著書〉

『銀行』（日本経済新聞社），『銀行の罪と罰―規制とガバナンスのバランスを求めて』（蒼天社），『バーゼルⅢは日本の金融機関をどう変えるか』（日本経済新聞出版社），『グローバル金融システムの苦悩と挑戦―新規制は危機を抑止できるか 』（金融財政事情研究会），『すべてがわかる経済理論』（税務経理協会）。

平成27年12月10日　初版発行　　　　　　　　　　　　　《検印省略》
　　　　　　　　　　　　　　　　　　　　　　　　　略称：ナビ金融

トップアナリストがナビする
金融の「しくみ」と「理論」

　　　　　　　著　者　　野﨑　浩　成
　　　　　　　発行者　　中　島　治　久

発行所　同文舘出版株式会社
東京都千代田区神田神保町1-41　　　　〒101-0051
電話　営業(03)3294-1801　　　編集(03)3294-1803
振替 00100-8-42935　　　　　http://www.dobunkan.co.jp

©H. NOZAKI　　　　　　　　　　　　　　　印刷：萩原印刷
Printed in Japan 2015　　　　　　　　　　　製本：萩原印刷
ISBN 978-4-495-44221-7

JCOPY〈出版者著作権管理機構 委託出版物〉
本書の無断複製は著作権法上での例外を除き禁じられています。複製される場合は，そのつど事前に，出版者著作権管理機構（電話 03-3513-6969, FAX 03-3513-6979, e-mail: info@jcopy.or.jp）の許諾を得てください。